普通高等教育"十二五"规划教材

高等院校经济管理类教材系列

基础会计学

尤 谊 主 编

章爱文 副主编

科学出版社

北 京

内 容 简 介

本书遵循新会计准则，在撰写的每一章里，除了基本内容外，还融入导入案例、阅读资料、知识拓展、课后案例分析及练习等相关内容，以便学生充分理解、把握相关会计知识，为以后的学习、工作夯实基础。

本书共分十章，分为三个部分：第一部分包括第一章和第二章，主要介绍会计的基本理论和基本方法，为后续学习做铺垫；第二部分为第三章，介绍制造业企业主要经济业务的核算，能够使学生加深对会计账户和记账方法的理解和运用；第三部分包括第四章至第十章，介绍了会计凭证、账簿、报表、核算方法等相关会计知识，对理论和方法进行全方位的运用。

本书应用性强、理念新、内容丰富、表达深入浅出，能够满足广大会计、财务管理专业师生的教学和实际工作需要，也可供从事财务会计工作的相关人员自学使用。

图书在版编目（CIP）数据

基础会计学/尤谊主编. —北京：科学出版社，2010.8
（普通高等教育"十二五"规划教材·高等院校经济管理类教材系列）
ISBN 978-7-03-027975-0

Ⅰ. ①基… Ⅱ. ①尤… Ⅲ. ①会计学－高等学校－教材 Ⅳ. ①F230

中国版本图书馆 CIP 数据核字（2010）第 113741 号

责任编辑：任锋娟 王兴超 / 责任校对：柏连海
责任印制：吕春珉 / 封面设计：东方人华平面设计部

科 学 出 版 社 出版
北京东黄城根北街 16 号
邮政编码：100717
http://www.sciencep.com

三河市良远印务有限公司印刷
科学出版社发行 各地新华书店经销
*
2010 年 8 月第 一 版 开本：787×1092 1/16
2018 年 12 月第九次印刷 印张：16 1/2
字数：367 000
定价：**41.00** 元
（如有印装质量问题，我社负责调换〈良远〉）
销售部电话：010-62134988 编辑部电话：010-62135763-2015（HF02）

高等院校经济管理类教材系列
编写指导委员会

前　言

现代会计是一个由确认、计量、记录和报告等环节有机结合而成的经济信息系统。随着会计学的发展，它已经成为向经济个体的利益相关者提供经济信息和对经济个体财务资源配置实施控制的应用工具。

2006 年，财政部发布了新的会计准则、《企业会计准则——应用指南》和《企业会计准则讲解》。新会计准则于 2007 年 1 月在上市公司实施后，已开始推广到其他企业全面实行。新会计准则是参照国际财务报告准则，并充分考虑我国现阶段国情，以使按照企业会计准则体系编制的财务报表能够更加真实、公允地反映企业的价值而制定的，具有理念新、体系完整等特点，且充分体现与国际准则的趋同。本书严格以新会计准则为依据，力求理论与实践相结合，并在基本理论方面充分吸收国内外会计研究的新内容。

基础会计学作为财会类专业学习与教学的一门课程，对概念的阐述、逻辑关系的界定、理念的树立等方面要求甚高。本书定位于应用型本科会计及财务管理专业学生和其他经济管理类学生的入门课程，坚持基础会计的一般分析框架，基本主线明晰，理论简明，以实例来说明理论与方法的运用，通过思考与练习、案例分析等，锻炼学生分析和解决实际问题的能力。

编者在多年的教学生涯中，非常关注课程的改革与创新。本书的编撰既融入了以往的教学经验，注重在实践中学习，使学生既能掌握会计信息的处理方法，又能帮助读者了解相关企业的经济业务，使初学者不至于因大量的专业术语而对学习产生畏惧情绪。

本书具体的编写分工如下：第一章、第四章由尤谊编写，第二章由李玉霞编写，第三章由章爱文编写，第五章由邓海琦编写，第六章、第十章由覃娟编写，第七章由刘莹编写，第八章由容辉编写，第九章由闭乐华编写。尤谊负责全书编写的组织工作，并总纂定稿。

本书在编撰过程中，参考、借鉴了相关基础会计学教材及学术研究成果，在此向相关作者表示感谢，同时也要感谢桂林电子科技大学的任方方和张瑶，她们对本书的成稿付出了大量辛勤的工作。

由于时间仓促，书中难免有不足之处，恳请广大读者指正。

迎接经济管理创新时代的挑战

——高等院校经济管理类教材系列总序

科学管理之父泰勒，引领人类告别了经验管理时代，进入了科学管理的新时代。今天，融科学性、艺术性、情感性于一体的现代管理，又将管理科学推向新的台阶。

21 世纪是人类社会发展史上一个崭新的关键性时期。随着经济的全球化、市场化和多元化，全球性的经济竞争日趋激烈。这种竞争给企业的发展带来了全方位的挑战，而就是在这种日趋激烈的竞争时刻，由美国次贷危机引发的新的国际金融危机，又对全球实体经济形成了新的冲击，导致全球经济陷入新的衰退。这一切都使我们更加清醒地认识到，21 世纪带给我们的不仅仅是新的机遇，而且也给我们带来了更为严峻的困难和挑战。如何迎接这一世纪性的机遇与挑战，将成为各国政府、企业界、理论界共同关注的课题。

中国历经 30 多年的改革开放，已经全面进入竞争日趋激烈的世界大市场，更深刻地融入了国际经济大循环，尽管中国取得举世瞩目的成就，也逐步确立了一个国际大国的国际地位。但是，我们应该看到，随着国际市场竞争的日趋激烈和管理水平的不断创新与提高，中国经济要在全球化和经济一体化的国际竞争中立足与发展，一方面，要在宏观上把握经济运行的规律，继续做好宏观调控；另一方面，要尽快转变经济发展方式，调整经济结构；与此同时，更重要的方面是要在企业层面上进行管理创新。而管理创新的关键是管理人才培养模式的创新。也就是说，中国已经进入了一个与创新管理相结合的改革和与改革相结合的管理创新时期。在这一关键时期，谁能够拥有一流的管理创新人才、最快地吸收各种管理学的最新知识并加以创新性的运用，谁就会获得竞争的话语权与主动权，谁就能够赢得未来。

正是在这样一种宏观背景的促使下，根据国家教育部关于高等学校本科教学质量与教学改革工程的相关文件精神，为了提高国内各高校经济管理类核心课程教师的教学水平，满足高校培养应用型管理人才的需要，由科学出版社组织策划了"高等院校经济管理类教材系列"。本教材系列的编著者主要由各高等院校长期从事经济管理方面教学、研究以及企业决策咨询的专家教授组成。因此本教材系列具有如下特点：注重系统性；突出专业性；强调实用性，即注重案例教学；关注学科发展的先进性；结构上注意编排的体系性，利于师生的教与学。本教材系列具有广阔的适用范围，它既适用于各高校管理类专业的本科生，又可作为大学教师、研究人员的参考书，亦可作为那些运筹帷幄、决战商场的企业家的参考书。

我们知道，每一项成功的管理模式，都是管理理论和具体管理实践相结合的产物，因此，任何一种先进的管理理论都有待创新和发展。所以，本教材系列编写过程中在体系的编排、内容的选取以及案例选择的贴切性等方面或许还存在许多不尽如人意之处，恳请专家学者以及广大读者提出批评意见。

最后，感谢各位编著者为本教材系列付出的辛勤劳动。

梁仕云

研究员

工商管理硕士生导师

公共管理硕士生导师

广西大学行健文理学院副院长

2010 年 7 月 31 日

目　录

第一章 总 论

教学目标

本章首先介绍了会计的产生与发展，在此基础上，重点介绍了会计的职能和目标，会计的对象和方法，会计的基本假设和会计信息质量的要求，以及会计等式等，通过对本章的学习，可以更为全面地了解基础会计。

学习任务

通过本章的学习，要达到以下几个目的：

- 了解会计的发展过程。
- 熟悉会计的职能和目标、会计的对象和方法。
- 了解会计学科体系。
- 掌握会计的含义、会计的基本假设和会计信息质量的要求。
- 掌握会计要素和会计等式。

导入案例

会计为什么而存在

2008 年 9 月，美国 AIG、雷曼兄弟、《两房》等公司的危机和随之而来的破产，将全球卷入了一场来势凶猛、影响力大的金融海啸之中。这场金融海啸直接影响到 2009 年大学生毕业求职的市场需求。相比而言，会计专业毕业生受到的影响要小很多。

为什么会计专业的就业市场相对总是较好？从古至今，大到国家，小到家庭，都有会计的身影存在，甚至连"四大皆空"的寺庙，同样存在会计。据统计，我国会计从业人员超过 1200 万人，在所有专业技术岗位中，会计从业人员应当是从业人员总量最多的职业之一。

问题是：为何每个组织都需要会计？会计为什么而存在？或者说，社会为什么需要会计？社会需要会计干什么？对这些问题的回答，将构成本章的主要内容，它也是整个会计学入门课所要讨论的。对于会计初学者而言，只有理解了"会计为什么而存在"这一基本的问题，才能够比较好地把握会计在经济社会中的地位与作用，从而形成一个比较完整的关于会计的总体框架。

[资料来源：刘峰，潘琰，林斌. 2009. 会计学基础（第 3 版）. 北京：高等教育出版社]

第一节 会 计 概 述

什么是会计？这是学习、研究会计这门学科和做好会计工作首先应当了解的一个问题。对于初学者，可能想到的是一本本的票据和账册以及计算机中经济业务的记录。要科学、准确地回答这个问题，必然涉及会计的历史、目标、职能、对象、方法、核算前提及要求等知识。本章是学习会计的起步，阐述的是会计的入门认知问题。通过本章的学习，将会对会计这门学科从总体上有一个比较全面的认识和理解。

同其他学科一样，会计学有其产生发展的历程。会计学之所以产生并随着社会发展而不断发展，是因为会计在人类经济活动中和企业的经营活动中，具有重要的意义。

一、会计的产生与发展

会计是适应人类生产发展和经济管理的要求而产生和发展起来的。在人类的社会经济活动中，为了追求经济效益，以尽可能少的劳动耗费，生产出尽可能多的物质财富，这就需要对经济活动进行管理和控制。而对经济活动中的耗费和成果进行准确的计量、计算、记录和登记，便产生了最初的会计。

随着人类社会的进步、生产活动的发展和经济管理水平的不断提高，会计也经历了一个由低级到高级、由简单到复杂的漫长发展过程。

在人类社会历史发展初期，会计只是生产职能的附带组成部分，会计还没有成为一项独立的工作，从事会计活动的人都是生产者本人——在生产活动之余，对自己的劳动成果进行简单的计算和记录。这是因为，当时生产力水平很低，没有必要将十分简单的计量、计算和记录交由专人负责。随着生产力水平的逐步发展，生产规模的日益扩大，劳动生产率的不断提高，剩余产品的不断出现，需要计量、计算和记录的事情越来越多，经济管理对会计信息的要求也越来越复杂，因而对会计的要求也就越来越高，要求会计不仅仅是简单的计量和记录工具，而应当成为经济管理的重要内容。所以会计从生产职能的附属物独立成为经济管理的基本职能就成为必然，继而会计工作便成为一项专门的经济管理工作。

在原始社会末期，最简单的"结绳"、"刻板"、"刻石"计量的记录行为标志着会计的萌芽，当时会计的任务主要是登记原始公社社员共同劳动的过程及其成果。"会计"一词大约产生于我国西周时代，它本来的含义主要是指对财务收支业务的记录、计算和考核。据《周礼》记载，"司会主天下之大计，以岁会考岁成……"，又据清代对官厅会计的考察，提出："零星算之为计，总合算之为会。"岁会就是计算全年的收支，司会根据会计记录考核当年的收支情况。宋代创造和运用了"四柱结算法"。所谓四柱，即"旧管"、"新收"、"开除"、"实在"，其含义分别相当于现在会计术语的期初结存、本期收入、本期支出和期末结存，它们之间的关系是：旧管＋新收＝开除＋实在。"四柱结算法"是我国会计史中的一项杰出成果,并为我国的收付记账法奠定了理论基础。明清时代又出现了"龙门账",即把全部账目划分为"进"、"缴"、"存"、"该"四大类,运用"进-缴=存-该"的平衡等式进行试算平衡,这是中国最早的复式记账。由于封建社会是以自然经济为主的社会,会计主要是核算和监督朝廷官府的钱粮赋税收支活动,通常将这个时期的会计称为"官厅会计"。我国会计从单式记账向复式记账的过渡发生在明代,15世纪以后出现的"三脚账"是这个过渡时期的产物;17世纪中叶以后出现的"四脚账"等则是我国有代表性的收付复式记账法。目前,广为使用的借贷记账法是在20世纪初传入我国的。

在西方,早期出现的"簿籍",也是指通过簿籍对财产物资的收支活动进行记录和计算,通过记录、计算来考核财务状况和经营成果。在欧洲,公元前200年古罗马帝国设有财务官员,负责监督当地政府的财政收支情况,财务官员要亲自提交会计报表,并由一名检查人员听取这些记录,进而判断会计记录是否属实。中世纪会计从意大利宗教战争期间又开始复兴。1340年热那亚(Genoese)的会计记录中出现了萌芽状态的复式簿记方法,同时在英国设置了财政部门。在古代会计阶段,许多现代会计中大家已经熟知的概念或思想已经初露端倪,但在这个阶段,会计所具有的专门的方法、对象、职能等远远还未形成;会计还没有从生产中明显地分离出来,还只是作为生产的一个附带部分而存在。12~15世纪,伴随着西欧资本主义经济关系的萌芽与生产,产生了复式簿记,把古代会计推进到近代会计阶段。根据文献记载,借贷记账法起源于13世纪的意大利。14世纪,随着商品经济的发展,借贷记账法也逐渐完善,并发展为威尼斯簿记。1494年意大利数学家、传教士卢卡·帕乔利(Luco Pacioli)在《算术、几何及比例概要》一书中专门用一个章节阐述了复式簿记的基本原理。这一名著的问世,是复式记账形成的重要标志,也是世界会计学者公认的会计发展史上的一个里程碑,标志着近代会计的开始。卢卡·帕乔利被公认为是"现代会计之父"。

20世纪20年代以后,世界经济迅速发展,促进了会计的深刻变革。会计不仅为企业主服务,而且应当考虑到企业外部有关利益集团的需要。传统会计的服务职能和内部管理职能逐步分离,形成了财务会计和管理会计两大相互依存又相互独立的会计分支,这是会计发展历史上又一次飞跃,标志着现代会计走向成熟,实现了传统会计向现代会计的转变。

关于现代会计的定义,中外会计界的许多学者提出了自己的看法,但从来没有统一过,大致有以下四种提法。"管理活动论"认为:所谓会计,是指会计工作,是对能够用货币表现的经济事项,按特定的方法,予以计量、记录、分类、汇总和分析评价。"管理工具论"认为:所谓会计,是指一种技术手段,是反映和监督生产过程的一种方法,是管理经济的一种工具。"艺术论"认为:所谓会计,是指科学、能力和技巧的结合,旨在将具有或至少部分具有财务特征的交易事项,以有意义的方式且以货币表示,予以记录、分类及汇总并解释由此产生的结果。"信息系统论"认为:所谓会计,是一个信息系统,它预定输送给有关组织重要的财务和其他经济信息,以供信息使用者判断和决策使用。

综上所述，会计的基本概念可以表述为：会计是以货币为主要计量单位，通过一系列的专门方法，对企业、行政事业单位的经济活动进行连续、系统、全面、综合的核算和监督，旨在提供会计信息和提高经济效益的一种管理活动。

会计本身是一个不断发展的概念，在不同时期，会计的内涵和外延不尽相同，人们对会计的认识也是逐步发展并加深的。

二、会计的职能与目标

（一）会计的职能

会计的职能是指会计在经济管理过程中所具有的功能。现代会计的基本职能应当归纳为反映和监督。反映是会计最基本的职能，监督是极其重要的派生职能，参与决策和预测等是更为广泛的衍生职能。会计是一个信息系统，离开了反映，其他的职能无从说起；至于其他的派生职能，根据分类的详细程度和研究问题的视角不同，人们可以提出不同的看法。

1. 会计的反映职能

会计的反映职能是指会计能够按照公认会计准则的要求，通过一定的程序和方法，全面、系统、及时、准确地将一个会计主体所发生的会计事项表达出来，以达到揭示会计事项的本质，为经营管理提供经济信息的目的。会计的反映职能具有以下明显的特征：

（1）会计以货币为主要计量单位，从价值量方面反映各单位的经济活动情况

会计在对各单位经济活动进行反映时，主要是从数量而不是从质量方面进行反映。这主要是因为企业最初的投资总是用货币度量的，所以，对这些投资使用的追踪记录也只能使用货币量度。

（2）会计主要反映过去已经发生的经济活动

会计反映经济活动就是要反映其事实，因此，只有在每项经济业务发生或者完成以后，才能取得该项经济业务完成的书面凭证，也只有这种凭证才能保证会计所提供的信息真实可靠。

（3）会计反映具有连续性和全面性

会计反映的连续性是指对经济业务的记录是连续的，逐笔、逐日、逐月、逐年，不能间断；会计反映的全面性是指对每个会计主体所发生的全部经济业务都应该进行记录和反映，不能有任何遗漏。

反映职能是会计核算工作的基础。它利用会计信息系统所提供的信息，既服务于国家的宏观调控部门，又服务于会计主体的外部投资者、债权人和内部管理者。

2. 会计的监督职能

会计的监督职能也称为控制职能，是指会计人员在进行会计核算的同时，对特定对象经济业务的合法性、合理性进行审查。会计监督职能具有以下特点：

（1）会计监督具有强制性和严肃性

会计监督是依据国家的财经法规和财经纪律来进行的，《中华人民共和国会计法》（以下简称《会计法》）不仅赋予会计机构和会计人员实行监督的权利，而且规定了监督者的法律责任。

（2）会计监督具有连续性

社会生产活动如果不间断，会计反映就要进行下去，在这个连续的过程中，始终离不开会计监督。

（3）会计监督具有完整性

会计监督不仅体现在已经发生或者已经完成的业务方面，还体现在业务发生过程中及尚未发生之前，包括事前监督、事中监督和事后监督。

监督职能在会计行为实施之前就发挥作用，同时又是会计工作的落脚点。它通过会计信息系统与会计控制系统的有机结合，突出地表现了会计在经营管理中的能动性作用，一定程度上体现了会计是一种管理活动的基本思想。

3. 会计两大职能的关系

反映职能是监督职能的基础，没有反映职能提供的信息，就不可能进行会计监督；而监督职能又是反映职能的保证，没有监督职能进行控制，提供有力的保证，就不可能提供真实可靠的会计信息，也就不能发挥会计管理的能动作用。因此，会计的反映职能和监督职能是紧密结合、相辅相成的。

当然，随着经济的发展和科学技术的进步，全球经济一体化趋势的加强，会计在经济活动中的地位将越来越引起人们的重视。会计在发展的同时，其职能也会有一定的扩展。

（二）会计的目标

会计目标，亦称为会计目的，是会计工作所要达到的终极目的，通常是指会计资料的使用者对会计的总体要求。会计目标决定着会计工作的导向，决定着会计的程序、方法体系和会计工作的组织，因此，会计目标是会计理论研究的一个重要课题。

会计目标取决于会计资料使用者的要求，但也受到会计职能、会计对象的制约。人们不能离开会计对象和职能来提高要求。同时在不同国家之间，会计目标还要受到经济环境的制约，受经济管理体制的影响。

我国《企业会计准则——基本准则》中对会计目标做了明确规定：企业应当编制财务会计报告（又称会计报表）。财务会计报告的目标是向财务会计报告使用者提供与企业财务状况、经营成果和现金流量等有关的会计信息，反映企业管理层受托责任履行情况，有助于财务会计报告使用者做出经济决策。财务会计报告使用者包括投资者、债权人、政府及有关部门和社会公众等。这也就说明了我国会计的目标，是向会计报表使用者提供与企业财务状况、经营成果和现金流量等有关的会计信息，反映企业管理层受托责任的履行情况，有助于会计报表使用者做出经济决策。

阅读资料

美国会计准则制定的发展历史

1. 自由阶段（1933 年以前）

19 世纪末 20 世纪初，美国会计职业界普遍认为会计是凭经验、观察来做出判断的，因而反对制定会计准则。这使会计实务放任自流，并招至社会各界的抨击。在这种状况下，美国的会计职业组织就想建立一套公正的规范或标准。

2. 半自由阶段（1933～1959）

1929～1933 年的经济危机一开始，相关管制部门就猛烈地批评会计界。1933年国会通过立法成立了证券交易委员会并授权其负责制定统一的会计规则或准则，以避免实务中对会计方法的选择过分随意与多样化。1937 年，证券交易委员会将准则的制定权转授给美国会计师协会（后更名为美国注册会计师协会），但保留了监督权和否决权。1938 年美国会计师协会成立了会计程序委员会。但其致命的弱点是它根本没有权威性和强制性，继而导致了该委员会的解体，这也是美国会计准则制定历史上的最大教训。

3. 内部权威阶段（1959～1973）

美国注册会计师协会于 1959 年停止了会计程序委员会的工作，并重新成立了会计原则委员会来进行会计准则的制定工作。会计原则委员会成立后陆续发布了一系列"意见书"以指导会计实践。此外，该委员会还发布了共四号"说明书"。其中，影响最大、理论性最强的是 1970 年 10 月发布的第四号说明书"企业会计报表的基本概念和会计原则"。然而，会计原则委员会同样缺乏理论性和权威性，并受到外部利益集团的影响，在制定公认会计原则的程序和方法上又重回"实用主义"的误区。但与会计程序委员会相比，会计原则委员会在权威性和强制性上有了很大的提高。

4. 政治权威阶段（1973～2001）

1968 年，美国证券市场爆发危机，会计职业界再次受到指责。1973 年，美国注册会计师协会宣告成立财务会计准则委员会以取代会计原则委员会。从 1973 年至 1999 年，财务会计准则委员会发布了 136 份"财务会计公告"和几十份解释及技术公报。在制定会计准则公告的同时，它还执行了一项探讨财务会计和会计报表概念结构的长期计划。财务会计准则委员会从 1978 年至今，共发布了 7 份"财务会计概念公告"。它们的发布标志着美国会计职业界在建立会计原则的思路上从实用主义的观点转变为重视基本理论的研究。

5. 危机阶段（2001 年至今）

直到 2001 年，财务会计准则委员会制定会计准则的"规则导向"模式曾一度是世界范围内诸多国家效仿的对象。然而，安然事件后，一系列美国上市公司的财务丑闻事件使美国会计界产生很大震动，美国国内开始对其制定会计准则的方式进行反思，最典型的莫过于《The Sarbanes—Oxley Act of 2002》要求对会计准则制定的

阅读资料 ■ ■ ■ ■ ■

导向征求意见，决定是否应转变会计准则的制定方式。财务会计准则委员会迅速对此做出反应，颁布了《美国会计准则制定的原则方法》的征求意见稿。2003 年，美国会计学会刊物《会计瞭望》（Accounting Horizon）相继刊登专门讨论会计准则导向的文章。目前，采用"原则导向"或"规则导向"孰优孰劣，未经长期实践尚难下结论。

（资料来源：http://www.chinabaike.com/article/kj/kjll/2007/20071002549996.html）

三、会计的对象与方法

（一）会计对象

会计对象是指会计核算和监督的内容，即会计所要反映和监督的客体。广义上的会计对象是整个社会的经济活动，即社会再生产活动中的资金运动；狭义上的会计对象是某一特定单位的经济活动，即会计主体业务活动。通常所说的会计对象是能用货币表现的各种经济活动。这些经济活动，是由各个企业、事业、行政等单位和组织分工协同进行的。由于这些单位和组织执行的任务不同，其经济活动和业务活动也就有所不同。因此，会计对象在不同单位和组织中的具体表现也不同。下面以工业企业为例，说明企业会计的具体对象。

工业企业的会计对象是工业企业的资金运动，包括资金的投入、资金的周转和资金的退出。工业企业的主要任务是生产和销售工业产品并提供积累，以便扩大再生产。为了完成这个任务，企业必须拥有一定的经济资源，如厂房、机器设备、材料物资和资金。这些经济资源有的是国家投入，有的是从银行等金融机构和其他单位借入，有的通过发行股票等进行筹集。筹资活动是经常发生的，贯穿企业再生产活动的始终。企业利用这些财产物资和资金组织生产经营活动。工业企业的生产经营活动大体可以划分三个阶段，即供应过程、生产过程、销售过程。

在供应过程中，主要经济业务有：企业用银行存款或现金购买各种材料、物资，材料入库，支付采购费，进行非现金形式结算业务等。

在生产过程中，企业生产领用材料，工人利用劳动手段加工劳动对象，使材料变成产品入库。在这个过程中就发生材料消耗、工资的支付、固定资产的耗损、水电动力费的支付等业务。因为设定了会计期间、配比原则和权责发生责任制，所以必须按期进行费用结转，计算成本等经济业务。

在销售过程中，企业将生产的产品通过市场按等价交换的原则销售出去，收回货币资金。货币资金中既包含了已销产品的成本，也包含了一部分新创造的价值。于是就发生了费用的结转、货款的结算、负债的偿还、税金的缴纳、利润的分配等经济业务。

供应过程、生产过程和销售过程构成工业企业生产经营过程的一个链条。企业的资金形态随着经济业务的发生不断变化着，以货币资金形态购进材料物资，然后投入生产变化为在产品，再加工为产品，将产品销售出去，收回货币资金，再购买材料投入生产，周而复始的运动，这就使千变万化的经济业务也呈规律性的变化。

工业企业的资金运动如图 1-1 所示。

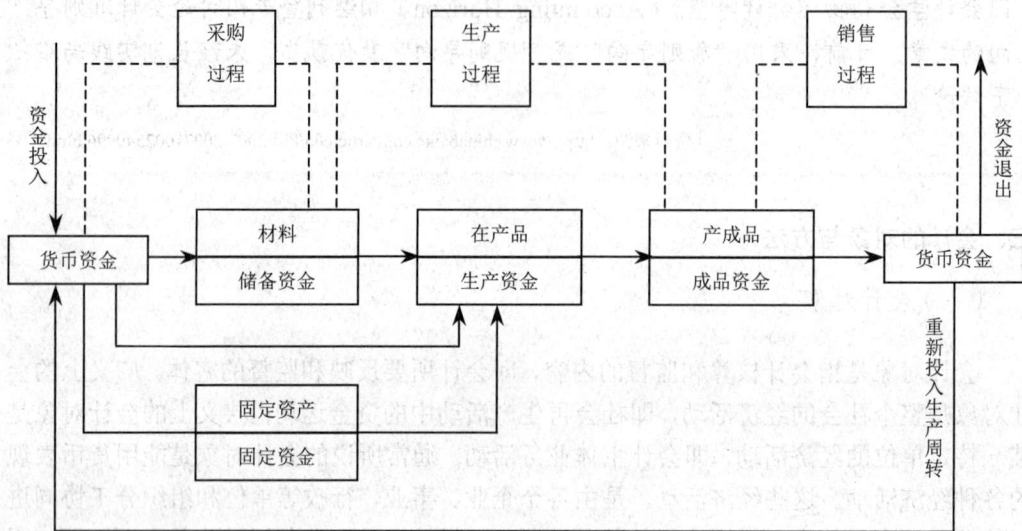

图 1-1　工业企业的资金运动图

（二）会计方法

会计之所以发展成为独立的学科，是因为有着不同于其他学科的理论和方法。会计方法是实现会计职能作用的技术手段。

1. 会计方法概述

会计方法是用来反映和监督会计对象，实现会计职能的手段。研究和运用会计方法是为了实现会计目标，更好地发挥会计的作用。随着会计反映和监督的内容的不断发展，以及经济管理对工作提出更高的要求，会计方法也在不断发展和变化，向着更加科学、完善和现代的方向发展。

会计方法体系是由各种彼此对立又相互联系的方法所组成的有机统一整体，由会计核算方法、会计分析方法、会计检查方法、会计预测与决策方法等构成。

1）会计核算方法是对各单位已经发生的经济活动进行连续、系统、完整地反映和监督所应用的方法。

2）会计分析方法是利用会计信息，以及其他相关的经济信息，对企业的财务状况、经营成果、现金流动情况和企业的经济活动进行比较、研究、评价所运用的方法。

3）会计检查方法主要是根据会计核算资料检查各单位的经济活动是否合理、合法，会计核算资料是否真实正确，根据会计核算资料编制的未来时期的计划、预算是否可行、有效等。

4）会计预测方法是利用会计信息及其他相关经济信息，对会计管理活动进行科学预测的方法。

5）会计决策方法是按照企业发展目标的要求，遵循经济效益的原则，选择相对优秀的方案所采用的方法。

2. 会计核算方法

会计核算方法是用来反映和监督会计对象的。会计对象的多样性和复杂性，决定了用来对其进行反映和监督的会计核算方法不能采用单一的方法形式，而应该采用方法体系的模式来进行。会计核算方法是会计方法体系的核心，它包括设置账户、复式记账、填制和审核凭证、登记账簿、成本计算、财产清查和编制会计报表等具体方法。

（1）设置账户

账户是对会计对象的具体内容，按其不同的特点和经济管理的需要，分门别类地进行反映的项目。设置账户是对会计对象的具体内容进行分类核算和监督的一种专门的方法。会计对象的内容是复杂多样的，要对它们进行系统核算和全面地监督，就必须进行科学的分类，以便取得各种不同性质的核算指标。因此，对各项资产、权益、收入、费用、利润等项的增减变化，都要分别设置必要的账户。

（2）复式记账

复式记账是对每一项经济业务都要以相等的金额，同时记入两个或两个以上有关账户的一种专门方法。采用复式记账，使每项经济业务所涉及的两个或两个以上的账户发生对应关系，同时，在对应账户上所记金额相等，即保持平衡关系。通过账户的对应关系，可以反映出账户之间的相互联系，便于了解有关经济业务的内容；通过账户的平衡关系，可以反映出复式记账的基本原理，便于检查经济业务的记录是否正确。

（3）填制和审核凭证

填制和审核凭证是指为了审查经济业务是否合理合法，保证账簿记录正确、完整而采用的一种专门的方法。会计凭证是记录经济业务，明确经济责任的书面证明，是登记账簿的重要依据。经济业务是否发生、执行和完成，关键看是否取得或填制了会计凭证，如果已经取得或填制了会计凭证，就证明该项经济业务已经发生或者已经完成。对已经完成的经济业务还要经过会计部门、会计人员的严格审核，在保证符合有关法律、制度、规定而又正确无误的情况下，才能据以登记账簿。填制和审核凭证可以为经济管理提供真实可靠的会计信息。

（4）登记账簿

账簿是用来全面、连续、系统地记录各项经济业务的簿籍。会计人员根据账户设置账页，将账页集中形成账簿。账簿是汇总会计资料的主要工具，账簿积累的资料是编制会计报表的基础。所谓登记账簿，就是将主体已经发生的经济业务，以审核无误的记账凭证为依据，序时、分类地计入有关账簿。会计人员要定期对账簿进行对账和结账，以便及时编制报表。

（5）成本计算

成本计算是按照一定对象归集各个经营过程中发生的费用，借以确定各对象的总成本和单位成本的一种专门的方法。这种方法主要是在企业会计中采用的。在企业中，为了考核各个经营过程的各项费用支出是否符合节约原则和经济核算的要求，应将这些费用按照一定对象加以归集。成本计算不仅可以考核生产耗费了多少，而且可以进行成本分析，对不断降低成本，提高经济效益，改善经营管理具有十分重要的意义。

（6）财产清查

财产清查就是通过盘点实物、核对账目来查明各项财产物资和资金的实有数，并查明实有数与账存数是否相符的一种专门的方法。在日常会计核算过程中，为了保证会计信息真实正确，必须定期或不定期地对各项财产物资、货币资金和往来款项进行清查、盘点和核对。在清查中，如果发现账实不符，应查明原因，调整账簿记录，使账存数额同实存数额保持一致，做到账实相符。通过财产清查，还可以查明各项财产物资的保管和使用情况，以便采取措施挖掘物资潜力和加速资金周转。总之，财产清查对于保证会计核算资料的正确性和监督财产的安全与合理使用等都具有重要的作用。它是会计核算必不可少的方法之一。

（7）编制会计报表

总体而言，日常的会计资料比较分散，不便于分析利用。会计报表则是根据账簿记录定期编制的，以一定的表格形式总括反映一个会计主体财务状况、经营成果和现金流动情况的书面文件。会计报表提供的资料是对一个主体过去的状况所做的综合总结，是编制未来财务计划和预算的重要依据，是投资者和债权人获取并利用信息的有效工具。会计报表也是国家进行宏观经济管理和加工统计数据的重要资料。

上述会计核算的各种方法是相互联系、密切配合的，在会计对经济业务进行记录和反映的过程中，不论是采用手工处理方式，还是使用计算机数据处理系统方式，对于日常所发生的经济业务，首先要取得合法的凭证，按照所设置的账户进行复式记账，根据账簿的记录进行成本计算，在财产清查，账实相符的基础上编制会计报表。会计核算的七种方法相互联系，一环紧扣一环，缺一不可，形成一个完整的方法体系。

会计核算方法之间的关系如图 1-2 所示。

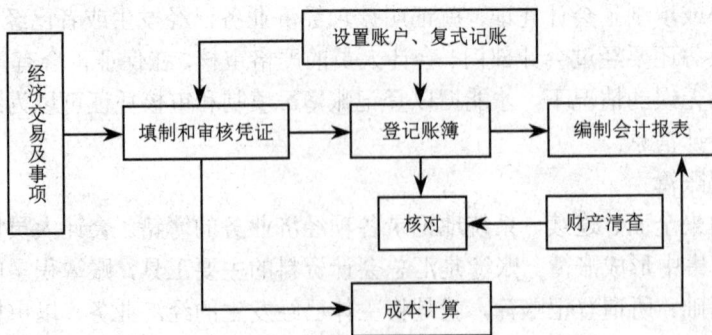

图 1-2 会计核算方法关系结构图

四、会计学科体系

会计学作为一门科学，它是由许多相互联系的学科组成的学科体系，也称知识体系。在我国，会计学科体系是在建国初期学习当时的苏联会计学基础之上，总结我国的会计实践经验，并借鉴国外先进的会计理论和方法建立起来的。新中国成立以来，会计学科体系和内容有所发展，更好地适应了社会主义市场经济管理的需要。目前，会计学科体系和内容主要有三种不同的方法。

1. 按内容划分

会计学科体系按内容划分，主要包括基础会计学、财务会计学、成本会计学、管理会计学和审计学。

1）基础会计学，主要阐述会计的基本原理、基本方法和基本知识，是其他会计分支学科的专业理论基础。

2）财务会计学，主要阐述企业处理各项资产、负债和所有者权益等会计要素的基本理论和方法。根据企业财务状况和经营成果的信息，以供企业内部决策和外部投资决策。

3）成本会计学，主要阐述成本的预测、计划、计算、分析、控制和决策的基本理论和方法，研究成本管理及提高经济效益的途径。

4）管理会计学，主要是研究对企业未来的经济活动，进行规划、预测并控制其执行，着重提供生产经营活动的预测信息，以供企业内部经营决策，提高企业管理水平。

5）审计学，主要研究对经济活动的合法性、合理性以及效益性进行检查监督的基本理论和方法。

2. 按应用部门划分

会计学科体系按应用部门可分为工业会计、农业会计、商品流通企业会计、施工企业会计、金融企业会计、交通运输企业会计、旅游饮食服务企业会计和政府与非盈利组织会计等。

3. 按会计主体划分

会计学科体系按会计主体划分，可分为宏观会计学和微观会计学。宏观会计学包括预算会计、社会会计、国际会计等；微观会计学包括企业会计、非盈利组织会计等。

第二节 会计基本假设和会计信息质量要求

一、会计基本假设

会计基本假设，又称为会计核算的基本前提或会计假定，是指企业会计确认、计量和报告的前提，是对会计核算所处时间、空间环境等所作的合理设定。会计基本假设包括会计主体、持续经营、会计分期和货币计量。

（一）会计主体

会计主体，又称为会计实体或会计个体，是指会计核算和监督的特定单位或组织。一般来说，凡拥有独立的资金、自主经营、独立核算收支和盈亏并编制会计报表的单位或组织就构成了一个会计主体。会计主体是一个在经济上独立的整体，它明确了会计人员进行核算（确认、计量、记录、报告）所站的立场。组织会计核算工作者的首要前提是明确会计主体，即明确为谁核算的问题。因各单位的各种会计业务，如资产、负债、所有者权益、收入、费用、利润等都与其他单位的业务相联系，所以核算工作都应站在特定会计主体的立场上进行。如果会计主体不明确，则资产、负债难以界定，收入、支出无法衡量，会计工作便无从做起。因此，在会计核算中必须将该单位自身的经济活动与该单位所有者的经济活动及其他单位的经济活动严格分开，会计只核算本单位自身的经济活动。

必须指出，会计主体与法律主体（法人）并非是对等的概念，法人可作为会计主体，但会计主体不一定是法人。例如，由自然人所创办的独资与合伙企业不具有法人资格，这类企业的财产和债务在法律上被视为业主或合伙人的财产和债务，但在会计核算上必须将其作为会计主体，以便将企业的经济活动与其所有者个人的经济活动以及其他实体的经济活动区别开来。企业集团由若干具有法人资格的企业组成，各个企业既是独立的会计主体也是法律主体，但为了反映整个集团的财务状况、经营成果及现金流量情况，还应编制该集团的合并会计报表，企业集团是会计主体，但通常不是一个独立的法人。

（二）持续经营

持续经营，是指在可以预见的将来，企业将会按当前的规模和状态继续经营下去，不会停业，也不会大规模消减业务。在持续经营前提下，会计确认、计量和报告应当以企业持续、正常的生产经营活动为前提。

企业是否持续经营，在会计原则、会计方法的选择上有很大差别。一般情况下，应当假定企业将会按照当前的规模和状态继续经营下去。明确这个基本假设，就意味着会计主体将按照既定用途使用资产，按照既定的合约条件清偿债务，会计人员就可以在此基础上选择会计原则和会计方法。如果判断企业会持续经营，就可以假定企业的固定资产会在持续经营的生产经营过程中长期发挥作用，并服务于生产经营过程，固定资产就可以根据历史成本进行记录，并采用折旧的方法，将历史成本分摊到各个会计期间或相关产品的成本中。如果判断企业不会持续经营，固定资产就不应采用历史成本进行记录并按期计提折旧。

（三）会计分期

会计分期，又称为会计期间，是指将一个企业持续经营的生产活动划分为一个个连续的、长短相同的期间。会计分期是从持续经营前提引申出来的，它是持续经营的前提和及时提供会计信息的客观要求。

企业的经营活动从时间上看是持续不断的，按理企业最后的盈亏要等企业经营活动全部结束后才能计算出来，而会计信息的使用者需要定期掌握企业的财务状况、经营成果和现金流量的信息。这就要求会计必须将企业持续不断的经营过程人为地划分成若干个连续、相等的期间，以便定期确定损益和编制会计报表，以满足信息使用者的需要。

会计期间一般按照日历时间划分，我国采用公历年制，以公历1月1日至12月31日为一个会计年度。不同国家会计年度的起止时间不同，如世界上有的国家以公历7月1日至次年6月30日为一个会计年度。年度内又按日历时间分为半年度、季度和月度。

（四）货币计量

货币计量，是指会计主体在财务会计确认、计量和报告时以货币计量，反映会计主体的生产经营活动。会计记录和会计报表所列示的内容，仅限于那些能够以货币计量的经济活动。而那些不能够以货币计量的经济活动，如职工技术水平，产品质量水平，企业竞争活动等内容，就无法进行会计反映。由此可见，货币计量是会计记录和会计报表的关键环节，是会计核算的重要前提。

我国《企业会计准则》规定：会计核算以货币为计量，业务收支以外币为主的企业，也可以选定某种外币作为记账本位币，但编制会计报表时，应当折算成人民币反映。在境外设立的中国企业向国内报送的财务会计报告，应当折算为人民币反映。

二、会计信息质量要求

会计信息质量要求是对企业财务报表中所提供会计信息质量的基本要求，是使财务报表中所提供会计信息对投资者等使用者决策有用应具备的基本特征，它主要包括可靠性、相关性、可理解性、可比性、实质重于形式、重要性、谨慎性和及时性等。

（一）可靠性

可靠性要求企业应当以实际发生的交易或者事项为依据进行会计确认、计量和报告，反映符合确认和计量要求的各项会计要素及其他相关信息，保证会计信息的真实可靠、内容完整，具体包括以下要求：

1）企业应当以实际发生的交易或者事项为依据进行会计确认、计量和报告，不能以虚构的交易或者事项为依据进行会计确认、计量和报告。

2）企业应当如实反映交易或者事项，将符合会计要素定义及其确认条件的资产、负债、所有者权益、收入、费用和利润等如实反映在会计报表中，刻画出企业生产经营及财务活动的真实面貌。

3）企业应当在符合重要性和成本效益原则的前提下，保证会计信息的完整性，其中包括编报的报表及附注内容等均应保持完整，不能随意遗漏或者减少应予披露的信息，与使用者决策相关的有用信息都应当充分披露。

（二）相关性

相关性要求"企业提供的会计信息应当能够反映企业的财务状况、经营成果和现金流量，以满足会计信息使用者的需要"，即要求会计信息与使用者的经济决策相关，对使用者有用。

会计信息的使用者包括投资者、债权人、政府、职工、其他利益主体乃至社会公众，不同的使用者使用会计信息的目的不同，因为他们各自进行的是不同的经济决策，企业的会计信息正是为这些与企业相关的各种经济决策提供信息支持，因而要求与这些经济决策相关。

（三）可理解性

可理解性要求企业提供的会计信息应当清晰明了，便于财务报表使用者理解和使用。

企业编制财务报表、提供会计信息的目的在于使用，而要使使用者有效地使用会计信息，应当能让其了解会计信息的内涵，弄懂会计信息的内容，这就要求财务报表所提供的财务信息应当清晰明了，易于理解。只有这样，才能提高会计信息的有用性，实现财务报表的目标、满足向使用者提供决策有用信息的要求。

（四）可比性

可比性是指会计核算应当按照规定的会计处理方法进行，会计信息及相关指标应当口径一致，相互可比。其衡量标准就是应使会计核算所提供的同类信息及指标能够在不同行业、不同地区、本单位的前后各期均应具有可比性。为了保证这一原则的实施，在会计核算中，应当做到选用的会计政策、会计方法均符合国家统一的会计制度的要求。

（五）实质重于形式

实质重于形式是指企业应当按照交易或事项的经济实质进行会计核算，而不应当仅仅按照它们的法律形式作为会计核算的依据。即经济实质重于具体表现形式。

这一原则不仅是一项重要的国际会计惯例，也是国际上制定会计准则所遵循的原则。我国现行的会计准则中的某些规定也已经遵循了这一原则。例如，我国《企业会计准则——收入》中将收入确认的条件主要限定在商品所有权上的主要风险和报酬发生转移等实质性条件，而不是所有权凭证或实物（如现金）形式上的交付。我国在制定会计准则、制度时虽遵循这一原则，但一直未将其明文列示于会计原则部分，新制定统一的《企业会计制度》首次将这一原则补充进去。

（六）重要性

重要性要求企业提供的会计信息应当反映与企业财务状况、经营成果和现金流量有关的所有重要交易或者事项。

企业会计信息的省略或者错报会影响使用者据此做出的经济决策，该信息就具有重要性。重要性的应用需要依据职业判断，企业应当根据其所处的环境和实际情况，从项目的性质和金额大小两方面来判断其重要性。

（七）谨慎性

谨慎性要求企业对交易或事项进行会计确认、计量和报告应当保持应有的谨慎，不应高估资产或者收益、低估负债或者费用。

但是，谨慎性的应用并不允许企业设置秘密准备，如果企业故意低估资产或者收益，或者故意高估负债或者费用，将不符合会计信息的可靠性和相关性要求，会损害会计信息质量，扭曲企业实际的财务状况和经营成果，从而对使用者的决策产生误导，这是企业会计准则所不允许的。

（八）及时性

及时性是指企业会计核算应当及时进行。及时性原则要求会计事项的处理必须于经济业务发生时及时进行，不得拖延和积压，以便于会计信息的及时利用。及时性包括两个方面：一是会计事项的账务处理应当在当期内进行，不得拖延；二是会计报表应当在会计期间结束后按规定的日期内报送有关部门。

第三节 会计要素与会计等式

一、会计要素

会计要素是根据交易或者事项的经济特征所确定的财务会计对象的基本分类。会计要素按照其性质分为资产、负债、所有者权益、收入、费用和利润。其中，资产、负债和所有者权益要素侧重于反映企业的财务状况，收入、费用和利润要素侧重于反映企业的经营成果。会计要素的界定和分类可以使财务会计系统更加科学严密，为投资者等财务报表使用者提供更加有用的信息。

（一）资产

1. 资产的定义及特征

资产是指企业过去的交易或者事项形成的，由企业拥有或者控制的，预期会给企业带来经济利益的资源。根据资产的定义，资产具有以下几个方面的特征：

（1）资产能够直接或间接地给企业带来经济利益

所谓经济利益，是指直接或者间接地流入企业的现金或现金等价物。资产应能够为企业带来经济利益。例如，企业通过收回应收账款、出售库存商品等直接获得经济利益，也可通过对外投资以获得股利或者参与分配利润的方式间接获得经济利益。按照这一特征，那些已经没有经济价值、不能给企业带来经济利益的项目，就不能继续确认为企业的资产。

【例 1-1】 某企业在 2009 年年末盘点存货时，发现存货毁损 100 万元，企业以该存货管理责任不清为由，将毁损的存货继续挂账，并在资产负债表中作为流动资产予以反映。但由于该存货已经毁损，预期不能为企业带来经济利益，不符合资产的定义，不应再在资产负债表中确认为一项资产。

（2）资产应为企业拥有或者控制的资源

资产作为一项资源，应当由企业拥有或者控制，具体是指企业享有某项资源的所有权，或者虽然不享有某项资源的所有权，但该资源能被企业所控制。

企业享有资产的所有权，通常表明企业能够排他性地从资产中获取经济利益。通常在判断资产是否存在时，所有权是考虑的首要因素。在有些情况下，资产虽然不为企业所拥有，即企业并不享有所有权，但企业控制了这些资产，同样表明企业能够从资产中获得经济利益，符合会计上对资产的定义。如果企业既不拥有也不控制资产所能带来的经济利益，就不能将其作为企业的资产予以确认。

（3）资产是由过去的交易或者事项形成的

资产应当是过去已经发生的交易或者事项所产生的结果，资产必须是现实的资产，而不能是预期的资产，未来的交易或者事项可能产生的结果不能作为资产确认。

【例 1-2】 企业计划在年底购买一批机器设备，8 月份与销售方签订了购买合同，但实际购买行为发生在 12 月份，则企业不能在 8 月份将该批设备确认为资产。

2. 资产的分类

资产按其流动性不同，可分为流动资产和非流动资产。

流动资产是指预计在一个正常营业周期中变现、出售或耗用，或者主要为交易目的而持有，或者预计在资产负债表日起 1 年内（含 1 年）变现的资产，以及自资产负债表日起 1 年内交换其他资产或清偿负债的能力不受限制的现金或现金等价物。流动资产主要包括货币资金、交易性金融资产、应收票据、应收账款、预付账款、应收利息、应收股利、其他应收款、存货等。

非流动资产是指流动资产以外的资产，主要包括长期股权投资、固定资产、在建工程、工程物资、无形资产、开发支出等。

长期股权投资是指企业持有的对其子公司、合营企业及联营企业的权益性投资以及企业持有的对被投资单位不具有控制、共同控制或重大影响，并且在活跃市场中没有报价、公允价值不能可靠计量的权益性投资。

固定资产是指同时具有以下特征的有形资产：为生产商品、提供劳务、出租或经营管理而持有；使用寿命超过一个会计年度。

无形资产是指企业拥有或者控制的没有实物形态的可辨认非货币性资产，如专利权、非专利技术、商标权、著作权、土地使用权、特许权等。

3. 资产的确认条件

将一项资源确认为资产，需要符合资产的定义，还应同时满足以下两个条件：

（1）与该资源有关的经济利益很可能流入企业

从资产的定义可以看到，能否带来经济利益是资产的一个本质特征，但在现实生活中，由于经济环境瞬息万变，与资源有关的经济利益能否流入企业或者能够流入多少实际上带有不确定性。因此，资产的确认还应与经济利益流入的不确定性程度的判断结合起来，如果根据编制财务报表时所取得的证据，与资源有关的经济利益很可能流入企业，那么就应当将其作为资产予以确认；反之，不能确认为资产。例如，某企业赊销一批商品给某一客户，从而形成了对该客户的应收账款，由于企业最终收到款项与销售实现之间有时间差，而且收款又在未来期间，因此带有一定的不确定性，如果企业在销售时判断未来很可能收到款项或者能够确定收到款项，企业就应当将该应收账款确认为一项资产；如果企业判断在通常情况下很可能部分或者全部无法收回，表明该部分或者全部应收账款已经不符合资产的确认条件，应当计提坏账准备，减少资产的价值。

（2）该资源的成本或者价值能够可靠地计量

可靠计量是所有会计要素确认的重要前提，资产的确认同样需要符合这一要求。只有当有关资源的成本或者价值能够可靠地计量时，资产才能予以确认。企业取得的许多资产一般都是发生了实际成本的，例如企业购买或者生产的存货，企业购置的厂房或者设备等，对于这些资产，只要实际发生的购买或者生产成本能够可靠地计量的，就应视为符合了资产的可计量确认条件。

关于资产的确认，除了应当符合定义外，上述两个条件缺一不可，只有在同时满足的情况下，才能将其确认为一项资产。

（二）负债

1. 负债的定义及特征

负债是指企业过去的交易或者事项形成的预期会导致经济利益流出企业的现时义务。根据负债的定义，负债具有以下几个方面的特征：

（1）负债是企业承担的现时义务

负债必须是企业承担的现时义务，它是负债的一个基本特征。其中，现时义务是指企业在现行条件下已承担的义务。未来发生的交易或者事项形成的义务，不属于现时义务，不应当确认为负债。

（2）负债预期会导致经济利益流出企业

预期会导致经济利益流出企业也是负债的一个本质特征，只有企业在履行义务时会导致经济利益流出企业的，才符合负债的定义；如果不会导致企业经济利益流出，不符合负债的定义。在履行现时义务清偿负债时，导致经济利益流出企业的形式多种多样，例如用现金偿还或者以实物资产形式偿还，以提供劳务形式偿还，部分转移资产、部分提供劳务形式偿还，将负债转为资本等。

（3）负债是由企业过去的交易或者事项形成的

负债应当由企业过去的交易或者事项所形成。换句话说，只有过去的交易或者事项才能形成负债，企业将在未来发生的承诺、签订的合同等交易或者事项，不形成负债。

【例 1-3】 某企业向银行借款 1 000 万元，即属于过去的交易或者事项所形成的负债。企业同时还与银行达成了两个月后借入 1 500 万元的借款意向书，该交易就不属于过去的交易或者事项，不应形成企业的负债。

2. 负债的分类

负债按其流动性不同，可分为流动负债和非流动负债。

流动负债是指预计在一个正常营业周期中清偿，或者主要为交易目的而持有，或者自资产负债表日起一年内（含一年）到期应予以清偿，或者企业无权自主地将清偿推迟至资产负债表日后一年以上的负债。流动负债主要包括短期借款、应付票据、应付账款、预收账款、应付职工薪酬、应交税费、应付利息、应付股利、其他应付款等。

非流动负债是指流动负债以外的负债，主要包括长期借款和应付债券等。

3. 负债的确认条件

将一项现时义务确认为负债，除需符合负债的定义，还需要同时满足以下两个条件：

（1）与该义务有关的经济利益很可能流出企业

从负债的定义可以看到，预期会导致经济利益流出企业是负债的一个本质特征。在实务中，履行义务所需流出的经济利益带有不确定性，尤其是与推定义务相关的经济利益通常需要依赖于大量的估计。因此，负债的确认应当与经济利益流出的不确定性程度的判断结合起来，如果有确凿证据表明，与现时义务有关的经济利益很可能流出企业，就应当将其作为负债予以确认；反之，如果企业承担了现时义务，但是会导致企业经济利益流出的可能性很小，就不符合负债的确认条件，不应将其作为负债予以确认。

（2）未来流出的经济利益的金额能够可靠地计量

负债的确认在考虑经济利益流出企业的同时，对于未来流出的经济利益的金额应当能够可靠计量。对于与法定义务有关的经济利益流出金额，通常可以根据合同或者法律规定的金额予以确定，考虑到经济利益流出的金额通常在未来期间，有时未来期间较长，有关金额的计量需要考虑货币时间价值等因素的影响。对于与推定义务有关的经济利益流出金额，企业应当根据履行相关义务所需支出的最佳估计数进行估计，并综合考虑有关货币时间价值、风险等因素的影响。

（三）所有者权益

1. 所有者权益的定义及特征

所有者权益是指企业资产扣除负债后由所有者享有的剩余权益。公司的所有者权益又称为股东权益。

对于任何企业而言，其资产形成的资金来源不外乎两个：一是债权人，一是所有者。债权人对企业资产的要求权形成企业负债，所有者对企业资产的要求权形成企业的所有者权益。所有者权益的来源包括所有者投入的资本、直接计入所有者权益的利得和损失、留存收益等。

所有者权益具有以下特征：

1）除非发生减资、清算或分派现金股利，否则企业不需要偿还所有者权益。

2）企业清算时，只有在清偿所有的负债后，所有者权益才返还给所有者。

3）所有者凭借所有者权益能够参与企业利润的分配。

所有者权益包括实收资本（或股本）、资本公积、盈余公积和未分配利润。其中，资本公积包括企业收到投资者出资超过其注册资本或股本中所占份额的部分，以及直接计入所有者权益的利得和损失等。盈余公积和未分配利润又合称为留存收益。

2. 所有者权益的确认条件

所有者权益体现的是所有者在企业中的剩余权益，因此，所有者权益的确认主要依赖于其他会计要素，尤其是资产和负债的确认；所有者权益金额的确定也主要取决于资产和负债的计量。例如，企业接受投资者投入的资产，在该资产符合企业资产确认条件时，就相应地符合了所有者权益的确认条件；当该资产的价值能够可靠计量时，所有者权益的金额也就可以确定。

（四）收入

1. 收入的定义及特征

收入是企业生产经营活动中产生的收益，是企业销售商品、提供劳务及让渡资产使用权等日常活动中所形成的经济利益的总流入。收入不包括为第三方或者客户代收的款项。企业要持续经营，必须通过销售商品或提供劳务等业务经营取得收入，才能补偿经营活动中的耗费，得以重新购买商品、支付工资和费用，从而保障生产经营不间断地进行。同时，收入也是确认企业经营成果的最初形式，是企业获得利润、实现盈利的前提条件。根据收入的定义，收入具有如下特征：

1）收入是从企业日常生产经营活动中产生的。所谓日常生产经营活动，是指企业正常性的、经常性的生产经营活动。例如：工业企业的制造和销售产品、提供加工作业和技术服务；商业企业的商品购销活动；金融企业的信贷、证券投资活动等。

2）企业取得收入的同时，可能使资产增加（主要是增加货币资金或者债权），也可能使负债减少（一般以商品或劳务抵偿债务）。

3）收入的实现将引起所有者权益的增加。

2. 收入的分类

收入主要分为两类：一类是主营业务收入，即企业为完成主要经营目标而从事生产经营活动形成的收入；另一类是其他业务收入，即在主营业务以外的生产经营活动形成的收入。

根据收入的定义，收入来源渠道有三种：一是通过对外销售商品取得的收入；二是提供劳务取得的收入；三是让渡资产使用权取得的收入，如对外出租、对外投资、对外贷款（金融企业）。企业要正确区分让渡不同资产使用权形成的利益流入，对于原材料物资而言，转移使用权实质上连所有权也一同被转移。因为材料是一次性消耗物资，这种行为是销售行为，形成的利益流入构成收入的一部分。对于固定资产而言，转移其使用权时并没有转移其所有权，形成的利益流入仍然是收入的一部分，如果转移固定资产的所有权，即出售固定资产的收益不作为企业收入，而作为利得。

（五）费用

1. 费用的定义及特征

费用是指企业在日常活动中发生的、会导致所有者权益减少的、与所有者分配利润无关的经济利益的总流出。费用具有以下特征：

1）费用是企业日常活动中发生的经济利益的流出，且流出额能够可靠地计量。费用和收入一样，产生于企业日常的经营活动，企业为获取收入，必然会发生费用，收入和费用相互配比，才会产生利润。

2）费用可能表现为企业资产的减少，如耗用材料；也可能引起负债增加，如期末应付未付的工资；还可能同时引起资产的减少和负债的增加。

3）费用最终会减少企业的所有者权益。不论费用是减少资产还是增加负债，根据资产扣除负债即为所有者权益，都会使所有者权益减少。

2. 费用的分类

费用按其归属不同，分为直接费用、间接费用和期间费用。

直接费用是直接为生产产品和提供劳务等发生的直接人工、直接材料和其他直接费用，应直接计入生产经营成本。

间接费用是企业为生产产品和提供劳务而发生的各项间接制造费用，应当按一定标准分配计入生产经营成本。

直接费用和间接费用统称为产品费用。这些费用在生产产品时发生，并构成一定种类和一定数量产品的生产成本，但并不一定在该期间转为营业成本，只有在这些产品售出时才转为营业成本，与销售期的收入相配比。

期间费用是指不能直接归属于某个特定产品成本的费用。主要包括企业行政管理部门为组织和管理生产经营活动而发生的管理费用和财务费用，以及为销售产品和提供劳务而发生的销售费用等。这些费用容易确定其发生的期间，难以判别其所应归属的产品，因而在发生的当期直接计入当期损益。

（六）利润

利润是指企业在一定会计期间的经营成果。利润包括收入减去费用后的净额、直接计入当期利润的利得和损失等。利润有营业利润、利润总额和净利润。营业利润是营业收入减去营业成本、营业税费、期间费用（包括销售费用、管理费用和财务费用）、资产减值损失，加上公允价值变动净收益、投资净收益后的金额。利润总额是指营业利润加上营业外收入，减去营业外支出后的金额。净利润是指利润总额减去所得税费用后的金额。如企业当期确认的投资收益或投资损失，以及处置固定资产、债务重组等发生的利得或损失，均属于直接计入当期利润的利得或损失。

二、会计等式

会计要素反映了资金运动的静态和动态两个方面，具有紧密的相关性。它们在数量上存在着特定的平衡关系，这种平衡关系用公式来表示，就是通常所说的会计等式。会计等式是反映会计要素之间平衡关系的计算公式。它是各种会计核算方法的理论基础。

（一）基本会计等式

$$资产＝负债＋所有者权益$$

这是最基本的会计等式。资产和权益（包括所有者权益和债权人权益）实际是企业所拥有的经济资源在同一时点上所表现的不同形式。资产表明的是资源在企业存在、分布的形态，而权益则表明了资源取得和形成的渠道。

资产是由于过去的交易或事项所引起的，能为企业带来经济利益的资源。资产来源于所有者的投入资本和债权人的借入资金及其在生产经营中所产生的效益，分别归属于所有者和债权人。归属于所有者的部分形成所有者权益；归属于债权人的部分形成债权人权益（即企业的负债）。由此可见，资产与负债及所有者权益，实际上是同一价值运动的两个不同侧面的反映，即：一定数额的资产必然对应着相同数额的负债与所有者权益，而一定数额的负债与所有者权益也必然对应着相同数额的资产。

基本会计等式是设置账户、复式记账以及编制资产负债表的理论依据，它在会计核算体系中有着重要的地位。

（二）经济业务的发生对基本会计等式的影响

企业在生产经营过程中，每天都会发生多种多样、错综复杂的经济业务，从而引起各会计要素的增减变动，但并不影响资产与权益的恒等关系。下面通过分析 S 企业 1 月份发生的几项经济业务，说明资产与权益的恒等关系。资产与权益的恒等关系，是复式记账法的理论基础，也是编制资产负债表的依据。

经济业务的发生引起等式两边会计要素变动的方式可以总结归纳为以下四种类型：

1）经济业务的发生引起等式两边金额同时增加，增加金额相等，变动后等式仍保持平衡。

【例 1-4】　S 企业收到所有者追加的投资 100 000 元，款项存入银行。

这项经济业务使银行存款增加了 100 000 元，即等式左边的资产增加了 100 000 元，同时等式右边的所有者权益也增加 100 000 元，因此并没有改变等式的平衡关系。

2）经济业务的发生引起等式两边金额同时减少，减少金额相等，变动后等式仍保持平衡。

【例 1-5】　S 企业用银行存款归还所欠 A 企业的货款 50 000 元。

这项经济业务使企业的银行存款即减少了 50 000 元，同时应付账款即负债也减少了 50 000 元，也就是说等式两边同时减少了 50 000 元，等式依然成立。

3）经济业务的发生引起等式左边即资产内部的项目此增彼减，增减的金额相同，变动后资产的总额不变，等式仍保持平衡。

【例 1-6】　1 月 20 日，S 企业用银行存款购买价值 40 000 元的一台生产设备，设备已交付使用。

这项经济业务使企业的固定资产增加了 40 000 元，但同时银行存款减少了 40 000 元，也就是说企业的资产内部发生增减变动，但资产总额不变。

4）经济业务的发生引起等式右边负债内部项目此增彼减，或所有者权益内部项目此增彼减，或负债与所有者权益项目之间的此增彼减，增减的金额相同，变动后等式右边总额不变，等式仍保持平衡。

【例 1-7】　S 企业向银行借入 200 000 元直接用于归还拖欠的货款。

这项经济业务使企业的应付账款减少了 200 000 元，同时短期借款增加了 200 000 元，即企业的负债内部发生增减变动，但负债总额不变。

【例 1-8】　S 企业经批准同意以资本公积 2 000 000 元转增实收资本。

这项经济业务使企业的资本公积减少 2 000 000 元，同时实收资本增加了 2 000 000 元，即企业的所有者权益内部发生增减变动，但所有者权益总额不变。

在实际工作中，企业每天发生的经济业务很多，但无论其引起会计要素如何变动，都不会破坏资产与权益的恒等关系。

（三）扩展的会计等式

企业的目标就是从生产经营活动中获取收入，实现盈利。企业在取得收入的同时，也必然要发生相应的费用。当考虑收入、费用和利润这三个会计要素，则基本会计等式就变成如下等式，即

$$资产＝负债＋所有者权益＋（收入－费用）$$

或

$$资产＋费用＝负债＋所有者权益＋收入$$

这一等式表明，企业的收入会引起资产的增加和所有者权益的增加，而费用的发生会引起资产的减少和所有者权益的减少，收入和费用相抵后的净额，应由企业所有者承担，体现为所有者权益的变化。同时，也说明了会计主体的财务状况与经营成果之间的相互联系。

小　结

本章主要介绍了会计的发展史、会计的职能、会计目标、会计的对象与方法、会计学科体系、会计基本假设、会计信息质量要求、会计要素和会计等式等基本理论问题。

会计经历了漫长的发展进程，会计应管理的需要而产生，也是生产力发展到一定阶段的产物。会计在发展过程中始终受到经济、法律、政治、文化、教育和科技等社会因素的影响，会计反过来也在社会经济的发展和人类文明的进步中发挥着重要的作用。

会计的职能是指会计在经济管理过程中所具有的功能。现代会计的基本职能应当归纳为反映和监督。有人认为会计还具有参与决策、预测等职能。但是，作者认为反映是会计最基本的职能，监督是极其重要的派生职能，参与决策和预测等是更为广泛的衍生职能。

会计目标是关于会计系统所应达到境地的抽象范畴，通常是指会计资料的使用者对会计的总体要求。会计目标决定着会计工作的导向，决定着会计的程序、方法体系和会计工作的组织。

会计的对象是指会计核算和监督的内容，即会计所要反映和监督的客体。

会计方法是用来反映和监督会计对象，实现会计职能的手段。研究和运用会计方法是为了实现会计的目标，更好地发挥会计的作用。会计核算方法是会计方法体系的核心，它包括设置账户、复式记账、填制和审核凭证、登记账簿、成本计算、财产清查和编制会计报表等具体方法。

会计基本假设是指企业会计确认、计量和报告的前提，是对会计核算所处时间、空间环境等所作的合理设定。会计基本假设包括会计主体、持续经营、会计分期和货币计量。

会计信息质量要求主要包括可靠性、相关性、可理解性、可比性、实质重于形式、重要性、谨慎性和及时性等。

会计要素按照其性质分为资产、负债、所有者权益、收入、费用和利润。会计等式是反映会计要素之间平衡关系的计算公式。它是各种会计核算方法的理论基础。

思考与练习

一、单项选择题

1. 会计的基本职能是（　　）。
   A. 反映与分析　　　B. 反映与监督　　　C. 反映与核算　　　D. 控制与监督

2. 会计对各单位经济活动进行核算时，选作统一计量标准的是（　　）。
   A. 劳动量度　　　B. 货币量度　　　C. 实物量度　　　D. 其他量度

3. 会计方法体系的基本环节是（　　）。

A．会计预测方法   B．会计监督方法

C．会计分析方法   D．会计核算方法

4．资产是企业拥有或控制的资源，该资源预期会给企业带来（   ）。

    A．经济利益   B．经济资源   C．经济效果   D．经济效益

5．所有者权益是企业所有者在企业资产中享有的经济利益，在数量上等于（   ）。

    A．全部资产减去全部所有者权益   B．全部资产减去流动负债

    C．企业的新增利润   D．全部资产减去全部负债

6．经济业务发生仅涉及资产这一会计要素时，只引起该要素中某些项目发生（   ）。

    A．同增变动   B．同减变动   C．有增有减变动   D．不增不减

7．下列业务中，引起资产和权益同时增加的是（   ）。

    A．从银行提取现金   B．将借款存入银行

    C．用银行存款上缴税金   D．用银行存款支付前欠购货款

8．下列引起所有者权益总额增加的情况是（   ）。

    A．资产与负债同增   B．资产与负债同减

    C．资产增加、负债减少   D．资产减少、负债增加

9．确定会计核算工作空间范围的前提条件是（   ）。

    A．会计主体   B．持续经营   C．会计分期   D．货币计量

10．某企业 2008 年 12 月 20 日销售预收货款的商品一批，价款 20 万元（已预收 5 万元），2009 年 1 月 20 日收到剩余销售款。如果该企业采用权责发生制进行核算，则 2008 年确认的收入金额为（   ）万元。

    A．0   B．5   C．15   D．20

二、多项选择题

1．会计的职能有（   ）。

    A．核算   B．监督   C．反映   D．控制

2．根据我国《企业会计准则——基本准则》的规定，会计要素包括（   ）。

    A．资产和费用   B．负债和收入

    C．资金占用和资金来源   D．利润和所有者权益

3．资产确认应满足的条件包括（   ）。

    A．必须是能为企业提供未来经济利益的经济资源

    B．必须是企业拥有或控制的

    C．必须具有实物形态

    D．必须是企业过去的交易或事项形成的

4．收入的特征有（   ）。

    A．会引起新资产的取得或债务的清偿

    B．并非所有的货币资产流入都是收入

    C．会引起所有者权益的增加

    D. 只有当企业提供产品、劳务而取得货币资金或取得收取款项的权利时，才可确认为收入

5. 下列经济业务，属于资产和权益同时减少的是（　　）。

    A. 售出固定资产　　　　　　　　　B. 上交欠交的税款

    C. 用存款归还银行借款　　　　　　D. 用存款归还应付账款

6. 下列资产项目与权益项目之间的变动符合资金运动规律的有（　　）。

    A. 资产方某项目增加与权益方某项目减少

    B. 资产方某项目增加而另一项目减少

    C. 权益方某项目增加而另一项目减少

    D. 资产方某项目与权益方某项目同等数额的同时增加或同时减少

7. 下列各项中，体现企业经营成果表现形式的有（　　）。

    A. 利润　　　　　B. 未分配利润　　　C. 亏损　　　　　　D. 未弥补亏损

8. 会计只能为会计信息使用者提供通用信息，下列各项中，构成通用会计信息的有（　　）。

    A. 财务状况　　　B. 偿债能力　　　　C. 经营成果　　　　D. 现金流量

9. 及时性要求企业对已经发生的交易或事项，应当及时进行会计处理。下列各项中，表现为及时性的有（　　）。

    A. 及时收集整理原始凭证　　　　　B. 及时进行会计处理

    C. 及时传递会计信息　　　　　　　D. 及时反馈会计信息

10. 下列各项中，不能独立确认的会计要素有（　　）。

    A. 资产　　　　　B. 负债　　　　　　C. 所有者权益　　　D. 利润

三、判断题

1. 会计计量单位只有一种，即货币计量。（　　）

2. 我国所有企业的会计核算都必须以人民币作为记账本位币。（　　）

3. 不能给企业未来带来预期经济利益的资源不能作为企业资产反映。（　　）

4. 资产和权益在金额上是始终是相等的。（　　）

5. 任何经济业务发生都不会破坏会计等式的平衡关系。（　　）

6. 一贯性原则是指会计处理方法在不同企业应当一致，不得随意变更。（　　）

7. 会计主体是指企业法人。（　　）

8. 会计监督只对会计核算进行监督。（　　）

9. 费用可以视同为瞬间资产。（　　）

10. 负债包括企业承担的现时义务和潜在义务。（　　）

四、业务处理题

【目的】练习经济业务的发生对会计等式的影响。

【资料】某企业 2009 年 8 月 31 日资产负债表显示资产总计 470 000 元，所有者权益

总额 350 000 元，债权人权益 120 000 元。该企业 2009 年 9 月有关经济业务如下：

1）购入机器一台，价款 15 000 元，以银行存款支付。

2）投资者投入原材料，价值 10 000 元。

3）将一笔长期负债 5 000 元转化为企业投资。

4）从银行提取现金 2 000 元备用。

5）以银行存款偿还所欠供应单位账款 33 000 元。

6）向银行借入短期借款 10 000 元，存入银行存款户。

7）收到购买单位所欠账款 8 000 元，收存银行。

8）以银行存款 10 000 元归还银行借款 8 000 元和所欠供应单位账款 2 000 元。

【要求】

1）根据上述经济业务，分析说明会计要素变动情况以及对会计方程式的影响。

2）计算该企业 9 月末资产总计、负债总计和所有者权益总计。

案 例 分 析

会计信息为何失真？

案例背景

2001 年 1 月，曾排名全球 500 强第七名的能源巨头美国安然公司（Enron）向法院申请破产保护。安然公司在与其关联公司内部交易中，不断隐藏债务和损失，管理层从中非法获益，宣布它在 1997 年到 2000 年间由于关联交易共虚报了 5.52 亿美元的盈利，12 月 2 日宣告破产，以 498 亿美元的资产总额创下美国历史上企业破产的记录。短短 10 年间，安然的市值从 1990 年的 17 亿美元膨胀到了 2000 年的 680 亿美元。2001 年底，向法院申请破产保护的它又成了美国有史以来最大公司破产案的主角，此前它的市值已经急剧缩水到了 4 亿美元。

案例解析

会计信息失真的原因有以下几个方面：

1. 为了业绩考核而造假

企业经营业绩的考核一般以财务指标为基础，而这些财务指标的计算都涉及会计数据。经营业绩的考核，不仅涉及企业总体经营情况的评价，还涉及企业厂长经理的经营管理业绩的评定，并影响其提升、奖金福利等。为了在经营业绩上多得分，企业就有可能对其会计报表进行包装、粉饰。

2. 为了获取信贷资金和商业信用而粉饰造假

在市场经济下，银行等金融机构出于风险考虑和自我保护的需要，一般不愿意贷款给亏损企业和缺乏资信的企业。因此，为获得金融机构的信贷资金或其他供应商的商业信用，经营业绩欠佳、财务状况不健全的企业，难免要对其会计报表修饰打扮一番。

3. 为了发行股票而造假

股票发行分为首次发行和后续发行，根据《中华人民共和国公司法》等法律法规的规定，企业必须连续三年盈利，且经营业绩要比较突出，才能通过证监会的审批。

此外，股票发行价格的确定也与盈利能力有关。为了多募集资金，塑造优良业绩的形象，企业在设计股改方案时往往对会计报表进行粉饰；在后续发行情况下，要符合配股条件，企业最近三年的净资产收益率每年必须在10%以上。因此，10%的配股已成为上市公司的"生命线"。为配股而粉饰会计报表的动机并不亚于IPO。

4. 为了减少纳税而造假

所得税是在会计利润的基础上，通过纳税调整将会计利润调整为应纳税所得额。再乘以适用的所得税率而得出的。因此，基于偷税、漏税、减少或推迟纳税等目的，企业往往对会计报表进行粉饰。当然，也有少数国有企业和上市公司，基于资金筹措和操纵股价的目的，有时甚至不惜虚构利润，多交所得税，以"证明"其盈利能力。

5. 为推卸责任而造假新股发行价格

表现为：更换高级管理人员时进行的离任审计，一般暴露出许多问题。新任总经理就任当年，为明确责任或推卸责任，往往大刀阔斧地对陈年老账进行清理。会计准则、会计制度发生重大变化时，如《股份有限公司会计制度》的实施，可能诱发上市公司粉饰会计报表，并将责任归咎于新的会计准则和会计制度；发生自然灾害，或高级管理人员卷入经济案件时，企业也很可能粉饰会计报表。

会计信息失真的危害是显而易见的，治理会计信息失真是一项系统工程，当前存在的问题必须将其放在特定的社会经济条件下考虑，不能就会计论会计，必须从多方面着手才能见效。要加大立法的力度，努力为企业创造公平合理的竞争环境，与企业相关的各种法规应当互相衔接，互为补充，不造成漏洞。要加强会计准则的制定，使会计反映方法科学、先进，会计准则是献计献策工作的规范，是会计业务处理的准绳。要建立以强化内部管理为中心的会计管理体系。

思考：

本案例中导致会计信息失真的原因有哪些？

第二章 会计科目、会计账户与复式记账

教学目标

通过本章的学习能够掌握会计核算所需的基本知识。一是会计科目的设置、账户的基本结构；二是复式记账的原理，特别是借贷记账法的账户结构、记账规则。

学习任务

通过本章的学习，要达到以下几个目的：

- 理解会计等式的含义及其不同表现形式。
- 熟悉会计账户的结构及其与会计科目之间的关系。
- 掌握复式记账的原理及借贷记账法的实际运用。
- 掌握会计分录的编制方法和账户的对应关系。

导入案例

当你收到一笔现金时，你考虑过它可能意味着什么吗：①一项其他资产的减少；②一笔负债的增加；③个人净财富的增加？

同样，当你花费一笔现金时，你考虑过它可能意味着什么吗？①一项其他资产的增加；②一笔负债的减少；③个人净财富的减少？科大讯飞公司是专门从事中文语音及语言技术的开发应用、系统记成、硬件产品生产、销售并提供全程技术支持和售后服务的高新技术企业，是科技部批准的全国唯一的国家863计划语音成果产业化基地，也是火炬计划国家级骨干软件企业。此外，公司还一直是中文语音压缩编码技术国家"九五"重点攻关项目（HPC）唯一指定核心技术提供单位、国家863唯一指定语音识别技术测评单位及标准汉语语音识别数据库提供单位。经过几年来的运作，1999年6月成立时资本只有300万元人民币注资入股，公司实力迅速增强。公司产品占有我国语音合成技术市场90%的份额，成为国内IT行业一颗迅速崛起的新星。如果你是联想、火炬或是英特尔公司决策集体的一位成员，在进行决策时，你需要了解哪些信息？你如何判断科大讯飞公司的投资价值？通过本章内容的学习，能帮助我们提高判断和决策的能力。

[资料来源：赵惠芳. 2007. 企业会计学（第三版）. 北京：高等教育出版社]

会计记录与计算的主要对象是企业日常发生的各种经济业务，虽然错综复杂的经济业务可以按资产、负债、所有者权益、收入、费用和利润六大类项目进行归纳，并用会计等式进行记录反映，但是由于资产和负债的种类很多，所有者权益又因企业组织形式不同而异，至于收入和费用，更是名目繁多，因此，仅仅利用会计要素和会计等式来记

录和反映每一笔经济业务，会计信息就太过于粗略，不能满足不同的会计信息使用者对会计信息的不同要求，而且事实上这也是不大可能做到的。为了使种类繁多的经济业务获得具体、适当的归纳，以便于会计系统、连续地记录和反映经济业务，需要对会计要素进行更加具体的分类，这就是本章要讲述的"会计科目"和"会计账户"。

第一节　会计科目与会计账户

一、会计科目

（一）设置会计科目的意义

在开展会计核算工作之前，首先要设置会计科目。简单来说，会计科目是名称，是对会计对象进行更具体的分类然后给出的名称。只是取名字的权利是国家财政部才具备的。

企业经济业务的内容有多种多样，包括筹资、采购、生产和销售等各类经济业务，它们所引起的各个会计要素的内部构成以及各会计要素之间的增减变化情况也错综复杂，表现为不同的形式。如果只是使用资产、负债、所有者权益、收入、费用和利润这六个会计要素项目来记录经济业务，则提供的会计信息过于综合，不利于会计信息使用者了解企业的具体经营状况。

为了对会计要素的具体内容进行核算和监督，需要根据其不同特征，分门别类地确定具体的核算项目。由于会计要素所反映的经济内容有很大不同，在经营管理中就会有不同的要求，因而，在会计核算中除了要考虑各会计要素的不同特征，还应该根据经营管理的要求进行系统的分类。设置会计科目，就是根据会计要素的具体内容和经济管理的要求进行系统的分类，从而为会计信息使用者提供科学的、详细的分类指标体系，以满足会计信息使用者的需要。

例如，为了反映和监督各项资产的增减变动，根据资产这一会计要素的特征以及经济管理的要求，可以设置"库存现金"、"银行存款"、"应收账款"、"原材料"、"无形资产"、"固定资产"等会计科目；为了反映和监督负债的增减变动，可以设置"短期借款"、"应付账款"、"长期借款"等会计科目；而"实收资本"、"资本公积"、"盈余公积"等会计科目则是反映和监督所有者权益增减变动的；"主营业务收入"、"主营业务成本"、"销售费用"、"本年利润"等会计科目则是反映和监督收入、费用和利润增减变动的。

会计科目通常作为账户的名称，设置账户和登记账簿也是以此为依据，并为编制财务报表提供了条件。在七种会计核算方法中，设置会计科目占有重要地位，它决定着账户开设和财务报表结构的设计，是最基本的会计核算方法。

（二）设置会计科目的原则

会计科目在会计核算中具有非常重要的作用，设置会计科目必须遵循以下原则：

1. 统一性原则

为了保证会计核算指标口径一致，使不同企业的会计信息具有可比性，不论企业的规模大小和所属行业，凡是涉及相同经济业务的账务处理，都要求在所设置会计科目的名称和内容上做到统一，即所设置的会计科目应符合国家统一的会计制度规定。我国财政部在 2006 年颁布的《企业会计准则应用指南》的《附录——会计科目和主要账务处理》中，公布了涵盖各类企业经济业务的会计科目，要求各企业依据该会计科目表来设置符合本单位实际情况的会计科目。

2. 相关性原则

会计核算所提供的会计信息是企业外部投资者、债权人、政府及其有关部门和社会公众进行决策的依据，也是企业内部进行预测、决策和分析的依据。所以，设置的会计科目应为提供有关各方需要的会计信息服务，满足对外报告与对内管理的要求。

3. 实用性原则

在满足统一性原则的条件下，会计科目的设置还要符合单位经济业务的特点和经济管理的需要。企业在不违反会计准则关于确认、计量和报告的前提下，可以根据本单位的实际情况自行增设、分拆、合并会计科目。例如，大中型企业涉及的经济业务业务面广，比小企业设置的会计科目多；制造企业要计算产品的生产成本，需要设置与产品成本计算相关的会计科目，如"生产成本"、"制造费用"等，而商品流通企业一般不需要设置这些会计科目。对于重要的经济内容，或者管理者特别需要了解的某方面会计信息，都应当设置会计科目进行反映。

4. 清晰性原则

会计科目作为对会计要素具体分类核算的名称，要求简单明确，字义相符，通俗易懂。同时，企业对每个会计科目所反映的经济内容也必须做到界限明确，既要避免不同的会计科目所反映内容重叠的现象，也要防止全部会计科目未能涵盖企业某些经济内容的现象。

（三）会计科目的分类

会计科目可以按不同的标准进行分类。常见的分类标准有以下两种。

1. 按归属的会计要素分类

按归属的会计要素分类是对会计科目的基本分类。但需要指出的是，按归属的会计要素划分的会计科目类别并不与会计要素类别完全一致。会计科目按其所归属的会计要素不同，通常分为资产类、负债类、所有者权益类、成本类和损益类等五大类。其中，对于必须专门计算产品成本或劳务成本的企业，需要专设"成本类"会计科目，但这类会计科目属于资产类要素；对于属于利润类要素的会计科目则归到所有者权益类；对于属于收入、费用类要素的会计科目则全部归到损益类。我国财政部在 2006 年颁布的《企业会计准则应用指南》的《附录——会计科目和主要账务处理》中，就是按此标准对会计科目分类的。另外，财政部颁布的会计科目表中，还增加了一类科目，即"共同类"科目，这类科目是属于少数金融企业设置的，涉及面很小，对于大多数工商企业来说不需设置，所以，本教材不再介绍。

为了有助于填制会计凭证、登记会计账簿、查阅会计账目以及采用会计软件系统等，应对会计科目进行统一编号。会计科目的编号是根据会计科目的分类和排序确定的。根据财政部 2006 年颁布的会计科目，不同企业对大类和共用科目的编号应基本统一。企业可结合实际情况自行确定会计科目编号。财政部的会计科目表采用的是四位数字编号，第一位数字表示科目的大类；第二位数字表示科目的小类；第三和第四位数字是各小类之下科目的序号，这四位数表明了具体科目所属的类别和具体的名称。例如，1405 号科目，第一位数字 1 代表资产大类；第二位数字 4 代表存货小类；第三和第四位数字 05 代表存货类中的库存商品科目。表 2-1 是从财政部 2006 年颁布的会计科目表中摘录的工商企业的主要会计科目列表。

表 2-1　工商企业的主要会计科目列表

一、资产类			
编　号	会计科目	编　号	会计科目
1001	库存现金	1503	可供出售金融资产
1002	银行存款	1511	长期股权投资
1101	交易性金融资产	1512	长期股权投资减值准备
1121	应收票据	1521	投资性房地产
1122	应收账款	1531	长期应收款
1123	预付账款	1601	固定资产
1131	应收股利	1602	累计折旧
1132	应收利息	1603	固定资产减值准备
1221	其他应收款	1604	在建工程
1231	坏账准备	1606	固定资产清理
1401	材料采购	1701	无形资产
1402	在途物资	1702	累计摊销
1403	原材料	1703	无形资产减值准备
1405	库存商品	1711	商誉
1471	存货跌价准备	1801	长期待摊费用
1501	持有至到期投资	1811	递延所得税资产
1502	持有至到期投资减值准备	1901	待处理财产损溢

二、负债类			
编　号	会计科目	编　号	会计科目
2001	短期借款	2232	应付股利
2101	交易性金融负债	2241	其他应付款
2201	应付票据	2401	递延收益
2202	应付账款	2501	长期借款
2203	预收账款	2502	应付债券
2211	应付职工薪酬	2701	长期应付款
2221	应交税费	2801	预计负债
2231	应付利息	2901	递延所得税负债

三、所有者权益类			
编　号	会计科目	编　号	会计科目
4001	实收资本	4103	本年利润
4002	资本公积	4104	利润分配
4101	盈余公积	4201	库存股

四、成本类			
编　号	会计科目	编　号	会计科目
5001	生产成本	5201	劳务成本
5101	制造费用	5301	研发支出

五、损益类			
编　号	会计科目	编　号	会计科目
6001	主营业务收入	6601	销售费用
6051	其他业务收入	6602	管理费用
6101	公允价值变动损益	6603	财务费用
6111	投资收益	6701	资产减值损失
6301	营业外收入	6711	营业外支出
6401	主营业务成本	6801	所得税费用
6402	其他业务成本	6901	以前年度损益调整
6403	营业税金及附加		

　　会计科目和主要账务处理依据企业会计准则中确认和计量的规定,涵盖了各类企业的交易或者事项。企业在不违反会计准则中确认、计量和报告规定的前提下,可以根据本单位的实际情况自行增设、分拆、合并会计科目。企业不存在的交易或者事项,可不设置相关会计科目。对于明细科目,企业可以比照财政部 2006 年颁布的《企业会计准则应用指南》的《附录》中的规定自行设置。

2. 按所提供指标的详细程度分类

会计科目按其提供指标的详细程度不同，可以分为总分类科目和明细分类科目两类。

（1）总分类科目

总分类科目是对会计要素具体内容进行总括分类、提供总括核算指标的会计科目，又称为总账科目、一级科目。在我国，总分类科目由财政部统一制定，上述 2006 年财政部颁布的会计科目表中的会计科目就是总分类科目。

（2）明细分类科目

明细分类科目是对总分类科目做进一步分类，提供更详细、更具体的核算指标的会计科目。对于明细科目较多的总账科目，可在总分类科目与明细分类科目之间设置二级科目或多级科目。由于各个单位经济业务的具体内容不同，经营管理的要求不同，明细分类科目也就不能统一规定，只能由各单位根据经营管理的实际需要和经济业务的具体内容自行设置。例如，在"原材料"总分类科目下，可以按照材料的类别、品种或规格甚至明细分类科目，如"原材料——甲材料"、"原材料——乙材料"，"甲材料"和"乙材料"就是"原材料"（总分类）的明细分类科目；对于"应收账款"这一总分类科目可以按照应收款单位的名称设置明细分类科目，如"应收账款——电容器厂"；对于"应付账款"总分类科目下，可以按照欠款单位的名称设置明细分类科目，如"应付账款——机床厂"。

二、会计账户

（一）会计账户的含义及作用

1. 会计账户的含义

会计账户是根据会计科目设置的，具有一定结构和格式，用来分类记录会计要素增减变动情况及其结果的载体。设置账户是会计核算的重要方法之一。

设置会计账户后，对所发生的经济业务在相应的会计账户中进行分门别类地记录，有关会计要素的具体内容的增减变动及其结果就可得以分类地、系统地反映，进而可以据以记账和编表，使企业能充分表现其财务状况和经营成果。

企业在生产经用财务收支活动中，必然不断地发生各种各样的会计事项，而每一会计事项的发生必然引起资产、负债和所有者权益有关项目数额的增减变化。规模较大、业务较繁多的企业，每天可能发生几十笔、几百笔的会计事项，如果都要随着每笔会计事项的变化结果，而将资产负债表改编一次，既没有必要，事实上也不胜其烦。

在通常情况下，企业的资产负债表一般都是在某一期间结束之后编制的。这一期间可以是一个月、三个月、半年或一年。至于每一期间内所发生的各项资产、负债和所有者权益由于会计事项所引起的变化，而等该期间终了时，再将这些记录加以汇总、整理、编制资产负债表，以反映企业的财务状况。所以，会计账户是根据会计科目，按照会计管理与核算的要求，在账簿中开设的记账单元。即对于企业所有的各项资产、负债和所有者权益科目，分别使用一个具有一定格式的账页，将日常中每笔会计事项所引起的变化，连续记录，以累计编制资产负债表所需要的数据，其中记录资产类科目变化的会计账户称为资产账户，记录负债类科目变化的会计账户称为负债账户，记录所有者权益类科目变化的会计账户称为所有者权益账户。负债和所有者权益账户又统称为权益账户。

会计账户与会计科目两者之间既有联系又有区别。会计科目仅仅是对会计要素内容的分类而给出的名称，企业的经济业务会引起会计要素的数量发生增减变动，因而需要在具有特定结构的载体中详细地分录这些增减变动的数量，这就需要通过会计账户记录取得。每一个会计账户都有名称，会计科目就是账户的名称，也是设置会计账户的依据；会计账户是根据会计科目开设的，是会计科目的具体运用。没有会计科目，会计账户便失去了设置的依据；没有会计账户，就无法发挥会计科目的作用。所以，会计账户与会计科目一样，都是对会计要素具体内容所进行的科学分类，反映的经济业务内容是一致的，性质相同。然而，会计账户与会计科目又有不同。会计科目仅仅是会计要素的具体分类，只是说明一定经济业务的内容，不存在结构；而会计账户则必须具有一定的结构和格式，用来记录经济业务引起会计要素在数量方面发生的增减变动及其结果，可以提供具体的数据资料。

2. 会计账户的作用

正确地认识会计账户的作用，对于正确理解复式簿记系统有十分重要的意义。

首先，会计账户是人们因提供会计信息的需要而对会计要素所作的分类。企业在生产经营过程中不断发生的经济业务是非常复杂的，在经济业务影响下不断发生变化的资产、负债和所有者权益又是多种多样的。会计对它们如果不进行科学的整理分类、归纳综合，就直接加以登记，则所提供的资料必然杂乱无章，这样不利于提供有用的会计信息。因此，必须根据国家对经济管理的要求、企业经营管理的需要，以及企业的投资者对权益的维护。通过设这和运用会计账户等专门方法，对资产、负债和所有者权益进行整理分类、科学归纳，再分门别类进行计量、计算和登记，然后才能综合总结出有效地会计信息。

其次，会计账户能提供静态和动态的核算资料。经济业务不断发生，资金连续地周转，每一会计账户不仅能能够在一定日期总结出该项目的静态状况，更主要的是在提供动态指标，在日常生产经营活动中，及时反映和控制资产、负债、所有者权益、收入、费用及利润的增减变化过程。会计账户同财务报表分工协作。

（二）会计账户的基本结构

经济业务发生后所引起会计要素的变动，从数量方面来看，不外乎增加和减少这两个相反方向的变化。例如，有关现金的收支业务，是出纳人员所经管库存现金的增加和减少。因此，用来分类记录经济业务的会计账户，在结构上也相应地分为左方和右方两个基本部分，每一方在根据实际需要分为若干栏次，分别用以记录经济业务引起的会计要素增加和减少的数额，以及增减变动的结果。在会计实务中，会计账户的结构和格式是多种多样的，但是，不论是何种性质的会计账户，其基本结构是相同的。每一种格式的会计账户都应当包括以下基本内容：

1）会计账户的名称，即会计科目。

2）日期和会计凭证号数，即经济业务发生的时间和账户记录的来源及依据。

3）摘要，即经纪业务的内容。

4）增加和减少的金额。

会计账户的一般格式如表 2-2 所示。

表 2-2　账户的一般格式

会计账户名称（会计科目）							
日期	凭证号数	摘要	金额	日期	凭证号数	摘要	金额

会计账户的左右两方是按相反方向来计录增加额和减少额的。如果规定会计账户的左方记录增加额，则右方就计录减少额；反之，如果在右方记录增加额，则左方就记录减少额。在具体会计账户的左、右两方中究竟规定哪一方记录增加额，哪一方记录减少额，则取决于各会计账户记录的经济内容和所采用的记账方法。

在教学过程中，为了便于练习，教科书中一般将会计账户的基本结构形象地简化为"T"型账户。"T"型账户的格式如图 2-1 所示。

图 2-1　会计账户的基本结构

（三）会计账户的基本数量关系

会计要素在一定会计期间内会受到经济业务的影响，反映会计要素变化的会计账户就会记录下当期每笔经济业务的发生额，及本期增加额和本期减少额。本期增加额和本期减少额是指在一定的会计期间内，会计账户在左右两方分别登记的增加金额的合计数和减少金额的合计数，通常又将其称为本期增加发生额和本期减少发生额。本期增加发生额和本期减少发生额相抵后的差额，即为本期的期末余额。将本期的期末余额转至下一会计期间，就成为下期的期初余额。因此，每一个会计账户都会存在四个基本数量：期初余额、本期增加额（本期增加发生额）、本期减少额（本期减少发生额）和期末余额。余额是一个静态指标，它说明资金在某一日增减变化的结果。本期期末余额就是下期的期初余额。这四个金额之间的关系可以用公式表示如下：

期末余额＝期初余额＋本期增加额－本期减少额

在会计账户中记录上述四个基本数量时，期初余额和期末余额的记录方向一般与增加额的记录方向一致。用"T"型账户来表示会计账户的四个基本数量在会计账户中的记录方向，如图2-2所示。

左方	账户名称	右方
期初余额		
本期增加额		本期减少额
期末余额		

左方	账户名称	右方
		期初余额
本期减少额		本期增加额
		期末余额

图2-2　会计账户中的四个基本数量关系

【例2-1】　星光公司2009年01月01日有库存现金2 000元，1月份收到货款增加库存现金共计6 500元，支付购料款减少库存现金5 800元。那么，该公司在01月末有库存现金2 700元。计算过程如下：

期末余额＝期初余额＋本期增加额－本期减少额

2700元＝2000元＋6500元－5800元

将相关金额计入"库存现金"账户，其中，现金增加额记入"库存现金"账户的左方，用"T"型账户表示，如图2-3所示。

左方	库存现金	右方
期初余额	2 000	
本期增加额	6 500	本期减少额　5 800
期末余额	2 700	

图2-3　"库存现金"账户中的四个基本数量关系

第二节　复式记账

一、复式记账原理

复式记账是针对单式记账而言的。单式记账只着重记载现金的收付及人欠、欠人的事项。例如，以现金购买设备，只记载现金的减少，对于设备并不做记录；又如，赊购材料，只记录所欠材料款金额，而不记所取得的资产及其金额。由于单式记账只记录了经济业务的一方，不反映其来龙去脉，也就不能反映出经济业务的全貌，导致会计资料和会计信息不完整。因此，除个人或家庭记账外，企业不适宜采用单式记账法。

复式记账法弥补了单式记账法的不足。它是在每一项经济业务发生后，用相等的金额，同时在两个或两个以上相互联系的账户（即会计账户）中进行记录的一种记账方法。如前所述，任何一项经济业务的发生，都会引起有关会计要素之间或者某项会计要素内部至少两个项目发生增减变化，而且金额相等。会计等式"资产＝负债＋所有者权益"所体现的平衡关系在任意时点上都会存在。也就是说，一项经济业务的发生会引起资产、负债或所有者权益等会计要素的变动，但是不会破坏会计要素之间的平衡关系。例如，企业购买设备，一方面收到设备，资产增加；另一方面付出现金，资产减少，即资产项目一增一减。这笔经济业务发生之后，企业的资产总额不改变。由于每项经济业务至少引起两个会计要素项目的变动，因而相应受到影响的金额就要分别在至少两个相互关联的账户中登记，这就是复式记账原理。

二、借贷记账法

（一）借贷记账法的特点

借贷记账法是以"借"和"贷"为记账符号，运用复式记账原理，记录反映资产、负债、所有者权益等会计要素的增减变化及其结构的一种复式记账方法。目前，我国及世界各国通用的记账方法就是借贷记账法。

在借贷记账法中，以"借"和"贷"为记账符号，表示记账方向。这两个字没有借入与贷出的意义，仅仅是分别代表账户左方和右方的两个记账符号，其意义视账户的性质而异。按照会计惯例，账户的左方为"借方"，账户的右方为"贷方"。在账户的借方记录经济业务，称之为"借记某账户"；如记录在贷方，则称为"贷记某账户"。用"T"型账户来表示借贷记账法下账户的基本结构如图 2-4 所示。

借方	账户名称（会计科目）	贷方
借方发生额		贷方发生额

图 2-4 借贷记账法下账户的基本结构

（二）借贷记账法的账户结构

在借贷记账法下，哪一方用来登记增加金额，哪一方用来登记减少金额，这需要根据各账户所反映的经济内容，即账户的性质来确定。按照其性质，账户可以分为资产类账户、负债类账户、所有者权益类账户、收入类账户和费用（成本）类账户五类。不同性质的账户，其结构是不同的。

1. 资产类账户、负债类账户和所有者权益类账户的结构

如前所述，反映各项资产的账户称为资产类账户，反映负债和所有者权益的账户则分别称为负债类账户和所有者权益类账户。从会计等式 "资产＝负债＋所有者权益" 来分析，这三类账户中，资产类账户和负债、所有者权益类账户的性质根本不同，若要保持会计等式的平衡关系不被破坏，则资产类账户的结构必须与负债和所有者权益类账户的结构相反。由于会计人员通常在资产负债表的左方反映资产项目，所以习惯上规定资产类账户的结构是：借方登记资产的增加额，贷方登记减少额。由于会计人员通常在资产负债表的右方反映负债和所有者权益，所以习惯上负债和所有者权益类账户的结构是：贷方登记负债和所有者权益的增加额，借方登记减少额。

在账户登记时，有期初余额，应先记录期初余额，再登记本期发生额。一般情况下，资产类账户的期初余额加上其本期增加额之和总是大于其本期减少额，所以，在正常情况下，资产类账户的期末余额总是在借方。而负债和所有者权益类账户的情况正好相反，这两类账户的期初余额和期末余额总是在贷方。用"T"型账户来表示借贷记账法下资产类、负债类和所有者权益类账户结构如图 2-5 和图 2-6 所示。

借方	资产类账户		贷方
期初余额	××××		
本期增加额	××××	本期减少额	××××
本期发生额	××××	本期发生额	××××
期末余额	××××		

图 2-5　资产类账户的结构

借方	负债类账户和所有者权益类账户		贷方
		期初余额	××××
本期减少额	××××	本期增加额	××××
本期发生额	××××	本期发生额	××××
		期末余额	××××

图 2-6　负债类账户和所有者类账户的结构

各项经济业务在登记入个账户之前，如果有期初余额应现将期初余额登入账内。由于会计是连续、系统、综合地反映资金的增减变化，因此，本期末从账户内结算出来的结余额，必须转入下期。期初余额即是该账户上期的期末余额。正如账户的一般结构所述，借方合计即为借方本期发生额，贷方合计数即为贷方本期发生额，期末余额反映某

账户在本期增减变动的结果。

资产类账户的期末余额可根据下列公式计算：

期末余额（借方）＝期初余额（借方）＋借方本期发生额－贷方本期发生额

权益类账户的期末余额可根据下列公式计算：

期末余额（贷方）＝期初余额（贷方）＋贷方本期发生额－借方本期发生额

2. 收入类账户和费用类账户结构

企业在生产经营过程中，除发生资产和权益的增减变动外，还不断发生各种成本和费用，取得各种收入和利润。为此，还必须设置成本类账户和损益类账户。对于收入类和费用（成本类）账户的增减记录方向，需要根据收入或费用变动对所有者权益的影响来确定。收入的取得最终会导致所有者权益增加，而所有者权益的增加额记录在账户的贷方，所以，收入的增加额在账户中的记录方向应与其一致，即记录在账户的贷方。同理，费用的产生最终会引起所有者权益的减少，而权益类账户的减少额应记录在账户的借方，则费用的增加额需记入账户的借方。

在前面会计要素的内容中我们学习过，会计期末用收入扣减费用（成本）之后的差额就是企业的利润。在每一个会计期末，都要将收入类、费用类账户的本期发生额转出，也就是会计实务中所说的结转。将收入类账户的贷方发生额减去借方发生额之后的差额转出，将费用类账户的借方发生额减去贷方发生额之后的差额转出，结转之后，收入类和费用类账户一般无期末余额。用"T"型账户来表示借贷记账法下收入类和费用类账户结构如图 2-7 和图 2-8 所示。

借方	收入类账户	贷方
本期减少额　×××	本期增加额　×××	
本期发生额　×××	本期发生额　×××	

图 2-7　收入类账户的结构

借方	费用类账户	贷方
本期增加额　×××	本期减少额　×××	
本期发生额　×××	本期发生额　×××	

图 2-8　费用类账户的结构

根据以上对各类账户结构的说明，可把账户的借方、贷方和余额所记录的经济业务的内容，用表 2-3 所示。

表 2-3　借贷记账法的账户结构

账户的性质	账户借方	账户贷方	账户余额
资产类账户	资产增加（＋）	资产减少（－）	借
负债类账户	负债减少（－）	负债增加（＋）	贷
所有者权益类账户	权益减少（－）	权益增加（＋）	贷
成本费用类账户	成本费用增加（＋）	成本费用减少（－）	一般无余额，成本类若有在借方
收入类账户	收入减少（－）	收入增加（＋）	无余额

在此要说明的是，以上阐述账户时，都是以"T"型账户的结构进行介绍的，因为它是账户最基本的形式。在实际工作中，一般使用三栏式账户，其格式将在以后的章节中详细介绍。

（三）借贷记账法的记账规则

记账规则是只各种记账方法的规律性。借贷记账法对会计事项的数量变化是用"借、贷"两个符号反映出来的，而企业发生的经济业务不外乎四种类型，即：

1）一项资产增加，一项负债或所有者权益增加。

2）一项资产减少，一项负债或所有者权益减少。

3）一项资产增加，另一项资产减少。

4）一项负债或所有者权益增加，另一项负债或所有者权益减少。

所以，将所发生的会计事项记入账户时，有两种情况：一是同时记入两类账户；二是只记入同类账户。从这些会计事项在有关账户中的数量变化看，也有两种情况：其一，同增或同减，且同增或同减的数额相等；其二，有增有减，增加和减少的数额相等。在前面的内容中讲到：凡资产的增加和权益的减少，记入账户的借方；凡资产的减少和权益的增加，记入账户的贷方。综上所述，在借贷记账法下，一笔会计事项发生后，都要以相等的金额，同时记入两个或两个以上相互联系的账户中，一个记借方，一个记贷方，因而，借贷记账法的记账规则可以概括为："有借必有贷，借贷必相等"。这一记账规则可具体表述如下：

1）对每一项经济业务引起会计要素的变动金额，都必须在至少两个相互联系的账户中进行记录。

2）记录经济业务的账户可以是同一类别账户，也可以是不同类别账户，但必须分别记入一个账户的借方和另一个账户的贷方。

3）记入借方的金额必须与记入贷方的金额相等。

对于比较复杂的经济业务，可能会影响两个以上的账户，这时，依然遵循"有借必有贷、借贷必相等"的记账规则，即如果记入一个账户的借方，必须同时记入另几个账户的贷方；或者，如果记入一个账户的贷方，必须同时记入另几个账户的借方；记入借方的总金额必须与记入贷方的总金额相等。

第三节 账户对应关系与会计分录

一、账户对应关系

按照借贷记账法的记账规则，将发生的经济业务登记入账后，在有关账户之间就形成了一种相互对应的关系。具体表现为一个账户的借方与另一个账户的贷方相互依存的形式，即一借一贷的形式；或者表现为一个或（或几个）账户的借方与几个（或一个）账户的贷方相互依存的形式，即一借多贷或者是多借一贷的形式。通常将这种账户之间应借应贷的相互依存关系称为账户的对应关系，有对应关系的账户称为对应账户。账户之间的对应关系可以清楚反映各会计要素具体项目增减变动的来龙去脉，同时帮助人们了解经济业务的内容，并可以判断经济业务员的记录是否合理。

二、会计分录

在运用借贷记账法的记账规则记录经济业务时，首先，应当对发生的各项经济业务的内容进行分析，以确定经济业务所涉及的账户名称、各账户应借、应贷的记录方向以及各账户应记的金额。在会计实务中，经济业务并不是在其发生时先行登记到各有关账户。由于同一笔经济业务的内容分别记录在两个或多个账户中，而每一账户都在不同的账页上，当业务数量繁多、账户名目众多时，记账时必定需要前后翻阅，容易发生漏记、重记等记账错误，事后检查也很不方便，因此，为了保证账户记录的正确性，在把经济业务记入到各账户之前，先要编制会计分录。

会计分录是（简称分录），是指标明每项经济业务应借、应贷的账户名称及其金额的一种记录。一般采用以下书写规则表示会计分录，即上借下贷，借贷错开，金额前不需要写出货币符号：

借：账户名称 　　　　　　　　　　　　　　　×××（金额）

　　贷：账户名称 　　　　　　　　　　　　　　　　×××（金额）

会计分录一般分为简单会计分录和复合会计分录。简单分录只涉及两个账户，是一借一贷的形式；复合分录则涉及两个以上的账户，包括一借多贷、一贷多借以及多借多贷的形式。

在借贷记账法下，对于所发生的每一笔经济业务，必须按照下列步骤加以分析编制会计分录：

1）判断经济业务所引起变动的账户及其性质。

2）确定各账户的变动究竟是增加还是减少。

3）根据"有借必有贷，借贷必相等"的记账规则，确定各账户的记录应记入借方还是贷方。

【例 2-2】 以星光公司 2009 年 11 月份发生的经济业务为例，编制会计分录。

1）11 月 01 日，星光公司收到投资人投入资本 100 000 元存入银行。

分析：该项经济业务涉及资产类的"银行存款"账户和所有者权益类的"实收资本"账户，两类要素同时增加。收到所有者投入的 100 000 元货币资金存入银行，使企业资产增加，应记入"银行存款"账户借方；接受所有者投资使企业所有者权益增加 100 000元，应记入"实收资本"账户贷方。编制会计分录如下：

  借：银行存款   100 000
    贷：实收资本   100 000

2）11 月 02 日，从建设银行取得 50 000 元的借款，期限为 6 个月，存入开户银行。

分析：该项经济业务涉及资产类的"银行存款"账户和负债类的"短期借款"账户，两类要素同时增加。取得借款 50 000 元存入银行，使企业资产增加，应记入"银行存款"账户借方；从银行借款使企业负债增加 50 000 元，应记入"短期借款"账户贷方。编制会计分录如下：

  借：银行存款   50 000
    贷：短期借款   50 000

3）11 月 05 日，星光公司购买设备一台，价值 30 000 元，用银行存款支付。

分析：该项经济业务涉及资产类的"固定资产"账户和"银行存款"账户，同类要素此增彼减。企业购买价值 30 000 元的设备，使企业资产增加，应记入"固定资产"账户借方；支付 30 000 元银行存款，使企业资产减少，应记入"银行存款"账户贷方。编制会计分录如下：

  借：固定资产   30 000
    贷：银行存款   30 000

4）11 月 08 日，向大华公司赊购生产用材料一批，价值 8 000 元。

分析：该项经济业务涉及资产类的"原材料"账户和负债类的"应付账款"账户，两类要素同时增加。赊购原材料，使企业资产增加，应记入"原材料"账户借方；没有支付材料款，使企业负债增加 8 000 元，应记入"应付账款"账户贷方。编制会计分录如下：

  借：原材料   8 000
    贷：应付账款   8 000

5）11 月 15 日，预付 4 个月办公房屋租金 12 000 元，款项用银行存款支付。

分析：该项经济业务涉及资产类的"预付账款"账户和"银行存款"账户，同类要素此增彼减。预先支付房屋租金 12 000 元，使企业获得了 4 个月的房屋使用权，由此产生一项债权，债权属于资产，应记入"预付账款"账户借方；用银行存款支付租金12 000 元，又使企业一项资产减少，应记入"银行存款"账户贷方。编制会计分录如下：

  借：预付账款   12 000
    贷：银行存款   12 000

6）11月20日，向客户销售商品一批，售价46 000元，收到货款40 000元，存入银行，余款6 000元尚未收到。

分析：该项经济业务涉及资产类的"银行存款"账户和"应收账款"账户，以及收入类的"主营业外收入"账户，两类要素同时增加。收到销售货款40 000元存入银行，使企业资产增加，应记入"银行存款"账户借方；应收客户货款6 000元产生一项债权，使企业资产增加，应记如"应收账款"账户借方；销售商品收入46 000元，使企业收入增加，应记入"主营业务收入"账户贷方。编制会计分录如下：

借：银行存款   40 000

  应收账款   6 000

  贷：主营业务收入   46 000

从该例可以看出，运用借贷记账法的记账规则编制会计分录，有关账户之间形成的对应关系清楚地反映了各会计要素具体相互增减变动的来龙去脉，通过账户的对应关系，就可用知道每一笔经济业务的内容。这正是借贷记账法科学、合理、严密的重要体现。

同时，还可以看出，有一借一贷的会计分录和一借多贷、一贷多借的会计分录。一借一贷的会计分录称为简单分录，而一借多贷或是一贷多借的会计分录称为复合分录。应用复合会计分录，可以简化记账工作，节省时间，也能完整地反映会计事项的情况。但有一点要注意：尽量避免出现多借多贷的会计分录。尽管多借多贷的分类并不违反借贷记账法的记账规则，但如果将不同类型的业务和并在一起，编制多借多贷的会计分录，必然使账户的对应关系不够清楚，不能正确地反映经济业务的来龙去脉，所以一般不宜采用。

小　结

会计等式揭示了资产、负债、所有者权益、收入、费用、利润等六大会计要素数量上的相互关系，特别是资产、负债、所有者权益三要素与收入、费用、利润三要素之间的关联性，即："资产＝负债＋所有者权益"和"收入－费用＝利润"两个等式之间的联系与转化。它是复式记账、试算平衡和编制会计报表的理论基础。

设置会计科目是解决对会计要素按照经济内容所作的进一步分类。而根据会计科目来设置的账户则是对经济业务中会计要素增减变化及其结果的记录。从记录增加或减少来看，所有账户可分为两大类，一类是处于会计等式的左方，一类处于等式的右方，联系会计的期间，可以进一步了解账户期初余额、本期发生额、期末余额的含义内容、计算和表现方法及三者间的相互关系。即：期初余额＋增加发生额－减少发生额＝期末余。同时为满足会计信息使用者对会计信息详略程度的不同需求，账户有总分类账户和明细账户的区别。

复式记账是指对发生的每一项经济业务，都以相等的金额在两个或两个以上的账户中全面地、相互联系地记录的记账方法。而借贷记账法是以"借"和"贷"为记账符号的复式记账方法。"有借必有贷，借贷必相等"的记账规则，是借贷记账法科学性的体现，对它的理解和应用是根据经济业务编制专门的会计分录相结合的，记账规则还有助于我们按照借贷记账法的要求记账，对账户的记录进行检查。

思考与练习

一、单项选择题

1. 根据借贷记账法的账户结构，在账户借方登记的是（　　）。
   A. 费用的增加　　　　　　　　B. 收入的增加
   C. 费用的减少　　　　　　　　D. 所有者权益的增加

2. 下列项目中，不属于流动资产的是（　　）。
   A. 预收账款　　　B. 应收账款　　　C. 预付账款　　　D. 交易性金融资产

3. 下列项目中，不属于流动负债的有（　　）。
   A. 短期借款　　　　　　　　　B. 应付职工薪酬
   C. 应付债券　　　　　　　　　D. 一年内到期的非流动负债

4. 在借贷记账法下，资产类账户的期末余额一般在（　　）。
   A. 借方　　　　　B. 增加方　　　C. 贷方　　　　D. 减少方

5. 会计账户的开设依据是（　　）。
   A. 会计对象　　　B. 会计要素　　　C. 会计科目　　　D. 会计方法

6. 借贷记账法"借"、"贷"两字的含义是（　　）。
   A. 表示债权或债务　　　　　　B. 表示增加或减少
   C. 作为记账符号，标明记账方向　　D. 作为记账符号，标明业务的性质

7. 一般说来，所有者权益类账户期末余额应登记（　　）。
   A. 在账户的借方　　　　　　　B. 在账户的贷方
   C. 与减少额同方向　　　　　　D. 可能在借方，也可能在贷方

8. 关于复式记账法说法正确的是（　　）。
   A. 经济业务发生后同时在两个账户中进行记录
   B. 经济业务发生后同时在两个或更多账户中进行记录
   C. 经济业务发生后同时在相互关联的两个账户中进行记录
   D. 经济业务发生后同时在相互关联两个或两个以上账户中进行记录

二、思考题

1. 什么是会计科目？设置会计科目有何意义？设置会计科目的原则是什么？
2. 什么是账户？说明账户与会计科目的关系。

3．账户的基本结构是什么？四项金额之间的关系怎样？

4．账户左右两方，哪一方记增加，哪一方记减少，取决于什么？

5．什么是复式记账法？它的特点是什么？

6．什么是借贷记账法？如何理解借贷记账法"借、"贷"两字的含义？

7．借贷记账法下账户结构、记账规律和试算平衡是怎样的？

8．什么是会计分录？会计分录有哪几种？

三、练习借贷记账法的应用

【资料】假定某企业2009年3月有关账户期余额如表2-4所示。

表2-4　某企业2009年3月有关账户期余额

单位：元

资产类账户	金　额	负债及所有者权益类账户	金　额
现金	200	短期借款	580 000
银行存款	130 000	应付账款	16 500
应收账款	12 000	实收资本	250 000
原材料	30 000		
其他应收款	300		
固定资产	650 000		
生产成本	24 000		
合　　计	846 500	合　　计	846 500

该企业于3月份发生下列经济业务：

1）以银行存款6 000元偿还银行借款。

2）收到外商投资100 000元存入银行。

3）以银行存款2 500元偿还前欠某企业的货款。

4）收到购货单位前欠的货款3 000元，其中支票2 700元存入银行，另收现金300元。

5）以银行借款20 000元购买设备一台。

6）采购员预借差旅费800元，以现金付讫。

7）从银行提取现金500元，以备零星开支。

8）购进材料一批，计价15 000元，以银行存款支付，材料验收入库。

9）生产车间领用材料10 000元。

10）收到某单位投入的设备一台价值6 000元。

【要求】根据以上业务，编制会计分录。

案 例 分 析

揭开会计分录背后的秘密

案例背景

某地税局对辖区内一家房地产公司进行检查，审核"利润分配"账户时，检查人员发现有一笔金额为 30 万元的业务，凭证上的摘要记录为"调账"，会计分录一：

借：开发成本——某项目利息   300 000

    贷：利润分配   300 000

由于记账凭证后面未附任何文字说明，且开发成本与利润分配两者无对应关系，这笔会计分录后面隐藏着什么？带着疑问，检查人员对该公司"开发成本"账户进行了深入检查，发现了与此业务相关的会计分录二：

借：应付账款——某项目利息   300 000

    贷：开发成本——某项目利息   300 000

检查人员对以上两笔会计分录进行分析，得出的结论是，企业这样做会导致应付账款减少 30 万元，利润分配增加 30 万元，一增一减，对企业并无影响。那么，应付账款为何无缘无故减少了 30 万元？为了查清业务的来龙去脉，检查人员顺藤摸瓜，对"应付账款"明细账进行了细致检查。

检查发现，"应付账款——某项目利息"年初结转余额为 30 万元，该公司通过以上会计分录恰好将余额冲销，将该笔账款结平。看来，要查清该笔业务的真相，落实"应付账款——某项目利息"的具体内容，必须向以前年度追溯。检查人员随即调取了该公司 2007 年度的会计资料，发现了与此业务相关的会计分录三：

借：财务费用   300 000

    贷：开发成本——某项目利息   300 000

通过查阅原始凭证以及对会计人员的询问，检查人员了解到，该公司由于开发项目投入较大，为解决资金紧张问题，2007 年向职工及其他人员募集了一部分资金，并按期支付利息。检查人员随即对该公司提取、发放集资利息的情况进行了重点检查，发现该公司 2007 年的集资利息已在当期支付，并列入了开发成本。

案例解析

原来，该公司所作的会计分录三，是为 2007 年度提取集资利息的分录，但该公司在发放集资利息时，未通过"应付账款——某项目利息"账户核算，而是将其计入了房地产的开发成本，造成了重复列支费用的情况，并使得"应付账款——某项目利息"成为虚拟账户。2008 年的会计分录二，将虚拟的"应付账款——某项目利息"账户冲销的同时，使开发成本降低了 30 万元。同时，为还原开发成本作了会计分录一，在增加开发成本的同时，增加了利润分配 30 万元。

　　该公司通过虚提虚列、频繁调账的手段隐匿 2007 年度的应纳税所得额 30 万元，少缴企业所得税 9.9 万元。根据《税收征管法》的相关规定，该公司受到补缴企业所得税并接受 1 倍罚款的处罚。

思考：

　　通过上述案例，请分析会计分录背后记账方法的重要性。

第三章　制造业企业主要经济业务的核算

教学目标

本章主要介绍制造业企业资金筹集、供应过程、生产过程、销售过程和财务成果形成及分配各环节中主要经济业务的内容和账户，利用借贷记账法和账户的结构对上述各环节的经济业务进行账务处理。通过本章学习，加深对会计账户和记账方法的理解和运用。

学习任务

通过本章的学习，要达到以下几个目的：
- 了解制造业企业经济业务的内容。
- 掌握制造业企业资金筹集业务的账户和账务处理。
- 掌握制造业企业供应过程业务的账户和账务处理。
- 掌握制造业企业生产过程业务的账户和账务处理。
- 掌握制造业企业销售过程业务的账户和账务处理。
- 掌握制造业企业财务成果形成及分配业务的账户和账务处理。

导入案例

吉普森机械制造公司

2008 年 8 月，王某、林某、肖某合伙筹建吉普森机械制造有限责任公司，王某出资 50 万元人民币，林某出资 30 万元人民币，肖某出资 20 万元人民币。12 月，各位股东的资金全部到位，并通过了中国会计师事务所的验证，注册资本金为 100 万元人民币，有关手续也已经办妥。公司注册成功后，开始租赁厂房、购买设备、招聘员工、购买原材料，并生产产品。产品生产主要以钢材、生铁、铝材为主要原料。2009 年第一季度购置设备、租赁厂房等固定资产 50 万元，支付材料费、职工薪酬、制造费用、销售费用共 20 万元，主营业务收入为 30 万元。

思考：
1）公司发生了哪些主要的经济活动？
2）会计科将如何进行日常的账务处理？

第一节　制造业企业基本经营活动概述

　　企业是一种具有不同规模的经济组织，它主要通过对各种资源进行组合、处理，以向其他单位或个人提供生产和生活服务，由此产生有很多不同的企业类型。现代企业制度下的产品制造业就是以产品的加工制造和销售为主要生产经营活动的一种营利性经济组织。作为产品的生产单位，制造业企业的基本经营活动过程主要包括产品加工制造的准备过程（经营资金的准备、劳动资料的准备和劳动对象的准备）、产品的加工制造过程和产品销售过程及财务成果的形成和分配过程。企业为进行生产经营活动，生产出市场需求的产品，必须首先拥有一定数量的经营资金，而这些经营资金都是从一定的渠道取得的。经营资金在生产经营过程中表现为不同的存在和使用状态，一般可以分为货币资金、储备资金、生产资金和成品资金等。并且，随着生产经营过程的不断进行，这些资金形态不断转化，形成经营资金的循环和周转。

　　制造业企业为了进行生产经营活动，首先必须筹集一定数量的财产、物资，这些在生产经营过程中的财产、物资的货币表现就是资金。其筹资渠道主要包括接受投资人的投资和向债权人借入各种款项，表现在会计要素上就是形成企业的所有者权益或负债，并满足初始筹资阶段的资金平衡原理。

　　企业从各种渠道筹集到的资金，主要表现为货币资金。企业要开展生产经营活动，首先就要以货币资金购建厂房、购买机器设备和各种材料物资，为进行产品的加工制造做准备。这时资金就由货币资金形态转化为固定资金形态和储备资金形态。

　　在产品的生产过程中，劳动者借助于劳动资料对劳动对象进行加工，制造出各种社会所需要的产品。在产品的生产过程中所发生的各种材料费用、人工费用，以及其他为组织和管理产品的生产所发生的各种费用共同构成了所生产产品的生产成本。随着各种生产费用的发生，资金逐渐由储备资金、固定资金和货币资金形态而转化为生产资金形态。伴随产品的完工和验收入库，资金又从生产资金形态转化为成品资金形态。

　　工业企业进行产品的加工制造，其目的主要就是对外销售并获取利润。在产品的销售过程中，企业一方面将自己加工制造的产品销售给购买者，另一方面要办理结算，收取货款。通过这一过程，资金又从成品资金形态转化为货币资金形态。

　　将企业一定时期所取得的收入与相应的费用相抵，即可计算出企业在当期的财务成果（盈利或亏损）。如为盈利应进行分配；如为亏损应进行弥补。通过分配，一部分资金要退出企业，一部分会重新投入企业的生产经营活动过程中去，开始新的资金循环。

　　在上述企业生产经营活动过程中，资金筹集、资金收回或退出企业与生产准备、产品生产和产品销售三个过程的首尾相接，构成了制造业企业的主要经济业务，形成资金的循环和周转。为了向企业内部管理人员和企业外部利害关系集团（包括投资者、债权人、财政部门、税务部门等）提供他们所需要的信息，就要求企业必须设置独立的会计机构并配备相应的会计人员。会计机构和会计人员为了履行其职责，就必须按照我国会计规范的要求和对会计信息的质量标准，设置相应的账户，并运用借贷复式记账法，对企业所发生的各项经济业务进行账务处理，以提供真实、完整的会计信息。

第二节 资金筹集业务的核算

制造业企业的资金包括所有者权益资金和负债资金，其来源主要有投资者投入和向银行及其他金融机构借入两个方面。

一、筹资过程业务核算的内容

对任何一个企业来说，要形成其资产，首先就要通过一定的渠道筹集起生产经营所需要的资金，这是企业进行生产经营活动的前提条件。企业筹资主要有两条渠道，一是接受投资者投入的资金，也就形成了投资人对企业的所有权，称为所有者权益，这是企业资金的重要来源；二是向债权人借入的资金，也就是企业的负债，形成了债权人对企业的债权。

（一）所有者投入资金

企业要进行经营，首先要有一定的"本钱"，也就是所有者要向企业投入资本金。所有者投入资金就是指企业通过吸收投资者直接投资、发行股票、内部积累等方式筹集自有资金。我国法律规定，设立企业必须要有法定的资本。资本是由投资者认缴并经工商行政管理部门核准注册的资本总额。投资者一旦对企业投资后，即对企业的资产、资产经营的结果、资产经营的权利等享有一种权益，形成所有者权益。投资者对企业的投资，可以是货币、实物、无形资产等形式。投资者向企业投入的资本，在一般情况下无需偿还、只能依法转让；企业对实际收到的资本金，依法享有经营权。因各种原因使企业投资者的出资额超过注册资本的差额，形成企业的资本公积。

例如，甲和乙共同出资筹建一工厂，注册资本为 100 万元，甲和乙应各出资 50 万元，甲投入货币 50 万元，乙用一台机器出资，机器作价为 55 万元，注册资本（实收资本）记录为 100 万元，而超过的 5 万元只能作为资本的增值，记入两个投资人共有的资本公积。

因此，对所有者投资的核算应包括两方面内容：一是揭示投入资本的形式和来源，即反映所有者对企业的实际投资的形式和金额；二是反映投资后所有者享有的权益，包括实收资本和资本公积。

（二）借入资金

企业在经营过程中除由投资者投入的资金外，由于各方面的资金需要，还要通过其他方式筹集所需的资金，也就是要借入资金。借入资金是指企业通过发行债券、向银行借款等方式筹集资金，即企业吸收债权人投资。债权人投资的形式主要是货币资金。

债权人投资后拥有要求企业按照规定的期限、规定的利率偿还本金和利息的权利。对企业主体而言，这部分资金则形成了企业的负债。按照债务资金的内容和偿还期限的长短，分为流动负债和长期负债，具体包括短期借款、长期借款、应付债券等。

短期借款是企业向银行或其他金融机构借入的期限在 1 年以下（含 1 年）的各种借款，企业取得的短期借款主要用作生产周转资金。

长期借款是企业向银行或其他金融机构借入的期限在 1 年以上的各项借款，主要用于固定资产方面的资金需要。

应付债券是企业依照法定程序对外发行、约定在一定期限内还本付息的具有一定价值的证券。

企业借入短期借款所支付的利息支出，在财务费用中列支，并按其数额大小和结算方式不同，可采取以下两种方法处理：一是短期借款利息数额较大且按季支付，可采取计提办法分月计入财务费用，季末再结算支付；二是短期借款利息数额不大，可采取简化办法，在支付时一次性直接计入当期财务费用。

二、筹资业务主要账户设置

根据筹资业务核算的内容应设置两类账户：核算所有者投资业务的账户和核算借入资金业务的账户。

（一）反映所有者投资筹集业务的账户

为了总括地核算和监督所有者投入资金及其变动情况，根据所有者投资业务的内容，企业在会计核算中主要设置以下两个账户。

1. "实收资本"（股本）账户

该账户属于所有者权益类账户，用以核算企业（股份有限责任公司使用"股本"账户），实际收到投资者投入的资本。该账户贷方登记企业收到投资者投入企业资本的实际数额，也就是企业在工商部门注册的资本金；借方登记按规定程序减少注册资本的数额，在实际返还资本时入账；期末贷方余额，反映企业实有的资本或股本数额，如图 3-1 所示。该账户应按投资者设置明细账，进行明细核算。

实收资本（或股本）

登记按规定程序减少注册资本的数额	贷方登记企业收到投资者投入企业资本的实际数额
	期末余额：反映企业实有的资本或股本数额

图 3-1 "实收资本"（股本）账户

2. "资本公积"账户

该账户属于所有者权益类账户，用以核算企业取得的资本公积。该账户贷方登记企业因资本溢价等原因而增加的资本公积数额；借方登记用于按法定程序转增注册资本等原因而减少的资本公积数额；期末贷方余额，反映企业实有的资本公积数额，如图 3-2 所示。该账户应按资本公积形成的类别设置明细账，进行明细核算。

资本公积

按法定程序转增注册资本等原因而减少的资本公积数额	企业因资本溢价等原因而增加的资本公积数额
	期末余额：企业实有的资本公积数额

图 3-2 "资本公积"账户

（二）反映借入资金筹集业务的账户

为了总括地核算和监督债权人投入的债务资金及其变动情况，根据债权人投资业务的内容，企业在会计核算中应当设置以下几个账户

1. "短期借款"账户

该账户属于负债类账户，用以核算企业向银行或其他金融机构等借入的期限在 1 年以下（含 1 年）的各种借款。该账户贷方登记借入资金的实际金额；借方登记偿还的实际金额；期末贷方余额，反映企业尚未偿还的短期借款的本金，如图 3-3 所示。该账户应按债权人设置明细账，并按借款种类进行明细核算。

短期借款

偿还的实际金额	借入资金的实际金额
	期末余额：尚未偿还的短期借款的本金

图 3-3 "短期借款"账户

2. "长期借款"账户

该账户属于负债类账户，用以核算企业向银行或其他金融机构借入的期限在 1 年以上（不含 1 年）的各项借款。该账户贷方登记借入的本金和应计的利息金额；借方登记偿还的借款本息金额；期末贷方余额，反映企业尚未偿还的长期借款本息，如图 3-4 所示。该账户应按债权人设置明细账，并按贷款种类进行明细核算。

长期借款

偿还的借款本息金额	借入的本金和应计的利息金额
	期末余额：尚未偿还的长期借款本息

图 3-4 "长期借款"账户

3. "应付利息"账户

该账户属于负债类账户，用以核算企业按照合同约定应支付的利息，包括银行借款、企业债券应支付的利息，账户结构如图 3-5 所示。资产负债表日，根据计算确定的利息

费用，借记"财务费用""在建工程"等账户，贷记本账户。实际支付利息时，借记本账户，贷记"银行存款"等账户。

应付利息

实际支付的利息	计算的应付而未付的利息
	期末余额：尚未支付的利息

图 3-5 "应付利息"账户

4. "财务费用"账户

该账户属于损益类账户，用以核算企业为筹集生产经营所需资金等而发生的费用。该账户借方登记发生的财务费用额；贷方登记期末转入"本年利润"账户的财务费用额；结转后该账户无余额，如图 3-6 所示。该账户应按费用项目设置明细账，进行明细账核算。

财务费用

发生的财务费用	期末转入"本年利润"账户的财务费用

图 3-6 "账务费用"账户

三、筹资业务的账务处理

【**例 3-1**】 12 月 1 日，红星公司收到某投资公司投入货币资本 1 000 000 元，款项存入银行。

这项经济业务涉及"实收资本"、"银行存款"两个账户。一方面投资者投入资本，使所有者权益增加，应记入"实收资本"账户的贷方；另一方面款项存入银行，使资产增加，应记入"银行存款"账户的借方。这项经济业务的会计分录为：

借：银行存款　　　　　　　　　　　　　　　　　　1 000 000
　　贷：实收资本　　　　　　　　　　　　　　　　　　　　1 000 000

【**例 3-2**】 12 月 10 日，红星公司收到某投资者投入设备一台，双方协议确认的价值为 500 000 元。

这项经济业务涉及"实收资本"、"固定资产"两个账户。一方面投资者投入资本，使所有者权益增加，就记入"实收资本"账户的贷方；另一方面企业收到设备，使资产增加，应按资产的确认价值分别记入"固定资产"的借方。这项经济业务的会计分录为：

借：固定资产——生产用设备　　　　　　　　　　　　500 000
　　贷：实收资本　　　　　　　　　　　　　　　　　　　　500 000

【**例 3-3**】 12 月 11 日，红星公司收到某企业投入材料一批，确认价值为 500 000 元；专有技术一项，确认价值为 600 000 元。

这项经济业务涉及"实收资本"、"原材料"、"无形资产"三个账户。一方面投资者投入资本，使所有者权益增加，就记入"实收资本"账户的贷方；另一方面企业收到材料、专有技术，使资产增加，应按资产的确认价值分别记入"原材料"、"无形资产"账户的借方。这项经济业务的会计分录为：

借：原材料 500 000
　　无形资产——专有技术 600 000
　　贷：实收资本 1 100 000

【例 3-4】 12 月 11 日红星公司接受新华集团公司追加投资 5 500 000 元，款项存入银行。双方协议确认，新华集团公司按投资比例应享有的注册资本为 5 000 000 元，其余作资本溢价处理。

这项经济业务涉及"实收资本"、"资本公积"、"银行存款"三个账户。一方面投资者追加投资，使所有者权益增加，应按新华集团公司享有的投资份额记入"实收资本"账户的贷方，而资本溢价部分应记入"资本公积"账户的贷方；另一方面款项存入银行，使资产增加，应记入"银行存款"账户的借方。这项经济业务的会计分录为：

借：银行存款 5 500 000
　　贷：实收资本 5 000 000
　　　　资本公积——资本溢价 500 000

【例 3-5】 12 月 12 日，红星公司向银行取得 1 200 000 元、期限 6 个月的生产周转借款。银行通知款项已划入红星公司的存款账户。

这项经济业务涉及"短期借款"、"银行存款"两个账户。一方面银行提供短期贷款，使负债增加，应记入"短期借款"账户的贷方；另一方面款项转存银行，使资产增加，应记入"银行存款"账户的借方。这项经济业务的会计分录为：

借：银行存款 1 200 000
　　贷：短期借款 1 200 000

【例 3-6】 12 月 14 日，红星公司向银行借入 3 年期、年利率为 9%、到期一次还本付息的设备借款 5 000 000 元，已转入银行存款账户。

这项经济业务涉及"长期借款"、"银行存款"两个账户。一方面银行提供 3 年期的设备贷款，使负债增加，应记入"长期借款"账户的贷方；另一方面借款转存银行，使资产增加，应记入"银行存款"账户的借方。这项经济业务的会计分录为：

借：银行存款 5 000 000
　　贷：长期借款 5 000 000

【例 3-7】 12 月 31 日，红星公司对上述生产周转借款计算本月应负担的利息 6 000 元。

这项经济业务涉及"应付利息"、"财务费用"两个账户。一方面应计入本月费用但尚未支付的利息，使负债增加，应记入"应付利息"账户的贷方；另一方面计提的利息应计入本月的财务费用，使费用增加，应记入"财务费用"账户的借方。这项经济业务的会计分录为：

借：财务费用 6 000
　　贷：应付利息 6 000

第三节　供应过程经济业务的核算

　　企业为了进行产品的生产，需要做好多方面的物资准备工作，即企业必须购建厂房建筑物和机器设备等固定资产，并进行材料采购。因此，固定资产购建业务和材料采购业务的核算，就成为企业生产准备阶段业务核算的主要内容。

一、固定资产购置业务的核算

（一）固定资产的含义

　　固定资产是企业经营过程中使用的长期资产，包括房屋建筑物、机器设备、运输车辆以及工具、器具等。根据我国会计准则对固定资产的定义，固定资产应是同时具有以下两个特征的有形资产：为生产商品、提供劳务、出租或经营管理而持有的；使用寿命超过一个会计年度的。使用寿命是指企业使用固定资产的预计期间，或者该固定资产所能生产产品或提供劳务的数量。

　　固定资产是企业的劳动资料，从经济用途来看，固定资产是用于生产经营活动的而不是为了出售的，这一特征是区别固定资产与商品、产品等流动资产的重要标志。由于固定资产要长期地参加企业的生产经营活动，因而其价值周转与预期实物补偿并不同步，这一特点显然也不同于流动资产。

　　固定资产是企业资产中比较重要的一部分内容，从一定程度上说，它代表着企业的生产能力和生产规模，因此，对其正确地加以确认与计量就成为会计核算过程中一个非常重要的内容。固定资产的确认应考虑两个因素：一是该固定资产包括的经济利益很可能流入企业；二是该固定资产的成本能够可靠地计量。

（二）企业取得固定资产入账价值的确定

　　《企业会计准则第4号——固定资产》的规定，固定资产应当按照实际成本计量。

　　固定资产取得时的实际成本是指企业构建固定资产达到预定可使用状态前所发生的一切合理的、必要的支出，它所反映的是固定资产处于可使用状态时的实际成本。

　　比如，建造的固定资产已达到预期可使用状态，但尚未办理竣工决算的，会计准则规定应自达到预定可使用状态之日起，根据工程决算、造价或工程实际成本等相关资料，按估计的价值转入固定资产，并计提折旧。这就意味着是否达到"预计可使用状态"是衡量可否作为固定资产进行核算和管理的标志，而不再拘泥于"竣工决算"这个标准。这也是实质重于形式原则的一个具体应用。

　　企业的固定资产在达到预定可使用状态前发生的一切合理的、必要的支出中既有直接发生的，如支付固定资产的买价、包装费、运杂费、安装费等，也有间接发生的，如固定资产建造过程中应予以资本化的借款利息等，这些直接和间接的支出对形成固定资产的生产能力都有一定的作用，理应计入固定资产的价值。

企业可以从各种渠道取得固定资产，不同渠道形成的固定资产，其价值构成的具体内容可能不同，因而固定资产取得时的入账价值应根据具体情况和涉及的具体内容分别确定。比如外购固定资产的成本，包括购买价款，进口关税和其他税费，使固定资产达到预定可使用状态前所发生的可归属于该项资产的场地整理费、运输费、装卸费、安装费和专业人员服务费等。

在此需要说明的是：自 2009 年 1 月 1 日起，增值税一般纳税人购进（包括接受捐赠、实物投资，下同）或者自制（包括改扩建、安装，下同）固定资产发生的进项税额，可根据《中华人民共和国增值税暂行条例》（国务院令第 538 号）和《中华人民共和国增值税暂行条例实施细则》的有关规定，凭增值税专用发票、海关进口增值税专用缴款书和运输费用结算单据从销项税额中抵扣，其进项税额应当记入"应交税费——应交增值税（进项税额）"账户。纳税人允许抵扣的固定资产进项税额，是指纳税人 2009 年 1 月 1 日以后实际发生，并取得 2009 年 1 月 1 日以后开具的增值税扣税凭证上注明的或者依据增值税扣税凭证计算的增值税税额。

（三）账户设置

为了核算企业购买和自行建造完成固定资产价值的变动的过程以及结果，需要设置以下账户。

1. "固定资产"账户

该账户的性质属于资产类，用来核算企业持有固定资产原价的增减变化及其结余情况。账户的借方登记固定资产原价的增加，贷方登记固定资产原价的减少，期末余额在借方，表示固定资产原价的结余额，如图 3-7 所示。该账户应按照固定资产的种类设置明细账户，进行明细核算。在使用该账户时，必须注意只有当固定资产达到预定可使用状态，其原价已经形成，才可以记入"固定资产"账户。

固定资产	
固定资产原始价值的增加	固定资产原始价值减少
期末余额：现有固定资产的原价	

图 3-7 "固定资产"账户

2. "在建工程"账户

该账户的性质属于资产类，用来核算企业为进行固定资产基建、安装、技术改造以及大修理等工程而发生的全部支出（包括安装设备的支出），并据以计算确定各该工程成本的账户。该账户的借方登记工程支出的增加，贷方登记结转完工工程的成本。期末余额在借方，表示未完工工程的成本，如图 3-8 所示。"在建工程"账户应按工程内容，如建筑工程、在安装工程、安装工程、安装设备、待摊支出以及单项工程等设置明细账户，进行明细核算。

在建工程	
工程发生的全部支出	结转完工工程成本
期末余额：未完工工程成本	

图 3-8 "在建工程"账户

企业购置的固定资产，对于其中需要安装的部分，在交付使用前，也就是达到预定可使用状态之前，由于没有形成完整的取得成本（原始价值），因而必须通过"在建工程"账户进行核算。在构建过程中所发生的全部支出，都应归集在"在建工程"账户，待工程达到可使用状态形成固定资产之后，方可将该工程成本从"在建工程"账户转入"固定资产"账户。

（四）固定资产购置业务的账务处理

企业购买的固定资产，有的购买完成之后当即可投入使用，也就是当即达到预定可使用状态，因而可以立即形成固定资产；而有的固定资产，在购买之后，还需要经过安装过程，安装之后方可投入使用。这两种情况在核算上是有区别的，所以在对固定资产进行核算时，一般将其分为不需要安装固定资本和需要安装固定资本分别进行处理。

【例 3-8】 红星公司购买不需要安装的设备，买价 125 000 元，增值税 21 250 元，包装运杂费 2 000 元，全部款项使用银行存款支付，设备当即投入使用。

这是一台不需要安装的设备，购买完成之后就意味着达到了预定可使用状态，在购买过程中发生的支出，即 127 000 元（125 000＋2 000）形成固定资产的取得成本。这项经济业务的发生，一方面使公司固定资产取得成本增加 127 000 元，"应交税费——应交增值税"减少 21 250 元；另一方面使公司的银行存款减少 148 250，因此该项经济业务涉及"固定资产"、"应交税费——应交增值税"及"银行存款"三个账户。这项经济业务的会计分录如下：

　　借：固定资产　　　　　　　　　　　　　　　　　127 000
　　　　应交税费——应交增值税（进项税额）　　　　　21 250
　　　　贷：银行存款　　　　　　　　　　　　　　　　　　　148 250

【例 3-9】 红星公司用银行存款购入一台需要安装的设备，取得增值税专用发票注明的买价 480 000 元，税金 81 600 元，支付运杂费等 5 000 元，设备投入安装。

由于这是一台需要安装的设备，因而购买过程中发生的各项支出构成购置固定资产安装工程成本，在设备达到预定可用状态前的这些支出应先在"在建工程"账户中进行归集。这项经济业务的发生，一方面使公司的在建工程支出增加 485 000 元（480 000＋5 000），"应交税费——应交增值税"减少 81 600 元；另一方面使公司的银行存款减少 566 600 元，因此该项经济业务涉及"在建工程"、"应交税费——应交增值税"及"银行存款"三个账户。这项经济业务的会计分录为：

借：在建工程	485 000	
应交税费——应交增值税（进项税额）	81 600	
贷：银行存款		566 600

【例 3-10】 承【例 3-9】，红星公司的上述设备在安装过程中发生的安装费如下：领用本企业的原材料价值 12 000 元，应付本企业安装工的薪酬 22 800 元。

设备在安装过程中发生的安装费也构成固定资产安装工程支出。这项经济业务的发生，一方面使公司固定资产安装工程支出（安装费）增加计 34 800 元（12 000＋22 800），另一方面使公司的原材料成本减少 12 000 元，应付职工薪酬增加 22 800 元，因此该项经济业务涉及"在建工程"、"原材料"、"应付职工薪酬"三个账户。这项经济业务的会计分录为：

借：在建工程	34 800	
贷：原材料		12 000
应付职工薪酬		22 800

【例 3-11】 承【例 3-10】，上述设备安装完毕，达到预定可使用状态，并经验收合格办理竣工决算手续，现已交付使用，结转工程成本。

工程安装完毕，交付使用，意味着固定资产的取得成本已经形成，于是就可以将该工程全部支出转入"固定资产"账户，工程的全部成本为 519 800 元（485 000＋34 800）。这项经济业务的发生，一方面使公司固定资产取得成本增加 519 800 元，另一方面使公司的在建工程成本减少 519 800 元，因此该经济业务涉及"固定资产"和"在建工程"两个账户。这项经济业务的会计分录为：

| 借：固定资产 | 518 000 | |
| 贷：在建工程 | | 518 000 |

二、供应过程主要经济业务的核算

（一）供应过程经济业务核算的内容和材料采购成本的构成

产品制造企业的供应过程主要核算采购各种材料的货款的结算、税金的支付、采购费用的归集和材料采购成本的计算等。

所谓材料，是指直接用于制造产品并构成产品的实体，或有助于产品形成但不构成产品实体的物品。它包括原材料及主要材料、辅助材料、外购半成品、修理用备件、包装材料、燃料等。

材料采购成本构成包括材料的买价加上采购费用。材料的买价，是指企业向供应单位按照经济合同规定支付的价款。采购费用是指自供应单位运到企业的各项运输费用、装卸搬运费用、专设采购机构经费（包括采购人员工资、差旅费、采购机构租赁费等）。

（二）供应过程主要账户设置

为了加强对企业材料采购的管理，反映库存材料增减变动及结存情况，监督材料的保管和使用，在供应过程的核算中应设置"材料采购"、"原材料"、"应付票据"、"应付账款"、"应交税费——应交增值税"等账户。

1. "材料采购"账户

该账户是资产类账户，用以核算和监督企业外购材料的买价和采购费用，并据以计算采购成本的账户。该账户的借方登记外购材料的买价和采购费用；贷方登记已验收入库材料的实际采购成本，期末一般没有余额。如果有余额，则余额一定在借方，表示尚未验收入库的在途材料实际采购成本，如图 3-9 所示。"材料采购"账户应按购入材料的类别或品种，开设明细分类账户，进行明细分类核算。

材料采购

① 外购材料的买价 ② 采购费用	验收入库材料的实际采购成本
期末余额：企业尚未验收入库的在途材料实际采购成本	

图 3-9 "材料采购"账户

2. "原材料"账户

该账户是资产类账户，用以核算和监督材料收入、发出和结存情况的账户。该账户的借方登记入库材料的实际采购成本；贷方登记领用材料的实际成本；期末余额在借方，表示结存原材料的实际成本，如图 3-10 所示。"原材料"账户应按材料的类别、品种开设明细分类账户，进行明细分类核算。

原材料

入库材料的实际采购成本	领用材料的实际成本
期末余额：期末结存原材料的实际成本	

图 3-10 "原材料"账户

3. "应付票据"账户

该账户的贷方登记开发、承兑汇票的面值及带息票据的预提利息，借方登记支付票据的金额，余额在贷方，表示企业尚未到期的商业汇票票面金额和应计未付的利息，如图 3-11 所示。

应付票据

支付的票据金额	开出、承兑汇票的面值及应计利息
	期末余额：尚未到期的票据金额

图 3-11 "应付票据"账户

4. "应付账款"账户

该账户是负债类账户，用以核算和监督企业因购买材料、商品和接受劳务供应等而应付给供应单位的款项。该账户的贷方登记企业应付供应单位的款项（买价和代垫运杂费）；借方登记已偿还应付供应单位的款项；期末余额在贷方，表示企业尚未偿还的应付账款，如图 3-12 所示。"应付账款"账户应按供应单位设置明细账，进行明细分类核算。

应付账款

已偿还应付供应单位的款项	应付供应单位的款项
	期末余额：尚未偿还的应付账款

图 3-12 "应付账款"账户

5. "应交税费——应交增值税"账户

该账户的借方发生额，表示企业购进货物或接受应税劳务支付的进项税额和实际已交纳的增值税；贷方发生额，表示销售货物或提供应税劳务应交纳的销项税额等；期末借方余额，表示企业多交或尚未抵扣的增值税；期末贷方余额，表示企业尚未交纳的增值税，如图 3-13 所示。该账户中应分设"进项税额"、"销项税额"、"已交税金"等专栏进行明细核算。

应交税费——应交增值税

① 购进货物或接受应税劳务支付的进项税额 ② 实际已交纳的增值税	销售货物或提供应税劳务应交纳的销项税额等
或期末余额：企业多交或尚未抵扣的增值税	期末余额：企业尚未交纳的增值税

图 3-13 "应交税费——应交增值税"账户

（三）供应过程经济业务的业务处理

【例 3-12】 12 月 1 日，红星公司向甲公司购进 A 材料 20 000kg，单价 25 元，增值税发票注明的价款 500 000 元，进项增值税 85 000 元，以银行存款支付。

这项经济业务涉及"材料采购"、"应交税费——应交增值税"和"银行存款"三个账户。采购成本的增加，应记入"材料采购"账户的借方；支付进项增值税应记入"应交税费——应交增值税"账户的借方；银行存款的减少应记入"银行存款"账户的贷方。这项经济业务的会计分录为：

借：材料采购——A 材料   500 000

      应交税费——应交增值税（进项税额）   85 000

  贷：银行存款   585 000

【例3-13】 12月3日，红星公司向甲公司购进A材料40 000kg，单价25元，计买价1 000 000元，购进B材料50 000kg，单价20元，计买价1 000 000元，其应付进项增值税计340 000元，取得增值税专用发票，开出一张期限为90天的承兑商业汇票。

这项经济业务涉及"材料采购"、"应交税费——应交增值税"和"应付票据"三个账户。采购成本增加，应记入"材料采购"账户的借方；支付进项增值税应记入"应交税费——应交增值税"账户的借方；应付购货及增值税款应记入"应付票据"账户的贷方。这项经济业务的会计分录为：

  借：材料采购——A材料   1 000 000
      ——B材料   1 000 000
   应交税费——应交增值税（进项税额） 340 000
   贷：应付票据   2 340 000

【例3-14】 12月3日，红星公司以银行存款支付A、B两种材料的运输费用计11 000元（其中：A材料分摊6 000元、B材料分摊5 000元）；支付专设采购机构经费5 000元（其中：A材料分摊3 000元、B材料分摊2 000元）。

这项经济业务涉及"材料采购"和"银行存款"两个账户。采购成本增加记入"材料采购"账户借方；银行存款减少记入"银行存款"账户贷方。这项经济业务的会计分录为：

  借：材料采购——A材料   9 000
      ——B材料   7 000
   贷：银行存款   16 000

【例3-15】 12月4日，A、B材料验收入库，红星公司计算并结转本月A、B两种材料的实际采购成本。

A材料采购成本＝1 500 000＋6 000＋3 000＝1 509 000（元）
B材料采购成本＝1 000 000＋5 000＋2 000＝1 007 000（元）

这项经济业务涉及"材料采购"和"原材料"两个账户。原材料增加应记入"原材料"账户的借方；结转采购成本应记入"材料采购"账户的贷方。这项经济业务作的会计分录为：

  借：原材料——A材料   1 509 000
    ——B材料   1 007 000
   贷：材料采购——A材料   1 509 000
      ——B材料   1 007 000

根据【例3-12】～【例3-15】提供资料登记"材料采购"总账及所属明细账，如图3-14～图3-16所示。暂把题例序号作为登记总分类账和明细分类账的凭证号数。

总分类账

账户名称：材料采购

金额单位：元

20××年		凭证号数	摘　要	借　方	贷　方	借或贷	余　额
月	日						
12	1		期初余额			平	0
	1	12	购进	500 000		借	500 000
	3	13	购进	2 000 000		借	2 500 000
	3	14	付采购费与运输费	16 000		借	2 516 000
	4	15	月末结转入库		2 516 000	平	0

图 3-14　总分类账

材料采购明细分类账

账户名称：A 材料

金额单位：元

××年		凭证号数	摘　要	借　方				贷　方	余　额
月	日			买　价	运输费用	采购经费	合　计		
12	1		期初余额						0
	1	12	购入 20 000kg@25 元	500 000			500 000		500 000
	3	13	购入 40 000kg@25 元	1 000 000			1 000 000		1 500 000
	3	14	分摊采购费用		6 000	3 000	9 000		1 509 000
	4	15	结转实际采购成本	1 500 000	6 000	3 000	1 509 000	1 509 000	0

图 3-15　材料采购明细分类账

材料采购明细分类账

账户名称：B 材料

金额单位：元

××年		凭证号数	摘　要	借　方				贷　方	余　额
月	日			买　价	运输费用	采购经费	合　计		
12	1		期初余额						0
	1	13	购入 50 000kg@20 元	1 000 000			1 000 000		1 000 000
	3	14	分摊采购费用		5 000	2 000	7 000		1 007 000
	4	15	结转实际采购成本	1 000 000	5 000	2 000	1 007 000	1 007 000	0

图 3-16　材料采购明细分类账

第四节　产品生产过程经济业务的核算

一、产品生产业务的主要内容

企业在产品的生产过程中，必然要发生诸如固定资产的磨损、材料的消耗以及劳动力的耗费（包括生产工人和管理人员）等各项生产耗费。企业在一定时期内发生的、能够用货币额表现的生产耗费，叫生产费用。根据"稳健性原则"的要求，这些生产费用按是否计入产品成本分为产品生产费用和期间费用。将制造费用最终归集、分配到一定种类的产品上，形成各种产品的生产成本的计算方法，称为"制造成本法"。将全部生产费用最终要归集、分配到一定种类的产品上，形成各种产品的生产成本的计算方法，称为"完全成本法"。根据我国《企业会计准则》的规定，工业企业计算产品生产成本的方法采用"制造成本法"。所以，工业企业为生产一定种类和数量的产品所发生的各项制造费用的总和，即为产品的生产成本。因此，在产品生产过程中，制造费用的发生、归集和分配，以及产品生产成本的计算，就构成了产品生产业务核算的主要内容。

二、产品成本计算的程序

（1）确定成本计算对象

确定成本计算对象是进行成本计算首先要解决的问题。所谓成本计算对象，是指成本归集和分配的对象。例如要计算各种产品的成本，那么各该种产品就是成本计算对象。所以，成本计算对象的确定，是设置产品生产成本明细账（或称"成本计算单"），归集生产费用，正确计算产品成本的前提。在实际工作中，成本计算对象的选择虽与不同类型企业的生产特点和管理要求不同密切相关，但最终都要按照产品品种计算出各种产品的生产成本，所以按产品品种确定成本计算对象是最基本的成本计算对象。由此而产生的产品成本计算方法——"品种法"，是最基本的成本计算方法。

（2）确定成本计算期

所谓成本计算期，是指每隔多长时间计算一次产品成本。从理论上讲，产品生产成本的计算期间应当同产品的生产周期保持一致，如造船、大型机械制造等单件小批量生产的企业，就是以生产周期来确定成本计算对象。但是，由于企业生产产品品种的多样性和生产周期的不确定性，使大多数企业很难按照产品的生产周期来计算产品生产成本，为与会计报告的期间一致，便于进行期间考核，大多数企业的产品成本计算期，一般是以"月份"作为成本计算期。所以，成本计算期的确定既与产品的生产周期有关，同时也与成本计算对象密不可分。因此，在会计实际操作过程中，成本计算期有会计期间和产品的生产周期两种。一般情况下，在大批量生产并以产品品种为成本计算对象的企业，其产品的生产周期通常比会计期间短，则选会计期间（月份）为成本计算期；在小批量生产并以单件产品为成本计算对象的企业，其产品的生产周期通常比会计期间长，则选产品的生产周期为成本计算期。

（3）确定产品成本项目

所谓成本项目，是指计入产品成本的生产费用按照其经济用途所进行的分类。为了达到降低成本、提高经济效益的目的，成本计算除提供各种产品的总成本和单位成本的资料外，在生产费用按其经济内容分类的基础上再按照经济用途进行分类，以了解成本的经济构成。也就是说，计入产品成本的生产费用，在成本计算中应按成本项目进行归集。在制造成本法下，工业企业一般应设置直接材料、直接人工和制造费用三个成本项目。"直接材料"项目，是指直接用于才产品生产并构成产品实体的原料及主要材料；

"直接人工"项目，是指直接参加产品生产的工人工资以及按生产工人工资和规定比例计提的职工福利费；"制造费用"项目，是指发生在车间范围内直接用于产品生产，但不便于直接计入某个成本计算对象，因而没有专设成本项目的费用（如机器设备的折旧费）和间接用于产品生产的各项费用（如车间管理人员的工资等）。对于发生在企业行政管理部门范围内为组织和管理生产经营活动的管理费用，应作为期间费用直接计入当期损益，而不应计入产品生产成本。

（4）按权责发生制，划清费用的受益期限

企业为产品生产而发生的某些生产费用，有一些是在本期实际支付但受益期限横跨多个会计期间，而另一些虽未在本期实际支付但本期已经受益，所以就应以承担付款责任的日期为确认标志的"权责发生制"对各期的生产费用进行确认，划清费用的受益期限。即应计入本期的生产费用不论其款项是否已实际付出，都要作为本期的生产费用来加以确认。也就是说，企业在某一成本计算期内发生的生产费用，不一定全部计入本期产品成本，而本期的产品成本也不一定都是本期实际支付的费用。

（5）按成本分配的受益原则，划清费用的受益对象

成本计算就是要具体计算各个成本计算对象所应负担的生产费用，所以，在对各成本项目按照权责发生制划清了的受益期限后，为正确计算产品的生产成本，还应将属于该期的生产费用在当期所生产的各种产品之间进行分配，并应遵循谁受益谁负担以及按受益程度大小来负担的原则。对于能够直接分清受益对象的直接费用，则直接计入各该成本计算对象，而对不能够直接分清受益对象的间接费用，即应由两个以上的成本计算对象共同负担的费用，就应选用和该费用发生直接关联的项目作为分配标准，采用比例分配法，在各成本计算对象之间进行分配并计入各该成本计算对象。

（6）按成本计算对象开设并登记生产成本明细账，编制成本计算单

在按照权责发生制原则和受益原则正确划分了应由各期各种产品负担的生产费用后，还应按成本计算对象开设生产成本明细账，并在账内按成本项目设置专栏，进行明细分类核算，以提供每种产品当期所耗费的各种生产费用的详细资料。此外，在生产不止一种产品并有完工产品的月份，还应依据生产成本明细账，分产品和成本项目编制成本计算单，以提供当期已完工产品的总成本和单位成本。

三、生产过程主要账户设置

为正确、合理地归集和分配各项生产费用，及时地计算各种产品制造成本，在生产过程中应设置"生产成本"、"制造费用"、"库存商品"、"累计折旧"、"应付职工薪酬"和"管理费用"、"财务费用"等账户。

（一）"生产成本"账户

该账户是成本类账户，用以核算和监督企业在产品生产过程中所发生的各项生产费用，计算确定产品实际生产成本。该账户的借方登记企业在产品生产过程中所发生的全部生产费用；贷方登记转出的完工产成品实际成本；月末借方余额，表示尚未完工在产

品的实际成本，如图 3-17 所示。为了具体核算每一种产品的生产成本，可以按照生产产品的品名或种类设明细分类账户，进行明细分类核算。

生产成本

在产品生产中所发生的全部生产费用	转入"库存商品"账户的完工产成品实际成本
包括①直接材料	
②直接人工	
③其他直接支出	
④分配转入的制造费用	
期末余额：尚未完工在产品的实际成本	

图 3-17 "生产成本"账户

（二）"制造费用"账户

该账户是成本类账户，用以核算和监督车间（分厂）为生产产品和提供劳务而发生的各项间接费用。该账户借方登记车间（分厂）发生的各项间接费用；贷方登记期末将全部制造费用分配计入有关产品成本的金额；期末一般无余额，如图 3-18 所示。为了具体核算制造费用的发生情况，可以按照不同的生产车间（分厂）及制造费用的项目设置明细分类账户，进行明细分类核算。

制造费用

本期发生的各项间接费用	转入"生产成本"账户，分配计入有关产品成本的金额

图 3-18 "制造费用"账户

（三）"库存商品"账户

该账户是资产类账户，制造企业"库存商品"账户用以核算和监督企业已生产完工验收入库产品的增减变动及结存情况。该账户的借方登记生产完工并且验收入库的产成品实际成本；贷方登记发出产成品的实际成本；月末余额在借方，表示库存产成品的实际成本，如图 3-19 所示。为了具体反映各种产成品的增减变动及库存情况，应按产成品名称或种类设置明细分类账户，进行明细分类核算。

库存商品

生产完工且验收入库的产成品实际成本	发出产成品的实际成本
期末余额：库存产成品的实际成本	

图 3-19 "库存商品"账户

（四）"累计折旧"账户

该账户是资产类账户"固定资产"的调整账户，用以核算和监督固定资产因磨损而减少的价值。企业固定资产在使用过程中磨损的价值，是通过折旧的方式逐步转移到产品成本或期间费用中去的。因此计提折旧就表明生产费用或期间费用的增加，同时，由于固定资产发生了磨损，固定资产的价值也相应减少，但因管理的需要，"固定资产"账户要始终反映企业现有固定资产的原值，其减少金额应通过"累计折旧"账户来核算。所以该账户的贷方登记固定资产因计提折旧而减少的金额，即固定资产折旧的增加金额；借方登记已提固定资产折旧的减少或转销数额；月末贷方余额表示现有固定资产已计提累计折旧额，如图 3-20 所示。

累计折旧

已提固定资产折旧的减少或转销数额	固定资产折旧的增加额
	期末余额：现有固定资产已计提累计折旧额

图 3-20　"累计折旧"账户

（五）"应付职工薪酬"账户

该账户是负债类账户，用以核算和监督企业应付给职工的工资、福利费、住房公积金、社会保险等总额。该账户的贷方登记实际发生的计入成本、费用的应付职工的薪酬数额；借方登记实际已经支付的薪酬数额；月末余额为贷方余额，表示期末应付而未付的职工薪酬数，如图 3-21 所示。

应付职工薪酬

实际已经支付的职工薪酬数额	实际发生的应付职工的薪酬支出
	期末余额：应付而未付的职工薪酬

图 3-21　"应付职工薪酬"账户

（六）"管理费用"账户

该账户是损益类账户，用以核算和监督公司（企业）行政管理部门为组织和管理生产经营活动发生的各种费用。该账户的借方登记发生的各项管理费用；贷方登记期末全部转入当期损益的数额；期末结转后本账户无余额，如图 3-22 所示。为了具体核算管理费用的发生情况，可以按管理费用的项目设置明细分类账户，进行明细分类核算。

管理费用

发生的各项管理费用	期末转入"本年利润"账户的数额

图 3-22　"管理费用"账户

四、生产费用的归集

生产费用的归集过程，就是产品成本的核算过程。其程序归纳起来有四个方面：

1）确定成本计算对象。成本计算对象是指成本的承担者。要正确计算成本，就必须按照生产经营过程、产品生产类型、成本管理要求确定成本计算对象。

2）确定成本计算期。成本计算期是指每多长时期计算一次成本。由于费用和成本是随同生产经营过程的各个阶段而发生和逐步形成的，就产品成本形成来看，成本计算期应当同产品的生产周期一致。但在确定成本计算期时，还应考虑企业的生产技术和生产组织的特点，以及成本管理的要求。例如，在制造企业中，对大量生产和大批生产的企业，虽然不断重复生产同一种产品，但为了计算和考核每月的生产成本及经营成果，成本计算期一般确定为一个月。而对于按单件小批组织生产的企业，需待产品制造完工，才能计算成本。

3）确定成本项目。成本是由费用构成的，对企业在生产经营过程各阶段所发生的各项费用按其经济用途归类，就是成本项目，通常制造企业的制造成本分为直接材料、直接人工和制造费用等成本项目。

4）编制各项费用分配表，将费用分配计入各账户及产品成本计算单的有关成本项目中，计算出各个成本计算对象的总成本和单位成本。

（一）材料费用的归集

企业生产中耗费的材料按受益对象，一是直接计入各产品成本计算对象的"直接材料"成本项目；二是车间耗用的消耗性材料计入"制造费用"项目；三是厂部、销售部门等耗用的材料计入"管理费用"、"销售费用"等项目。

【例 3-16】　红星公司本月仓库发出的材料（12 月 30 日根据各种材料凭证汇总整理），如图 3-23 所示。

材料耗费汇总表

金额单位：元

项　目	A 材料		B 材料		金额合计
	数量/kg	金　额	数量/kg	金　额	
制造产品耗用	50 000	1 257 500	45 000	906 300	2 163 800
其中：甲产品	30 000	754 500	20 000	402 800	1 157 300
乙产品	20 000	503 000	25 000	503 500	1 006 500
车间管理部门耗用	1 000	25 150			25 150
行政管理部门耗用			500	10 070	10 070
合　计	51 000	1 282 650	45 500	916 370	2 199 020

图 3-23　材料耗费汇总表

这项经济业务涉及"原材料"、"生产成本"、"制造费用"和"管理费用"四个账户。生产产品耗用材料 2 163 800 元，应记入"生产成本"账户的借方；车间管理部门耗用材料 25 150 元，应记入"制造费用"账户的借方；企业行政管理部门耗用材料 10 070 元，应记入"管理费用"账户的借方；仓库共发出原材料 2 199 020 元，应记入"原材料"账户的贷方。这项经济业务的会计分录为：

借：生产成本——甲产品　　　　　　　　　　　　　　　　　　1 157 300

　　　　——乙产品　　　　　　　　　　　　　　　　　　　1 006 500

　　制造费用　　　　　　　　　　　　　　　　　　　　　　　25 150

　　管理费用　　　　　　　　　　　　　　　　　　　　　　　10 070

　　贷：原材料——A 材料　　　　　　　　　　　　　　　　　1 282 650

　　　　——B 材料　　　　　　　　　　　　　　　　　　　　916 370

（二）职工薪酬的归集

职工薪酬是指企业支付给职工的工资总额。包括各种工资、奖金、各种津贴和补贴，不论是否在当月支付都应在应付职工薪酬账户核算。

生产工人工资及福利费应计入各种产品成本的直接人工成本项目，其他各车间、管理部门的工资及福利费，应分别计入"制造费用"、"管理费用"等账户。

【例 3-17】　12 月 18 日，红星公司以银行存款 580 000 元发放职工工资。

这项经济业务涉及"现金"和"应付职工薪酬"两个账户。应付工资减少应记入"应付职工薪酬"账户的借方；现金的减少应记入"银行存款"账户的贷方。这项经济业务的会计分录为：

借：应付职工薪酬　　　　　　　　　　　　　　　　　　　　580 000

　　贷：银行存款　　　　　　　　　　　　　　　　　　　　580 000

【例 3-18】　红星公司 12 月 30 日，分配本月应付职工工资 580 000 元，其中生产工人工资 420 000 元(按产品的生产工时比例分配，其中生产甲产品耗用 100 000 生产工时，生产乙产品耗用 110 000 生产工时)，车间管理人员工资 80 000 元，公司行政管理人员工资 80 000 元。

根据直接人工工资总额和生产工时分配直接人工：

① 直接人工分配标准：根据产品的生产时比例分配

② 直接人工分配率 $= \dfrac{420\ 000}{100\ 000 + 110\ 000} = 2$（元/工时）

③ 各产品应分配的直接工人资：

甲产品应分配的直接工人工资 $= 2 \times 100\ 000 = 200\ 000$（元）

乙产品应分配的直接工人工资 $= 2 \times 110\ 000 = 220\ 000$（元）

这项经济业务涉及"生产成本"、"制造费用"、"管理费用"和"应付职工薪酬"四个账户。生产甲产品、乙产品应负担的工人工资属于直接人工费，应记入"生产成本"账户的借方；车间管理人员工资属于间接人工费，应记入"制造费用"账户的借方；企业行政管理人员工资属于期间费用，应记入"管理费用"账户的借方；本月发生应付给职工的工资表明企业负债的增加，应记入"应付职工薪酬"账户的贷方。这项经济业务的会计分录为：

借：生产成本——甲产品　　　　　　　　　　　　　　　　　200 000

　　　　——乙产品　　　　　　　　　　　　　　　　　　　220 000

　　制造费用　　　　　　　　　　　　　　　　　　　　　　80 000

管理费用 80 000

贷：应付职工薪酬 580 000

【例3-19】 12月30日红星公司以职工工资总额的14%列支职工福利费。计提额度如下：

生产甲产品工人福利费＝200 000×14%＝28 000

生产乙产品工人福利费＝220 000×14%＝30 800

生产车间管理人员福利费＝80 000×14%＝11 200

行政管理人员福利费＝80 000×14%＝11 200

合　　计＝580 000×14%＝81 200（元）

这项经济业务涉及"生产成本"、"制造费用"、"管理费用"、"应付职工薪酬"四个账户。生产工人应计提福利费属于直接人工，应记入"生产成本"账户的借方；车间管理人员应计提福利费属于间接费用，应记入"制造费用"账户的借方；厂部行政管理人员应计提福利费属期间费用，应记入"管理费用"账户的借方；计提职工福利费表明对职工负债的增加，应记入"应付职工薪酬"账户的贷方。这项经济业务的会计分录为：

借：生产成本——甲产品 28 000

　　　　　——乙产品 30 800

　　制造费用 11 200

　　管理费用 11 200

　　贷：应付职工薪酬 81 200

（三）制造费用的归集

企业发生的各项制造费用，应按费用发生的地点和用途在"制造费用"账户进行归集。

【例3-20】 12月30日，红星公司生产车间的机器设备，由外单位人员维修，支付维修费5 000元，用转账支票支付。

这项经济业务涉及"制造费用"和"银行存款"两个账户。机器设备的维修费用属间接费用，应记入"制造费用"账户的借方；银行存款的减少，应记入"银行存款"账户的贷方。这项经济业务的会计分录为：

借：制造费用 5 000

　　贷：银行存款 5 000

【例3-21】 12月30日，红星公司计提本月固定资产折旧费30 000元，其中，生产车间使用的固定资产应提折旧费22 000元，行政管理部门使用的固定资产应提折旧费8 000元。

这项经济业务涉及"制造费用"、"管理费用"和"累计折旧"三个账户。生产部门使用固定资产计提的折旧费属于生产成本中的固定资产损耗费，是一种间接生产费用，应记入"制造费用"账户的借方；管理部门使用的固定资产损耗费，应记入"管理费用"账户的借方；计提固定资产折旧表明原有固定资产价值减少了，即累计折旧的增加，应计入"累计折旧"账户的贷方。这项经济业务的会计分录为：

借：制造费用　　　　　　　　　　　　　　　　　　　　　　　　22 000
　　管理费用　　　　　　　　　　　　　　　　　　　　　　　　8 000
　　贷：累计折旧　　　　　　　　　　　　　　　　　　　　　　　30 000

【例3-22】　12月30日，红星公司接到水电部门付款通知，应付车间耗用水电费计20 000元，管理部门耗水电费2 000元，增值税发票注明增值税税款3 740元，款项已付。

这项经济业务涉及"制造费用"、"管理费用"、"应交税费——应交增值税"和"银行存款"四个账户。车间耗用水电费，应记入"制造费用"账户的借方；管理部门耗用水电费，应记入"管理费用"账户的借方；支付进项增值税应记入"应交税费——应交增值税"账户的借方；已付账款应记入"银行存款"账户的贷方。这项经济业务的会计分录为：

借：制造费用　　　　　　　　　　　　　　　　　　　　　　　　20 000
　　管理费用　　　　　　　　　　　　　　　　　　　　　　　　2 000
　　应交税费——应交增值税（进项税额）　　　　　　　　　　　3 740
　　贷：银行存款　　　　　　　　　　　　　　　　　　　　　　25 740

【例3-23】　12月30日，红星公司领用低值易耗品共计40 000元，其中车间领用低值易耗品35 000元，公司行政管理部门领用低值易耗品5 000元。该企业采用一次摊销法核算。

这项经济业务涉及"制造费用"、"管理费用"和"低值易耗品"三个账户。车间领用低值易耗品而发生的费用，应记入"制造费用"账户的借方；企业行政管理部门领用低值易耗品而发生的费用，应记入"管理费用"账户的借方；耗用的低值易耗品，应记入"低值易耗品"账户的贷方。这项经济业务的会计分录为：

借：制造费用　　　　　　　　　　　　　　　　　　　　　　　　35 000
　　管理费用　　　　　　　　　　　　　　　　　　　　　　　　5 000
　　贷：低值易耗品　　　　　　　　　　　　　　　　　　　　　40 000

月末汇总计算制造费用发生额（暂把题例序号作为登记制造费用总分类账的凭证号数），如图3-24所示。

总分类账

账户名称：制造费用　　　　　　　　　　　　　　　　　　　　　　金额单位：元

20××年		凭证号数	摘　要	借　方	贷　方	借或贷	余　额
月	日						
12	30	16	车间领用材料	25 150		借	25 150
	30	18	车间管理人员工资	80 000		借	105 150
	30	19	车间列支福利费	11 200		借	116 350
	30	20	车间支付维修费	5 000		借	121 350
	30	21	车间固定资产折旧	22 000		借	143 350
	30	22	车间耗用水电费	20 000		借	163 350
	30	23	车间领用低值易耗品	35 000		借	198 350

图3-24　制造费用总分类账

五、产成品制造成本的计算

（一）制造费用分配与结转

企业当期发生的制造费用在"制造费用"账户归集后，就应在各受益对象之间采用适当的标准进行分配，以便计算完工产品和在产品的制造成本。

制造费用的分配所选择的标准，应当与所分配的费用之间有较密切的关系，使分配的结果能体现受益原则，即受益大的产品多负担费用；反之，则少负担费用。

制造费用分配标准有多种，如生产工时、生产工人工资、机器工时等。其分配的基本公式为

$$制造费用分配率 = \frac{制造费用总额}{各种产品分配标准（生产工时、生产工人工资或机器工时）总数}$$

某种产品应分配的制造费用＝制造费用分配率×该产品分配标准总数

【例3-24】　12月31日，按产品的生产工时比例分配并结转本月发生的制造费用。（根据图3-23制造费用总分类账户提供的资料，红星公司本月共发生制造费用198 350元。甲产品耗用100 000生产工时；乙产品耗用110 000生产工时。）

根据制造费用总额和生产工时分配制造费用：

① 制造费用分配标准：根据产品的生产工时比例分配

② 制造费用分配率 $= \dfrac{198\ 350}{100\ 000 + 110\ 000} = 0.9445$（元/工时）

③ 各产品应分配的制造费用：

甲产品应分配的制造费用＝0.9445×100 000＝94 450（元）

乙产品应分配的制造费用＝0.9445×110 000＝103 900（元）

制造费用分配，通常是通过编制分配表来进行的，根据以上资料编制制造费用分配表，如图3-25所示。

制造费用分配表

20××年12月31日

产品名称	分配标准/生产工时	分配率（元/工时）	分配金额/元
甲产品	100 000		94 450
乙产品	110 000		103 900
合　计	210 000	0.9445	198 350

图3-25　制造费用分配表

根据"制造费用分配表"编制转账凭证，登记各种"产品成本计算单"，登记总分类账。经过分配后，"制造费用"账户期末应无余额，这个过程就是制造费用的结转。

根据"制造费用分配表"（图3-25），红星公司于月末编制制造费用结转的会计分录。这项经济业务涉及"生产成本"和"制造费用"两个账户。产品应负担的制造费用应记入"生产成本"账户的借方；结转制造费用应记入"制造费用"账户的贷方，这项经济业务的会计分录为：

借：生产成本——甲产品   94 450

        ——乙产品   103 900

    贷：制造费用   198 350

将这项经济业务的登记"制造费用"总分类账，结转后"制造费用"账户期末应无余额，如图 3-26 所示。

总分类账

账户名称：制造费用   金额单位：元

年		凭证号数	摘　要	借　方	贷　方	借或贷	余　额
月	日						
12	30	16	车间领用材料	25 150		借	25 150
	30	18	车间管理人员工资	80 000		借	105 150
	31	19	车间列支福利费	11 200		借	116 350
	10	20	车间支付维修费	5 000		借	121 350
	31	21	车间固定资产折旧	22 000		借	143 350
	10	22	车间耗用水电费	20 000		借	163 350
	10	23	车间领用低值易耗品	35 000		借	198 350
	31	24	结转制造费用		198 350	平	0
	31		本月合计	198 350	198 350	平	0

图 3-26　制造费用总分类账

（二）本期完工产品制造成本确定和结转

1. 完工产品制造成本的确定

产品生产费用通过前述的费用归集和分配后，都已归集到了"生产成本"总分类账（如图 3-27 所示）及其所属明细账所示（如图 3-28 和图 3-29 所示），最后就可以将归集到某种产品的各项费用（包括期初在产品成本和本期发生的费用）在本月完工产品和月末在产品之间进行分配，确定完工产品的制造成本。在月末没有在产品的情况下，生产成本明细账内归集的费用总额就是完工产品的总成本，（如图 3-30 和图 3-31 所示）。总成本除以本月该种产品产量，就是单位成本。

总分类账

账户名称：生产成本   金额单位：元

20××年		凭证号数	摘　要	借　方	贷　方	借或贷	余　额
月	日						
12	1		期初余额			平	0
	30	16	生产甲、乙产品耗用材料	2 163 800		借	2 163 800
	30	18	生产工人工资	420 000		借	2 583 800
	31	19	生产工人福利费	58 800		借	2 642 600
	31	24	分配制造费用	198 350		借	2 840 950
	31	25	结转完工产品成本		2 840 950	平	0

图 3-27　生产成本总分类账

生产成本明细分类账

账户名称：甲产品　　　　　　　　　　　　　　　　　　　　金额单位：元

20××年		凭证号数	摘　要	借　方	贷　方	借或贷	余　额
月	日						
12	1		期初余额			平	0
	30	16	甲产品耗用材料	1 157 300		借	1 157 300
	30	18	生产工人工资	200 000		借	1 357 300
	30	19	生产工人福利费	28 000		借	1 385 300
	31	24	分配制造费用	94 450		借	1 479 750
	31	25	结转完工产品成本		1 479 750	平	0

图 3-28　生产成本明细分类账

生产成本明细分类账

账户名称：乙产品　　　　　　　　　　　　　　　　　　　　金额单位：元

20××年		凭证号数	摘　要	借　方	贷　方	借或贷	余　额
月	日						
12	1		期初余额			平	0
	30	16	乙产品耗用材料	1 006 500		借	1 006 500
	30	18	生产工人工资	220 000		借	1 226 500
	30	19	生产工人福利费	30 800		借	1 257 300
	31	24	分配制造费用	103 900		借	1 361 200
	31	25	结转完工产品成本		1 361 200	平	0

图 3-29　生产成本明细分类账

甲产品成本计算单

完工产品数量：100 台　在产品数量：0　　　　　　　　　　　单位：元

项　目	直接材料	直接人工	制造费用	合　计
期初在产品成本	—	—	—	—
本期生产费用	1 157 300	228 000	94 450	1 479 750
合　计	1 157 300	228 000	94 450	1 479 750
生产费用分配率	11 573	2 280	944.50	
完工产品总成本	1 157 300	228 000	94 450	1 479 750
完工产品单位成本	11 573	2 280	944.50	14 797.50
在产品成本				

图 3-30　甲产品成本计算单

乙产品成本计算单

完工产品数量：100 台　在产品数量：0　　　　　　　　　　　单位：元

项　目	直接材料	直接人工	制造费用	合　计
期初在产品成本	—	—	—	—
本期生产费用	1 006 500	250 800	103 900	1 361 200
合　计	1 006 500	250 800	103 900	1 361 200
生产费用分配率	10 065	2 508	1 039	
完工产品总成本	1 006 500	250 800	103 900	1 361 200
完工产品单位成本	10 065	2 508	1 039	13 612
在产品成本	—	—	—	—

图 3-31　乙产品成本计算单

2. 完工产品制造成本的结转

经计算确定的本期完工产品的制造成本，要从"生产成本"账户的贷方转入"库存商品"账户的借方，并登记总账和明细账，称为完工产品成本的结转。根据图 3-30 和图 3-31 的成本计算单和产品验收合格入库单作结转的账务处理。

【例 3-25】 12 月 31 日，红星公司本月产品完工并验收入库甲乙产品各为 100 台，其中甲产品总成本为 1 479 750 元，乙产品总成本为 1 361 200 元。

这项经济业务涉及"库存商品"和"生产成本"两个账户。产成品入库，存货的增加应记入"库存商品"账户的借方；冲减制造成本应记入"生产成本"账户的贷方。这项经济业务的会计分录为：

借：库存商品——甲产品   1 479 750

         ——乙产品   1 361 200

    贷：生产成本——甲产品   1 479 750

            ——乙产品   1 361 200

第五节　销售过程经济业务的核算

企业产品生产的主要目的是创造收入。销售过程中核算的业务包括产成品销售、材料销售及无形资产转让等。产成品销售称为产品销售业务，也称主营业务；材料销售及无形资产转让称为其他销售业务，也称附营业务。产品销售过程是产品价值的实现过程，也是企业投资于生产领域中的资金的补偿或回收过程。在这一过程中，一方面要将产成品及时销售给购买者；另一方面要按照产品销售价格向购买单位收取货款。这时企业的经营资金才能从成品资金形态转化为货币资金形态，完成一次资金循环。所以，在企业销售业务的会计核算过程中，确认产品销售收入和其他销售收入的实现并办理与购买单位的货款结算、计算并结转产品销售成本和其他销售成本、支付产品销售费用、计算和交纳销售税金、最后确定产品销售损益和其他销售损益便构成了工业企业销售业务核算的主要内容。

一、销售收入的核算

（一）销售收入的确认

1. 销售收入确认的标准

销售收入是指企业因对外出售产品、材料以及转让无形资产等所形成的经济利益的流入。进行销售收入的核算，关键问题就是销售收入实现的确认，即解决何时入账的问题。在会计上采用的收入确认标准是权责发生制和配比原则。在权责发生制下，各会计期间是以收款权利的取得来确认收入，即不论款项是否收到，只要能够确定企业已经取得了收款的权利，就可确认为企业的收入。配比原则是指各会计期间所确认的收入必须与其相关的成本、费用相对应，以便计算本期损益。根据 2006 年《企业会计准则》，销售商品收入同时满足下列条件的，才能予以确认：

1）企业已将商品所有权上的主要风险和报酬转移给购货方。

2）企业既没有保留通常与所有权相联系的继续管理权，也没有对已售出的商品实施有效控制。

3）收入的金额能够可靠计量。

4）相关经济利益很可能流入企业。

5）相关的已发生的或将发生的成本能够可靠计量。

2. 销售收入确认的时间

按照权责发生制基础和配比原则，销售收入的确认时间主要有三种情况：

1）在销售之时确认。当企业已经发运产品时，就满足了确认收入的五个条件，就可在会计上确认销售收入。这是一种最一般的确认方法。

2）在收取货款时确认。也称在销售之后确认收入。在某些情况下，企业在发生销售业务时，尚不能满足确认的五个条件，如在采用分期收款结算方式销售产品时，可在合同约定的收款日期以实际收到的价款，确定销售收入的实现。

3）在销售之前确认。也称在产品加工之时确认。在经营活动的最终结果比较确定的情况下，企业在销售业务发生之前即满足了收入确认的五个条件，即可在会计上确认收入。

（二）销售过程主要账户设置

在销售过程中，企业为了核算销售收入和销售费用，办理货款结算，计算结转销售成本，支付各种销售费用，计算收取销项增值税、按期确定财务成果，应设置"主营业务收入"、"主营业务成本"、"营业税金及附加"、"其他业务收入"、"其他业务成本"、"销售费用"等账户。

1. "主营业务收入"账户

该账户是损益类账户，用以核算和监督企业在一定会计期间因销售商品、提供劳务而取得的收入。该账户贷方登记企业销售产品、提供劳务而取得的收入；借方登记销货退回数额和在期末转入"本年利润"账户的数额；期末结转后本账户应无余额，如图 3-32 所示。该账户按销售产品的类别或品种开设明细分类账户，进行明细分类核算。

主营业务收入

① 销货退回数额 ② 期末转入"本年利润"账户的数额	销售产品、提供劳务而取得的收入

图 3-32 "主营业务收入"账户

2. "主营业务成本"账户

该账户是损益类账户，用以核算和监督企业已销产品和提供劳务的实际生产成本。该账户借方登记已销产品、提供劳务的实际成本数额；贷方登记销货退回应冲减的销售成本和期末转入"本年利润"账户的已销产品、提供劳务的成本结转数额；期末结转后该账户无余额，如图 3-33 所示。该账户应按销售产品的类别或品种开设明细分类账户，进行明细分类核算。

主营业务成本

已销产品、提供劳务的实际成本数额	① 销货退回应冲减的销售成本 ② 期末转入"本年利润"账户的已销产品、提供劳务的成本结转数额

图 3-33 "主营业务成本"账户

3. "营业税金及附加"账户

该账户是损益类账户，用以核算和监督已销产品、劳务等应缴的消费税、营业税等税金及附加。该账户的借方登记企业按规定计算的应缴纳的消费税、营业税等税金数额；贷方登记期末转入"本年利润"账户的数额；期末结转后本账户应无余额，如图 3-34 所示。该账户应按销售产品的类别或品种开设明细分类账户，进行明细分类核算。

营业税金及附加

按规定计算的应缴纳的消费税、营业税等税金数额	期末转入"本年利润"账户的数额

图 3-34 "营业税金及附加"账户

4. "其他业务收入"账户

该账户是损益类账户，用以核算和监督企业其他活动取得的业务收入。该账户贷方登记企业取得的其他业务收入；借方登记期末转入"本年利润"账户的数额；期末结转后本账户无余额，如图 3-35 所示。该账户按照其他业务的类别设置明细分类账户，进行明细分类核算。

其他业务收入

期末转入"本年利润"账户的数额	取得的其他业务收入

图 3-35 "其他业务收入"账户

5. "其他业务成本"账户

该账户是损益类账户，用以核算和监督企业除产品销售以外的其他销售或其他业务所发生的支出，包括销售成本、提供劳务而发生的相关成本、费用，以及营业税金及附加等。该账户借方登记企业发生的其他业务支出数额；贷方登记期末转入"本年利润"账户的数额；期末结转后本账户应无余额，如图 3-36 所示。该账户应按照其他业务的种类设置明细分类账户，进行明细分类核算。

其他业务成本

发生的其他业务支出数额	期末转入"本年利润"账户的数额

图 3-36　"其他业务成本"账户

6. "销售费用"账户

该账户是损益类账户，用以核算和监督企业在销售过程中所发生的各项费用，包括运输费、装卸费、包装费、保险费、展览费和广告费，以及为销售本企业（公司）商品而专设的销售机构的职工工资、福利费、业务费等经常费用。该账户的借方登记发生的各项营业费用；贷方登记期末转入"本年利润"账户的数额；期末结转后本账户应无余额，如图 3-37 所示。该账户按费用项目开设明细分类账户，进行明细分类核算。

销售费用

发生的各项销售费用	期末转入"本年利润"账户的数额

图 3-37　"销售费用"账户

7. "应收票据"账户

该账户是资产类账户，用以核算和监督企业与购买单位开出的、承兑的商业汇票（包括商业承兑汇票和银行承兑汇票）结算情况。该账户的借方登记企业收到购买单位开出的票据，表明企业票据应收款的增加；贷方登记汇票到期收回购买单位款，表明企业应收票据款减少；期末借方余额，表示尚未到期的票据应收款项，如图 3-38 所示。该账户应按购买单位名称设置明细账，进行明细分类核算。

应收票据

收到购买单位开出的商业汇票	汇票到期收回的款项
期末余额：尚未到期的票据应收款项	

图 3-38　"应收票据"账户

8. "应收账款"账户

该账户是资产类账户，用以核算和监督企业因销售产品、材料、提供劳务等业务，应向购货单位或接受劳务单位收取的款项。该账户借方登记应收款项的发生额；贷方登记应收款项的收回数；期末余额在借方，表示已经发生但尚未收回的应收款项，如图 3-39 所示。该账户应按购货单位的名称开设明细分类账户，进行明细分类核算。

应收账款

应收款项的发生额	应收款项的收回数
期末余额：已经发生但尚未收回的应收款项	

图 3-39 "应收账款"账户

二、销售业务的账务处理举例

【例 3-26】 12 月 12 日，红星公司向利民公司销售甲产品 50 台，每台售价 17 788 元，订货款 889 400 元，销项税额为 151 198 元，货款及增值税款已收并存入银行。

这项经济业务涉及"主营业务收入"、"应交税费——应交增值税"和"银行存款"三个账户。销售产品取得的收入应记入"主营业务收入"账户的贷方；向购货方收取的增值税应记入"应交税费——应交增值税"账户的贷方；银行存款的增加记入"银行存款"账户的借方。这项经济业务的会计分录为：

借：银行存款 1 040 598

  贷：主营业务收入——甲产品 889 400

    应交税费——应交增值税（销项税额） 151 198

【例 3-27】 12 月 12 日，红星公司向利民公司销售甲产品，应由红星公司负担运杂费计 5 000 元，款项已付。

这项经济业务涉及"销售费用"和"银行存款"两个账户。发生的运杂费记入"销售费用"账户的借方；支付款项应记"银行存款"账户的贷方。这项经济业务作如下会计分录：

借：销售费用 5 000

  贷：银行存款 5 000

【例 3-28】 12 月 13 日，红星公司支付电视台产品广告费 10 000 元，支票已开出。

这项经济业务涉及"销售费用"和"银行存款"两个账户。广告费的增加应记入"销售费用"账户的借方；银行存款的减少应记入"银行存款"账户的贷方。这项经济业务应作如下会计分录：

借：销售费用 10 000

  贷：银行存款 10 000

【例 3-29】 12 月 13 日，红星公司向大兴公司销售乙产品 60 台，每台售价 16 688 元，订货款 1 001 280 元，销项税额为 170 217.60 元，大兴公司支付货款 500 000 元，余款大兴公司开出商业承兑汇票一张，三个月后付款。

这项经济业务涉及"银行存款"、"应收票据"、"主营业务收入"和"应交税费——应交增值税"四个账户。收取的货款记入"银行存款"账户的借方；尚欠的货款记入"应收票据"账户借方；销售产品取得收入记入"主营业务收入"账户的贷方；应向购货方收取的增值税应记入"应交税费——应交增值税"账户的贷方。这项经济业务的会计分录为：

借：银行存款　　　　　　　　　　　　　　　　　500 000

　　应收票据　　　　　　　　　　　　　　　　　671 497.60

　　贷：主营业务收入——乙产品　　　　　　　　　　　　1 001 280

　　　　应交税费——应交增值税（销项税额）　　　　　　170 217.60

【例3-30】　12月15日，红星公司将一批多余材料作价100 000元转让给大兴公司，增值税税率17%，该批材料原账面价60 000元，款已收。

这项经济业务涉及"银行存款"和"其他业务收入"两个账户。银行存款的增加，应记入"银行存款"账户的借方；无形资产销售收入的取得，应记入"其他业务收入"账户的贷方。这项经济业务的会计分录为：

借：银行存款　　　　　　　　　　　　　　　　　170 000

　　贷：其他业务收入　　　　　　　　　　　　　　　100 000

　　　　应交税费——应交增值税（销项税额）　　　　　　17 000

结转已售材料的账面成本：

借：其他业务成本　　　　　　　　　　　　　　　60 000

　　贷：原材料　　　　　　　　　　　　　　　　　　60 000

【例3-31】　12月31日，红星公司结转应交纳城市维护建设税5 836.82，教育费附加2 501.50元。

这项经济业务涉及"营业税金及附加"、"应交税费"账户。计征的税费，应记入"营业税金及附加"账户的借方；应交城建税、应交教育费附加应记入"应交税费"账户的贷方。这项经济业务的会计分录为：

借：营业税金及附加　　　　　　　　　　　　　　8 338.32

　　贷：应交税费——应交城市维护建设税　　　　　　　　5 836.82

　　　　　　　　——应交教育附加费　　　　　　　　　　2 501.50

【例3-32】　12月31日，红星公司根据库存商品明细账和出库单，计算甲产品销售成本740 000元，乙产品销售成本816 600元，予以结转。

这项经济业务涉及"主营业务成本"和"库存商品"两个账户。结转已销产品成本应记入"主营业务成本"账户的借方；转销出库产成品成本应记入"库存商品"账户贷方。这项经济业务的会计分录为：

借：主营业务成本——甲产品　　　　　　　　　　740 000

　　　　　　　　——乙产品　　　　　　　　　　　816 600

　　贷：库存商品——甲产品　　　　　　　　　　　　740 000

　　　　　　　　——乙产品　　　　　　　　　　　　816 600

第六节 财务成果的形成和分配业务的核算

一、工业企业的财务成果构成及其计算

工业企业的财务成果，是企业收入与费用的差额，就是通常所说的企业的利润或亏损，也称企业的盈亏。因此，进行财务成果核算的一个重要问题就是要正确计算企业在一定会计期间的盈亏，而正确计算盈亏的前提就是要正确确认各期的收入和费用。企业的收入，广义地讲，不仅包括营业收入（产品销售收入和其他业务收入），还应包括营业外收入和投资收益。企业的费用，广义地讲，不仅包括为取得营业收入而发生的各种耗费，还包括营业外支出、投资损失和所得税费用。因此，企业在一定时期的利润（或亏损）是由以下几部分构成的，其关系如下：

营业利润＝营业收入－营业成本－营业税金及附加－销售费用－管理费用－

财务费用－资产减值损失＋公允价值变动收益（－公允价值变动损失）＋

投资收益（－投资损失）

利润总额＝营业利润＋营业外收入－营业外支出

净利润＝利润总额－所得税费用

企业实现的净利润（即税后利润），要按照有关规定进行分配。因此，计算确定企业实现的利润和对利润进行分配，就构成了企业财务成果阶段业务核算的主要内容。

二、利润实现的核算

企业在一定时期内是实现利润还是发生亏损，取决于该期全部收入与全部费用的对比。其中有关产品销售利润和其他业务利润的核算内容已在第五节作了具体讲解，本节主要阐述管理费用、财务费用、营业外收入、营业外支出以及利润总额和净利润的核算。

（一）利润实现主要账户设置

1. "本年利润"账户

该账户是所有者权益类账户，用以核算和监督企业利润（或亏损）总额的形成。该账户贷方登记"主营业务收入"、"其他业务收入"、"投资收益"、"营业外收入"等账户的转入数；借方登记"主营业务成本"、"营业税金及附加"、"其他业务成本"、"销售费用"、"管理费用"、"财务费用"、"营业外支出"、"所得税费用"等账户的转入数；期末余额若在贷方，表示企业实现的净利润，期末余额若在借方则表示企业发生的亏损，如图3-40所示。

本年利润

从有关费用、成本账户转入数:	从有关收入、收益账户转入数:
① 主营业务成本	
② 营业税金及附加	
③ 其他业务成本	① 主营业务收入
④ 销售费用	② 其他业务收入
⑤ 管理费用	③ 投资收益
⑥ 财务费用	④ 营业外收入
⑦ 投资净损失	
⑧ 营业外支出	
⑨ 所得税费用	
期末余额:企业累计发生的亏损	期末余额:企业累计实现的净利润

图 3-40 "本年利润"账户

2. "投资收益"账户

该账户是损益类账户,用以核算和监督企业对外投资取得的收入或发生的损失。该账户贷方登记企业取得投资收入数;借方登记发生的损失数;期末应将本账户余额转入"本年利润"账户,结转后本账户无余额,如图 3-41 所示。该账户按投资收益种类设置明细分类账户,进行明细分类核算。

投资收益

① 发生的投资损失数	① 取得的投资收入数
② 期末转入"本年利润"账户的投资净收益	② 期末转入"本年利润"账户的投资净损失

图 3-41 "投资收益"账户

3. "营业外收入"账户

该账户是损益类账户,用以核算和监督企业发生的与经营业务无直接关系的各项收入。营业外收入包括固定资产盘盈、处置固定资产净收益、处置无形资产净收益、罚款净收入等。该账户贷方登记营业外收入的增加数;借方登记期末转入"本年利润"账户的营业外收入数额;期末结转后无余额,如图 3-42 所示。该账户应按收入项目设置明细分类账户,进行明细分类核算。

营业外收入

期末转入"本年利润"账户的营业外收入数	营业外收入的增加数

图 3-42 "营业外收入"账户

4. "营业外支出"账户

该账户是损益类账户,用以核算和监督企业发生的与经营业务无直接关系的各项支出。营业外支出包括固定资产盘亏、处置固定资产净损失、处置无形资产净损失、罚款支出、捐赠支出、非常损失等。该账户借方登记营业外支出的发生数额;贷方登记期末转入"本年利润"账户的营业外支出数额;期末结转后无余额,如图 3-43 所示。该账户应按费用项目设置明细分类账户,进行明细分类核算。

营业外支出

营业外支出的发生数额	期末转入"本年利润"账户的营业外支出数额

图 3-43 "营业外支出"账户

5. "所得税费用"账户

该账户是损益类账户,用以核算和监督企业所得税费用。该账户借方登记所得税费用的发生数额;贷方登记期末转入"本年利润"账户的所得税数额;期末结转后无余额,如图 3-44 所示。

所得税费用

所得税费用的发生数	期末转入"本年利润"账户的所得税数额

图 3-44 "所得税费用"账户

(二)营业外收支与投资收益的账务处理

【例 3-33】 12 月 31 日,红星公司收到一笔罚款收入 1 000 元,存入银行。

这项经济业务涉及"银行存款"和"营业外收入"两个账户。银行存款的增加记入"银行存款"账户的借方;营业外收入的增加记入"营业外收入"账户的贷方。这项经济业务的会计分录为:

借:银行存款 1 000
  贷:营业外收入 1 000

【例 3-34】 12 月 31 日,红星公司以银行存款 10 000 元捐赠地震灾区。

这项经济业务涉及"营业外支出"和"银行存款"两个账户。营业外支出增加记入"营业外支出"账户借方;银行存款减少记入"银行存款"账户的贷方。这项经济业务的会计分录为:

借:营业外支出——公益捐赠 10 000
  贷:银行存款 10 000

【例 3-35】 12 月 31 日,红星公司收到联营企业投资的收益 300 000 元,存入银行。

这项经济业务涉及"银行存款"和"投资收益"账户。银行存款增加记入"银行存款"账户的借方；投资收益增加记入"投资收益"账户贷方。这项经济业务的会计分录为：

借：银行存款　　　　　　　　　　　　　　　　　　　　300 000
　　贷：投资收益　　　　　　　　　　　　　　　　　　　　　　300 000

（三）收入、费用（成本）损益类账户的结转

企业期末通过收入、费用（成本）类账户的结转对比，计算出企业本期的利润（或亏损）总额。结转的方法一般有两种：一是表结法；二是账结法。

所谓表结法，即月末在账册中不对收入、费用损益账户的余额作转账处理，因此不在账户中结出本月实现的利润（或发生的亏损），而是通过编表进行利润的结算。

所谓账结法，即月末在账册中对收入、费用损益账户的余额作转账处理，在账户中结出本月实现的利润（或发生的亏损）。

下面举例说明收入、费用损益类账户结转的账结法。

【例3-36】　采用账结法，结算12月各损益类账户。

根据12月各损益账户发生额期末结转时的会计分录为：

借：本年利润　　　　　　　　　　　　　　　　　　　1 784 708.32
　　贷：主营业务成本——甲产品　　　　　　　　　　　　　740 000
　　　　　　　　　　——乙产品　　　　　　　　　　　　　816 600
　　营业税金及附加　　　　　　　　　　　　　　　　　　8 338.32
　　其他业务成本　　　　　　　　　　　　　　　　　　　　60 000
　　销售费用　　　　　　　　　　　　　　　　　　　　　　15 000
　　管理费用　　　　　　　　　　　　　　　　　　　　　130 770
　　财务费用　　　　　　　　　　　　　　　　　　　　　　4 000
　　营业外支出　　　　　　　　　　　　　　　　　　　　　10 000
借：主营业务收入——甲产品　　　　　　　　　　　　　　889 400
　　　　　　　　——乙产品　　　　　　　　　　　　　1 001 280
　　其他业务收入　　　　　　　　　　　　　　　　　　　100 000
　　营业外收入　　　　　　　　　　　　　　　　　　　　　1 000
　　投资收益　　　　　　　　　　　　　　　　　　　　　300 000
　　贷：本年利润　　　　　　　　　　　　　　　　　　2 291 680

（四）所得税费用的核算

所得税费用是"本年利润"账户的抵减项目。所得税费用的计算，应依照税法，首先计算应纳税所得额，应纳税所得额乘以规定税率，即所得税费用。

【例3-37】　12月31日，红星公司根据前述资料计算出12月份的利润总额为507 810元，计算12月份所得税费用（假设没有调整项目，所得税税率为25%）。

$$所得税费用＝507\ 810×25\%＝126\ 952.50（元）$$

这项经济业务涉及"所得税费用"和"应交税费"两个账户。所得税费的形成应记入"所得税费用"账户的借方；应交而未交的所得税应记入"应交税费"账户的贷方。这项经济业务的会计分录为：

借：所得税费用   126 952.50

　　贷：应交税费——应交所得税   126 952.50

期末，将所得税费用转入"本年利润"，会计分录如下：

借：本年利润   126 952.50

　　贷：所得税费用   126 952.50

三、利润分配业务的核算

（一）利润分配的内容

企业当期实现的净利润要按照规定程序进行分配。首先按一定比例提取法定盈余公积和公益金，然后对投资者分配利润，余额为未分配利润。未分配利润可留待以后年度进行分配。企业如发生亏损，可以按规定由以后年度利润进行弥补。企业的未分配利润（或未弥补的亏损）应当在资产负债表的所有者权益项目中单独反映。

（二）利润分配主要账户设置

1. "利润分配"账户

该账户是所有者权益类账户，用以核算和监督企业利润分配情况。该账户借方登记实际分配的利润数额；贷方平时一般无发生额，年末贷方登记从"本年利润"账户借方转入的全年实现的净利润数额；平时期末余额在借方，表示累计利润分配数额；年末贷方余额为未分配利润，借方余额为未弥补亏损数额，如图 3-45 所示。"利润分配"账户应按利润分配去向开设明细分类账，一般设置"提取法定盈余公积"、"提取任意盈余公积"、"应付股利"、"未分配利润"等明细账，进行明细分类核算。

利润分配

实际分配的利润数额：	上年结余的未分配利润
① 提取法定盈余公积	① 上年结余的未分配利润
② 提取任意盈余公积	② 年末从"本年利润"账户借方转入的全年实现的净利润数额
③ 分配给投资者	
	期末余额：年末表示未分配利润

图 3-45　"利润分配"账户

2. "盈余公积"账户

该账户是所有者权益类账户，用以核算和监督企业从税后利润中提取的盈余公积金。账户贷方登记盈余公积提取数额；借方登记盈余公积弥补亏损或转增资本数额；期末余额在贷方，表示盈余公积金的实际结存数额，如图 3-46 所示。

盈余公积

转增资本数或盈余公积弥补亏损	盈余公积和公益金提取数额
	期末余额：盈余公积金的实际结存数额

图 3-46 "盈余公积"账户

3. "应付股利"账户

该账户是负债类账户，用核算和监督公司经董事会或股东大会决议确定分配的现金股利或利润（股票股利不通过该账户）。该账户贷方登记应付的股利（或利润）增加数额；借方登记企业实际支付股利（或利润）数额。该账户期末贷方余额，表示企业尚未支付的现金股利（或利润），如图 3-47 所示。

应付股利

实际支付股利（或利润）数额	应付的股利（或利润）增加数额
	期末余额：反映企业尚未支付的现金股利（或利润）

图 3-47 "应付股利"账户

（三）利润分配业务的账务处理

【例 3-38】 根据以上资料，红星公司 12 月份实现利润总额 507 810 元，扣除所得税费用 126 952.50 元，净利润为 380 857.50 元。假设本年可供分配的净利润共计 4 500 000 元，按 10%提取法定盈余公积，给投资者分配股利 500 000 元。

这项经济业务涉及"利润分配"、"盈余公积"和"应付股利"三个账户。利润分配增加应记入"利润分配"账户的借方；提取的公积金和应付股利，应分别记入"盈余公积"和"应付股利"账户的贷方。这项经济业务的会计分录为：

借：利润分配——提取法定盈余公积   450 000

    ——应付股利   500 000

  贷：盈余公积   450 000

    应付股利   500 000

【例 3-39】 红星公司 12 月末将本年实现的净利润从"本年利润"账户借方转入"利润分配"账户贷方。

借：本年利润   4 500 000

  贷：利润分配——未分配利润   4 500 000

【例 3-40】 年终将全年已分配的利润结转到"利润分配——未分配利润"明细账户。

这项业务要求企业年终除"利润分配——未分配利润"明细账外，应结清"利润分配"账户所属的其他各明细账户的余额，将"利润分配——提取法定盈余公积"、"利润分配——应付股利"明细分类账户的余额转入"利润分配——未分配利润"账户。这项经济业务的会计分录为：

借：利润分配——未分配利润   950 000

  贷：利润分配——提取法定盈余公积   450 000

      ——应付股利   500 000

小　结

  制造业企业主要经济业务包括：资金筹集业务；供应过程业务；生产过程业务；销售过程业务；财务成果形成与分配业务。

  资金筹集业务的核算，包括权益资金筹集业务和负债资金筹集业务两部分。

  供应过程业务的核算，包括固定资产购置业务和材料采购业务两部分。对于固定资产购置业务，要着重掌握固定资产的含义，企业取得固定资产时入账价值的确定，以及固定资产购置业务核算的账户设置和运用。要注意区分不需要安装固定资产和需要安装固定资产业务的不同核算方法。材料采购业务的核算，应掌握材料按实际成本的核算方法。

  生产过程的核算，主要掌握生产费用的归集与分配的核算，包括材料费用的归集与分配，人工费用的归集与分配，制造费用的归集与分配，以及完工产品生产成本的计算与结转。

  销售过程业务的核算，包括主营业务收支的核算和其他业务收支的核算两部分。

  财务成果形成与分配业务的核算，主要包括财务成果的含义，利润的构成与计算，净利润形成过程的核算，以及净利润分配业务的核算。

思考与练习

一、思考题

1. 制造业企业的主要经济业务包括哪些内容？

2. 材料采购成本由哪些项目构成？

3. 如何计算结转材料采购成本？

4. 产品生产成本由哪些项目组成？需要设置哪些账户？

5. 企业的利润总额由哪些项目组成？如何计算企业净利润？

6. 进行利润分配时应如何进行账务处理？

二、业务计算题

1.【目的】练习资金筹集业务的核算。

【资料】某企业 6 月份发生下列业务：

1）接受大力公司投资 150 000 元，存入银行。

2）收到北方公司设备投资，估价 70 000 元，交付使用。

3）从银行取得 6 个月的借款 200 000 元，存入银行账户。

4）上述借款年利率 7.2%，计算提取本月的借款利息。

5）用银行存款 40 000 元偿还到期的银行临时借款。

【要求】根据上述资料编制会计分录。

2. 【目的】练习采购材料业务的核算。

【资料】某企业 8 月份发生下列材料采购业务：

1）企业购入甲材料 3 500kg，单价 8 元，增值税进项税额 4 760 元，款项未付。

2）用银行存款支付上述甲材料运杂费 1 750 元。

3）购入乙材料 120t，单价 420 元，增值税进项税额 8 568 元，均通过银行付清。

4）企业购进甲材料 1 800kg，单价 8.2 元，丙材料 1 500kg，含税单价 5 元，税率 17%，款项均已通过银行付清，另付供应单位代垫运杂费 3 300 元（按重量分配）。

5）用银行存款 10 000 元预付订购材料款。

6）以前已预付款的丁材料本月到货，价款 7 200 元，原预付 5 000 元，不足部分以银行存款支付。

7）本月购入的甲、乙、丙、丁材料均已验收入库，结转其采购成本。

【要求】根据以上经济业务编制会计分录。

3. 【目的】练习产品生产业务的核算。

【资料】某企业 4 月份发生下列产品生产业务：

1）开出现金支票 58 000 元，发放工资。

2）用银行存款 3 000 元支付第二季度生产车间房租，并摊销应由本月负担的部分。

3）仓库发出材料，用途如下：A 产品耗用 7 000 元，B 产品耗用 5 000 元，车间一般耗用 4 200 元，厂部一般耗用 1 500 元。

4）开出现金支票购买厂部办公用品 750 元。

5）行政管理部门职工报销差旅费 2 200 元，付给现金。

6）摊销本月应由行政管理部门负担的保险费 1 400 元。

7）预提本月车间设备修理费 2 600 元。

8）计提本月固定资产折旧，其中车间折旧额 4 500 元，厂部 1 500 元。

9）月末分配工资费用，其中 A 产品生产工人工资 20 000 元，B 产品生产工人工资 14 000，车间管理人员工资 16 000 元，厂部管理人员工资 8 000 元。

10）按工资总额的 14% 列支职工福利费。

11）将本月发生的制造费用分配转入"生产成本"账户（A 产品工时为 600 小时，B 产品工时为 400 小时）。

12）本月生产的 A 产品 100 件、B 产品 50 件全部完工，并已验收入库，结转其成本。

【要求】1）根据以上经济业务编制会计分录。

2）登记"生产成本"、"制造费用"总分类账户。

4.【目的】练习产品销售业务的核算

【资料】某企业6月份发生下列销售业务：

1）销售A产品18台，单价2 340元（含增值税17%），用银行存款支付代垫运杂费3 000元，价税款及代垫运杂费尚未收回。

2）销售B产品100件，单价260元，总价款26 000元，款项收到存入银行。

3）用银行存款65 000元支付销售产品的广告费。

4）预收某公司订货款20 000元存入银行。

5）销售A产品15台，单价2 000元，原预收货款24 000元，其余部分尚未收到。

6）结转本月已销售A、B产品的成本（A产品每台成本12 00元，B产品每件成本156元。）

【要求】根据以上经济业务编制会计分录。

案 例 分 析

权责发生制在医药公司工资核算中的应用

案例背景

A医药连锁有限公司成立于1998年，是辽宁省药品监督管理局正式批准成立的辽宁省首家零售连锁企业，是一家以经营中西药品为主、以医疗器械批发为辅的药业公司，有员工210余人。该企业由17名股东以发起方式出资设立，商品年销售额达4 000万人民币，2002年全国药品连锁企业销售额排名位居第84位。

A公司每月的结账日为25日，并在每月的25日至月末对公司的各种成本及存货盘点情况进行汇总结算并编制报表。以2006年10月的工资数据为例，该企业的"工资汇总表"上列示的应发工资为180 233元，其中管理人员工资38 008元，基建工程人员工资10 178元，各连锁经营店工资总额为132 047元，本月代扣款共计17 618.70元，其中社保代扣款7 524元、医保代扣款10 094.70元，本月实发工资162 614.30元。A公司的员工每月考勤日期是1日至31日，工资核算的依据与实际考勤的情况不相符。A公司每个月工资费用要占整个公司成本的40%左右，每月26日至月末的工资约占总成本的10%。

对于工资的核算，A公司会计部门的账务处理如下：

1. 月末计提工资

借：管理费用   38 008

    在建工程   10 178

　　销售费用　　　　　　　　　　　　　　　　　　　132 047

　　　贷: 应付职工薪酬　　　　　　　　　　　　　　　　180 233

2. 本月结转代扣款项

借: 应付职工薪酬　　　　　　　　　　　　　　　　　17 618.7

　　贷: 其他应付款——社保　　　　　　　　　　　　　7 524

　　　　　　　　——医保　　　　　　　　　　　　　10 094.7

案例解析

1. 结账日期不符合权责发生制的要求

权责发生制是以权益、责任是否发生为标准来确认当期的收入与费用。目前 A 公司执行的是《企业会计制度》，核算方式和方法是按照会计法的规定进行的。但是如果单独就工资核算来说，企业在 25 日结账，结账日期与准则规定的会计核算期不一致。结账日期为 25 日也不符合权责发生制的要求。A 公司的结账日期问题是在现有制度下，各个同类企业的会计实务中所普遍存在的。按照彻底的权责发生制，工资核算应该是当月报表反映当月真实的工资费用情况，企业的月报表应该反映的是每月 1 日至 30 日或 31 日的会计核算情况。但是实际情况是从 25 日结账之后至月末 30 日(31 日)的工资信息没有真实地反映到本月报表中去，这几天的工资是人为地做到下个月的账目中的。这几天的工资费用约占总工资的 25%，约占总费用的 10%。对于小型药业企业来讲，这几天的工资费用是不能忽视的。如果不彻底贯彻执行权责发生制，对整个企业的影响很大，外部投资者和内部的管理者都容易被报表的数据所迷惑。所以 A 公司结账日期不符合会计准则，导致工资核算存在问题。

2. 工资核算和考勤考核的依据不一致

对于 A 公司来说，正确运用权责发生制来核算工资费用，应该体现在整个月份工资核算上。因为该公司的工资成本是根据每个职员的当月绩效来发放的，每个人每个月的工资费用不一样，人事部门考核的是当月 1 日至月末的出勤及绩效情况，而财会部门考核的是上月 26 日至本月 25 日的工资发放情况，两者的计算依据不一致，导致数据不同步。如果正确运用权责发生制，就可以使两者的考核依据相同，使工资的计算及发放更加准确，而且公司的管理者可以更好地对数据进行分析与对比。

3. 工资核算方法欠妥

A 公司的会计核算方法是延续以前传统的核算方法，采取提前结账的方式，这种账务处理没有体现权责发生制原则。如果采取预提 26 日至月末工资的方法，可以使报表完全体现当月的工资费用。工资的核算是和现金、银行存款相联系的，而现金、银行存款又直接关系到企业的直接效益问题，因此 A 公司工资发放过程中所登记的现金、银行存款日记账所反映的信息不是及时的信息。

思考:

根据上述案例分析，请为 A 公司工资核算提出一些改进措施。

第四章 会计凭证

通过本章的学习，正确理解会计凭证的意义和种类，掌握原始凭证、记账凭证的填制和审核，了解会计凭证的传递和保管，并学会会计凭证填制的技术与方法。

学习任务

通过本章的学习，要达到以下几个目的：
- 了解会计凭证的概念、意义及分类。
- 掌握原始凭证的内涵，理解原始凭证的填制方法。
- 掌握记账凭证的内涵，掌握记账凭证的填制与审核。
- 了解会计凭证的传递和保管。

导入案例

记账凭证先盖章，会计人员钻空子

企业的现金应由专职的出纳员保管，现金的收支应由出纳员根据收付款凭证办理，业务办理完毕后由出纳员在有关的凭证上签字盖章。这是现金收支业务的正常账务处理程序。

但在大连某实业公司，这个正常的账务处理程序却被打乱了。企业的现金由会计人员保管。现金的收支也由会计人员办理。更为可笑的是：该企业的记账凭证也是由出纳员先盖好印章放在会计人员那里，给会计人员作弊提供了可乘之机。

该实业公司会计（兼出纳）就是利用这种既管钱又管账的"方便"条件，尤其是借用盖好章的记账凭证，编造虚假支出，贪污公款 1.4 万余元。

第一节　会计凭证概述

一、会计凭证的概念及意义

一切会计记录都要有真凭实据，使会计核算资料具有客观性，这是会计核算必须遵循的一条基本原则，也是会计核算的一个重要特点。

会计凭证，简称凭证，是记录经济活动，明确经济责任，作为记账依据的书面证明文件。任何企业、事业和行政单位在从事任何一项经济活动时，都必须办理会计凭证，也就是由有关人员根据有关规定和程序填制和取得会计凭证，对整个经济活动过程做出书面记录。有关部门和人员要在会计凭证上盖章签字，表示对会计凭证的真实性、正确性与合法性负责。会计人员必须对已取得的会计凭证进行严格的审核，只有准确无误的会计凭证才能作为登记各种账簿的凭据。

在会计核算工作中，会计凭证对于完成会计工作任务、发挥会计在经济管理中的作用具有重要意义。

（一）反映经济业务，传导经济信息

单位每发生一笔经济业务，如现金的收付、物资的进出、往来账款的结算等，经办业务的有关人员都必须按规定的程序和要求，认真办理凭证手续，做好会计凭证的填制和审核工作。将经济业务发生的内容、时间、地点、等填写在会计凭证上，以如实反映经济业务，传导经济信息，确保会计核算资料真实性和正确性。

（二）监督经济业务

经济业务发生时，会计主管或其他会计人员根据会计凭证的记录对经济业务进行会计监督，通过会计凭证的审核，可以检查、监督各项经济业务是否符合有关方针、政策、制度和法律的规定，是否符合企业章程和企业经营管理的要求。可以及时发现经济管理上存在的问题和管理制度上可能存在的漏洞，并采取措施及时纠正，从而防止不合理、不合法的经济业务的发生，有利于保护企业财产的安全和完整，维护各个投资者的利益。同时，也有利于改进日常会计核算工作，改善企业经营管理，提高经济效益。

（三）明确经济责任

经济业务发生后，经办单位和个人都要填写会计凭证，由经办人员和有关人员签名或盖章，表明对该项经济业务承担的经济责任。这样，可以促使经济业务的人员贯彻执行国家的方针、政策、计划、制度和法律，加强他们的责任感，强化岗位责任制。也便于单位领导对有关人员进行考查，如果发生了差错或纠纷，有关部门和人员可以借助与会计凭证进行正确的裁决和处理，从而有利于加强企业内部和企业之间的经济责任。

（四）会计凭证是登记账簿的依据

根据审核无误的会计凭证才能登记会计账簿，没有会计凭证不能登记账簿。根据会计凭证登记会计账簿，表明经济业务发生的时间、内容、金额或数量，保证账簿记账的正确；将全部会计凭证的记录不重不漏地登记在账簿上，保证会计账簿的完整。

二、会计凭证的种类

会计凭证按其编制程序和用途的不同，可以分为原始凭证和记账凭证两大类。

（一）原始凭证

原始凭证是进行会计核算的原始资料和重要依据。按其不同的分类标准，原始凭证可以有以下种类。

1. 按来源分类

原始凭证按其来源不同，可分为自制原始凭证和外来原始凭证。

自制原始凭证是由本单位经办业务的部门和人员，在执行或完成某项经济业务时所填制的凭证。如收料单（格式如图 4-1 所示）、领料单（格式如图 4-2 所示）、产品入库单（格式如图 4-3 所示）和工资计算单等都是自制原始凭证。

收 料 单

年　月　日　　　　　　　　　　　　　　　凭证编号：

供货单位：　　　　　　　　　　　　　　　　　　收料仓库：

材料编号	材料规格及名称	计量单位	数　量		金　额			
			应收	实收	单位	买价	运杂费	合计
备注：						合计		

仓库负责人：　　　　　　记账：　　　　　　收料人：　　　　　　制单：

图 4-1　收料单

领 料 单

领料部门：　　　　　　　　年　月　日　　　　　　凭证编号：

用　途：　　　　　　　　　　　　　　　　　　　收料仓库：

材料编号	材料规格及名称	计量单位	数　量		价　格	
			请领	实领	单价	金额
备注：						

领料部门主管：　　　　　发料人：　　　　　仓库负责人：　　　　　领料人：

图 4-2　领料单

产成品入库单

凭证编号：

交库单位：　　　　　　　年　月　日　　　　　　　产品入库：

产品编号	产品名称	规格	计量单位	交付数量	检验结果		实收数量	单价	金额
					合格	不合格			

备注：

记账：　　　　　　　检验：　　　　　　　仓库：　　　　　　　经手：

图 4-3 产成品入库单

外来原始凭证是企业与其他单位或个人发生业务关系时，从对方取得的原始凭证。例如增值税专用发票（一般格式如图 4-4 所示）、普通发票（格式如图 4-5 所示）、银行收款通知、支款通知、上缴税金的收据等，都属于外来原始凭证。

增值税专用发票

开票日期：　　　　　　年　月　日　　　　　　No.

购货单位	名称		纳税人登记号	
	地址、电话		开户银行及账户	
商品或劳务名称	计量单位	数量	单位	金额	税率（%）	税额
合　计						
价税合计（大写）				￥		
销货单位	名称		纳税人登记号	
	地址、电话		开户银行及账户	
备注				

收款人：　　　　　　　　　　　　　　开票单位：

图 4-4 增值税专用发票

第二联　发票联　购货方记账

发　票

购货单位：　　　　　　　　　年　月　日　　　　　　　　No.

货号及品名	规　格	数　量	单　位	单　价	金　额
金　额					

发票联　购货方记账

单位盖章：　　　　主管：　　　　复核：　　　　制单：　　　　结算方式：

图 4-5　发票

2. 按反映业务的方法和填制手续分类

原始凭证按其反映业务的方法和填制手续不同，可分为一次凭证、累计凭证和汇总原始凭证。

一次凭证是指在经济业务发生或完成时一次填制完成的原始凭证，一般在一张原始凭证上只反映一项经济业务或同时反映若干同类经济业务，如现金收据、银行结算凭证、收料单、发货票等都属此类。另外，外来原始凭证一般都是一次凭证。

累计凭证是指在一定时期内，连续反复地在同一张凭证上多次填制若干项不断重复发生的同类经济业务，直至期末填制手续才算完成，并以期末累计数作为记账依据的原始凭证。这种凭证的填制手续不是一次完成的，它是把经常发生的同类业务连续登记在一张凭证上，可以随时计算发生额累计数，便于同定额、计划、预算数比较，可以起到控制有关费用定额、计划或预算范围的开支，节约支出的作用。限额领料单是最具代表性的累计凭证（格式如图 4-6 所示）。

限额领料单

领料单位：

产品名称、号令：　　　　　　　　　年　月　日　　　　　　　　发料仓库：

计划产量：　　　　　　　　　单位消耗定额：　　　　　　　　编　号：

材料编号	材料名称	规格	计量单位	计划单价	领料限额	全月实用	
						数量	金额
领料日期	请领数量	实发数量	领料人签章		发料人签章		限额结余
合计							

供应部门负责人：　　　　　　　　生产部门负责人：　　　　　　　　仓库管理员：

图 4-6　限额领料单

汇总原始凭证是指根据多张反应同类经济业务的原始凭证或有关会计资料汇总填制的原始凭证，也称为原始凭证汇总表。例如发料汇总表（如图 4-7 所示）、工资结算汇总表等都属于汇总原始凭证。通过编制汇总原始凭证，既可以提供经营管理所需要的总量指标，又可以大大简化核算手续。

发料汇总表

年 月 日

会计科目		领料部门	原 材 料	燃 料	合 计
生产成本	基本生产成本	一车间			
		二车间			
		小 计			
	辅助生产成本	供电车间			
		锅炉车间			
		小 计			
制造费用		一车间			
		二车间			
		小 计			
合 计					

会计负责人：　　　　　　　　　复核：　　　　　　　　　制表：

图 4-7　发料汇总表

（二）记账凭证

按照不同的分类标准，记账凭证可以有以下种类。

1. 按反映经济业务的内容分类

记账凭证按其反映经济业务的不同内容，可分为收款凭证、付款凭证和转账凭证。

收款凭证是指专门用来记载现金和银行存款收款业务的记账凭证。它既可以作为登记现金、银行存款日记账和有关账簿的依据，也是出纳收款的证明（格式如图 4-8 所示）。

收款凭证

借方科目：　　　　　　　　　年 月 日　　　　　　　凭证编号：

摘　要	贷方科目		金　额	记账	
	总账科目	明细科目			附件
					张
合计金额					

会计主管：　　　　记账：　　　　稽核：　　　　出纳：　　　　制单：

图 4-8　收款凭证

付款凭证是指专门用来记载现金和银行存款付出业务的记账凭证。它可以作为登记现金、银行存款日记账和有关账簿的依据，也是出纳付款的证明（格式如图4-9所示）。

付款凭证

贷方科目：　　　　　　　　　　年　月　日　　　　　　　　凭证编号：

| 摘　要 | 贷方科目 | | 金　额 | 记账 |
	总账科目	明细科目		
合计金额				

会计主管：　　　　记账：　　　　稽核：　　　　出纳：　　　　制单：

附件

张

图4-9　付款凭证

转账凭证是用来记载不涉及现金、银行存款收付的其他各项经济业务的记账凭证。它是根据转账业务的原始凭证填制的，作为登记总分类账簿和明细分类账簿的依据（格式如图4-10所示）。

转账凭证

年　月　日　　　　　　　　凭证编号：

| 摘　要 | 借方科目 | | 金额 | 记账 | 贷方科目 | | 金额 | 记账 |
	总账科目	明细科目			总账科目	明细科目		
合计金额								

附件

张

会计主管：　　　　记账：　　　　稽核：　　　　制单：

图4-10　转账凭证

例如：企业收到南方公司前欠货款3万元，存入银行，此笔经济业务应选择填制收款凭证。企业以银行存款5万元归还银行短期借款，此笔经济业务应选择填制付款凭证。企业生产部门领用原材料2万元，此笔经济业务应选择填制转账凭证。

上述收款凭证、付款凭证和转账凭证，称为专用记账凭证。有些经济业务比较简单或收付款业务不多的单位，可以使用一种通用格式的记账凭证。这种记账凭证既可用于反映收付款业务，又可用于反映转账业务，其格式与转账凭证相似，称为通用记账凭证。

2. 按编制方法分类

记账凭证按其编制方法的不同，可分为复式记账凭证和单式记账凭证。

复式记账凭证，就是指将某一笔经济业务所涉及的全部会计科目都集中在同一张记账凭证上，用以完整反映某笔经济业务概况的记账凭证。使用这种凭证，每笔经济业务一般仅需编制一张记账凭证。复式记账凭证具有在一张凭证上反映经济业务全貌的优点，便于查账，减少了制证的工作量，但不便于分工记账和汇总。上述收、付、转凭证及通用记账凭证，均属于复式记账凭证。

单式记账凭证，是在一张凭证上只记一个会计科目的凭证，其对方科目不凭此记账，只供参考。一笔经济业务涉及多少会计科目，就填制多少张凭证，并采用一定的编号方法将它们联系起来。其优点是内容单一，便于按科目汇总，有利于分工填制和记账，但制证工作量大，不利于在一张凭证上反映经济业务的全貌，不便于分析考核，出现差错不便于查找。在实际工作中，应根据本单位业务繁简和会计人员分工情况选择确定。单式记账凭证的格式如图4-11和图4-12所示。

借项记账凭证

对方科目：　　　　　　　　　　年　月　日　　　　　　　编号：

摘　要	总账科目	明细科目	金　额	记账	
					附件
					张

会计主管：　　　记账：　　　稽核：　　　出纳：　　　制单：

图4-11　借项记账凭证

贷项记账凭证

对方科目：　　　　　　　　　　年　月　日　　　　　　　编号：

摘　要	总账科目	明细科目	金　额	记账	
					附件
					张

会计主管：　　　记账：　　　稽核：　　　出纳：　　　制单：

图4-12　贷项记账凭证

3. 按是否经过汇总分类

记账凭证按是否经过汇总，可分为汇总记账凭证和非汇总记账凭证。

汇总记账凭证是根据许多同类的单一记账凭证定期加以汇总而重新编制的记账凭证，目的是简化登记总分类账的工作量。汇总记账凭证按汇总方法不同，可分为分类汇总和全部汇总两种。分类汇总是定期根据收款凭证、付款凭证、转账凭证分别汇总编制汇总收款凭证、汇总付款凭证、汇总转账凭证（格式如图4-13所示）。全部汇总是将企事业单位一定时期内编制的记账凭证，全部汇总在一张记账凭证汇总表上。

汇总收款凭证

借方科目：　　　　　　　　　　　年　月　日

贷方科目	金　额			记　账	
			合计	借方	贷方
合　计					

会计主管：　　　　　　记账：　　　　　审核：　　　　　填制：

图 4-13　汇总收款凭证

非汇总记账凭证是根据原始凭证编制，只反映某项经济业务的记账凭证。上面述及的收、付、转凭证，通用凭证等均是非汇总记账凭证。

会计凭证的种类可以归纳如图 4-14 所示。

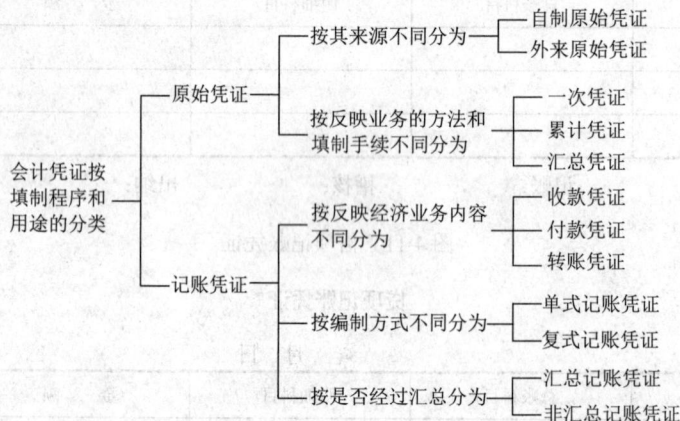

图 4-14　会计凭证的种类

第二节　原始凭证的填制与审核

一、原始凭证的内容

原始凭证是在经济业务发生或完成时取得或填制的，用以记录经济业务的具体内容，明确经济责任且具有法律效力的书面证明，是编制记账凭证的依据。它是进行会计核算的重要原始资料。例如，购入材料取得的发票，入库材料填制的入库单等都是原始凭证。

由于经济业务是多种多样的，因而用来记录经济业务的原始凭证其内容和格式也不尽相同。但不管怎样，它们都必须具备下列基本内容，这些内容也称为凭证要素，具体包括：

1）原始凭证的名称。

2）填制凭证的日期和凭证的号码。

3）填制凭证单位的名称及公章（或专用章）。

4）经济业务的内容。

5）经济业务的数量、计量单位、单价、金额。

6）接受凭证单位的名称。

7）原始凭证的附件（如与业务有关的经济合同、费用预算表等）。

上述基本内容，除第7）项外，一般不得缺少，否则，就不能成为具有法律效力的书面证明。

二、原始凭证的填制

原始凭证是根据经济业务活动的执行和完成情况来填制的，并且具有法律效力。为了保证原始凭证能够正确、及时、清晰地反映各项经济业务的活动情况，提高会计核算的质量，原始凭证必须严格按照要求进行填制。

（一）符合政策规定

经济业务的内容必须符合国家政策、企业会计制度的规定，符合企业章程和企业经营管理的要求，严格执行国家和企业规定的开支标准。凡不符合要求的收支不得作为原始凭证。

（二）手续完备可靠

要求认真记录各项经济业务实际发生或完成情况，凭证上的日期、经济业务的内容、所有数据都必须真实可靠，不允许有任何歪曲和弄虚作假情况。经办人员和有关部门的负责人都要在凭证上签字或盖章，对凭证的真实性、正确性负责。

对于从外单位取得的原始凭证，必须有填制单位的公章或专用章；从个人取得的原始凭证，必须有填制人的签名或盖章。

自制的原始凭证，必须有部门负责人和经办人员的签名或盖章；对外开出的原始凭证，必须加盖本单位的公章或有关部门的专用章。购买实物的原始凭证，必须有验收证明；需要入库的实物，必须填写入库验收单，由实物保管人员验收后在入库单上如实填写实收数额，并加盖印章；不需要入库的实物，除经办人员在凭证上签章外，必须交给实物保管人员或者使用人员在凭证上签名盖章。

支付款项的原始凭证，必须有收款单位和收款人的收款证明。

发生销货退回的，除填制退货发票外，还必须有退货验收证明，退货时，必须取得对方的收款收据或者汇款银行的凭证，不能以退货发票代替收据。

职工公出借款凭据，必须附在记账凭证之后，收回借款时，应当另开收据或者退还借据副本，不得退还原借款收据。

经上级有关部门批准的经济业务，应当将批准文件作为原始凭证附件，如果批准文件需要单独归档的，应当在凭证上注明批准机关名称、日期和文件字号。

（三）内容完整清晰

填制原始凭证时，要求严格按照规定的格式和内容逐项填写经济业务的完成情况。所有的项目必须填写齐全，不得省略或漏填；凭证上的文字、字迹要工整、清晰，易于辨认，阿拉伯数字要逐个填写，不得连写；金额前要冠以人民币符号"￥"（用外币记价、结算的凭证，金额前应标明外币的符号，如 HK、US 等），中间不留空位，元以后写到角、分，无角、分的要以"0"补位，大写金额最后为元的应加写"整"字断尾，大写金额与小写金额必须保持一致。

一式几联的凭证，必须用双面复写纸套写，单页凭证必须用签字笔或钢笔填写。

凭证填写发生错误，应按规定的方法更正，不得任意涂改或刮挖擦补；现金和银行存款等收付凭证填写错误，不能在凭证上更改，应按规定的手续注销留存，另行重新填写。

各种凭证都必须连续编号，一些事先印好编号的重要凭证作废时，在作废的凭证上应加盖"作废"戳记，连同存根一起保存，不得随意撕毁。

（四）及时正确填制

所有经办业务的有关部门和人员，在经济业务实际发生或完成时必须及时填制原始凭证，做到不拖延、不积压，按规定的程序及时将原始凭证送交会计部门，以保证会计核算工作得以顺利进行。

三、原始凭证的审核

原始凭证是进行会计核算的重要资料和重要依据。只有原始凭证是真实、合法、有效的，才能保证在此基础上进行的会计核算和取得的会计核算资料是真实、合法和有效的。对于出纳员来说，只有经过严格认真审核无误的、符合规定的原始凭证，才能据以编制记账凭证，才能据以办理款项的收付。对原始凭证的真实性、合法性、有效性进行认真的事前、事中审核，既是出纳员应履行的财务监督职责的一部分，也是出纳员做好出纳工作的前提条件。

（一）原始凭证审核的内容

1. 原始凭证的合规性

原始凭证的合规性即原始凭证反映的经济业务是否符合现行财政、税收、经济、金融等有关的法令规定，是否符合现行财务会计制度。例如，费用开支是否符合开支标准、范围的财务规定，付出现款是否符合现金管理规定，等等。同时，还要审核原始凭证本身是否为合法凭证，任何企业、单位购进物品、材料，委外加工、运输、建筑安装以及其他服务，都必须取得对方开具税务局规定的统一发票；外地企业来本地承办本企业单位加工、运输、建筑安装、装饰等业务的，应开具业务发生地税务局规定的统一发票（包括临时经营发票），不得开出外地发票收款，更不得开出白条；对方是行政事业单位时，开具的收费、收款收据，要符合本地财政局的规定。

2. 原始凭证的真实性

原始凭证的真实性即审查原始凭证所反映的经济业务是否同实际情况相符合，如购进货物的数量、品种、规格等是否和验收单相一致，销售货物的数量、品种、规格等是否和出库单相一致等，有无伪造、变造凭证从中贪污等情况。

3. 原始凭证的完整性

原始凭证的完整性即原始凭证的内容是否填写齐全，手续是否完备，是否有经办人签字或盖章。对出纳员而言，在具体审核过程中，应注意如下几个方面：

1）对于外来发票和收据，应注意凭证上单位名称、发票抬头、品名、计量单位、数量、单价、总金额等各项内容是否齐全，是否有单位财务专用章或发票专用章，是否有税务机关的发票监制章。

2）对于外来的原始凭证，本单位办理手续是否齐备，例如发票、收据等是否经过有关人员复核，货物是否经过验收，报销时有关经办人员是否签章，是否经过领导批准等。

3）对于自制的原始凭证，同样应审查填写是否齐全，有关人员是否签章，是否经有权批准人员批准等等。

4. 原始凭证的准确性

会计人员应认真审核原始凭证所填列的数字是否符合要求，包括数量、单价、金额以及小计、合计等填写是否清晰，计算是否准确，是否用复写纸套写，有无涂改、刮擦挖补等弄虚作假行为。对于发票，应特别注意其金额（包括合计数）计算是否准确，大写金额和小写金额是否相符；发票上的字迹特别是金额数字有无涂改痕迹，复写的字迹和颜色是否一致，正面和反面的对照有无"头小尾大、头大尾小"情况等。

（二）原始凭证审核中所遇问题的处理方式

1）对于违反财经纪律的一切开支，会计人员有权拒绝支付和报销；对不符合法令规定的经济业务，有权拒绝执行并及时向有关部门和领导汇报。例如，如果发现原始凭证所记载的经济业务是违反法规制度的，或者该原始凭证是不合法的、伪造的，或者是白条的，出纳员都有权拒绝收款、付款或报销，并可扣留凭证，向上反映处理。

2）对于审核中发现的填写不齐全、手续不齐备的原始凭证，会计人员有权退回给填制单位或经办人员，要求其及时补办完整，否则不予受理。

3）对于审核中发现的填写、计算金额有误的原始凭证，或是书写不规范的原始凭证，要退回给有关部门或人员，以补齐手续或更正错误。

第三节 记账凭证的填制与审核

一、记账凭证的内容

由于原始凭证来自各个不同的方面，种类繁多，数量很大，格式不一，而且不能清楚地表明应记入账户的名称和方向，如不经过必要的归纳和整理，就难以达到记账的要求。因此，编制记账凭证，对于保证账簿记录的正确性是十分必要的。记账凭证是由会计人员根据审核无误的原始凭证或原始凭证汇总表，按记账的要求归类整理，并确定会计分录而编制的凭证，是登记账簿的直接依据。

记账凭证所反映的经济业务的内容不同，其在具体格式上也有一些差异。但所有的记账凭证，都必须满足记账的要求，必须具备下列一些共同的基本内容：

1）记账凭证的名称。

2）填制凭证的日期。

3）经济业务的内容摘要。

4）会计科目（包括一级、二级和明细科目）、借贷方向和金额。

5）记账凭证的编号。

6）所附原始凭证的张数和其他有关资料。

填制、审核、记账、会计主管等有关人员的签名或盖章。此外，收款和付款凭证还必须有出纳人员的签章。

二、记账凭证的填制

（一）记账凭证的填制要求

记账凭证是进行会计处理的直接依据，在填制时必须注意遵守一些基本要求。

1. 记账凭证的填制依据

记账凭证可以根据每一张原始凭证单独填列；也可以根据若干张同类的原始凭证汇总填列；还可以先将同类的原始凭证编成原始凭证汇总表，再根据原始凭证汇总表填列。但是，不得将不同内容和类别的原始凭证汇总填制在一张记账凭证上，否则，经济业务的具体内容不清楚，难以填写摘要，会计科目也因没有明确的对应关系而看不清经济业务的来龙去脉；另外，用于调账、结账和更正错误的记账凭证可以根据有关账簿记录填制。无论是原始凭证、汇总原始凭证，还是账簿记录，都必须经审核无误后，才能作为填制记账凭证的依据，以免发生错误。

2. 记账凭证的摘要和日期

摘要是对经济业务的简要说明，对于登账、查账、查阅凭证都十分重要，填写时应用简明扼要的语言，正确表达出经济业务的主要内容。既要防止简而不明，又要防止过于繁琐。

对于收付款业务，因为要登入当天的日记账，记账凭证的日期应是货币资金收付的实际日期，但是与原始凭证所记的日期不一定一致。转账凭证以收到原始凭证的日期为日期，但在摘要栏要注明经济业务发生的实际日期。

3. 会计分录的填写

必须按会计制度统一规定的会计科目填写，不能任意简化或改动，不能只写科目编号，不写科目名称；一级科目、二级科目或明细科目，账户的对应关系，金额都应正确无误。

4. 记账凭证的编号

要根据不同的情况采用不同的编号方法。如果企业各种经济业务的记账凭证采用统一的一种格式（通用格式），凭证的编号可采用顺序编号法，即按月编顺序号。业务极少的单位，可按年编顺序号。

如果企业各种经济业务的记账凭证，是采用收款凭证、付款凭证、转账凭证填制的，记账凭证的编号应采用字号编号法，即把不同类型的记账凭证用字号加以区别。采用字号编号法时，可以具体地编为"收字第×号"，"付字第×号"，"转字第×号"等三种形式。例如，3月4日收到一笔现金，是该月第9笔收款业务，记录该笔经济业务的记账凭证的编号为"收字第9号"。也可以具体编为"现收字第×号"，"现付字第×号"，"银收字第×号"，"银付字第×号"，"转字第×号"等五种形式。例如，3月10日以银行存款支付材料款，为该月银行存款付款第16笔业务，记录该经济业务的记账凭证的编号就为"银付字第16号"。如果一笔经济业务需要填制一张以上的记账凭证时，记账凭证的编号可以采用分数编号法。例如，某企业采用三种格式的记账凭证，3月18日发生第25笔转账业务，所涉及的会计科目较多，需要填制三张记账凭证，则这三张记账凭证的编号分别为：

转字第 25 1/3（第一张）

转字第 25 2/3（第二张）

转字第 25 3/3（第三张）

上述编号，分数中的分母是该笔经济业务填制的记账凭证的总张数，分子表示第几张凭证，分数前的整数表示该笔转账业务编为25号。分数编号法可以与顺序编号法结合使用，也可以与字号编号法结合使用。当企业采用单式记账凭证时，为了便于查阅记录同一笔几张相关凭证，可采用分类编号法。但不论采用哪种方法编号，都应在每月最末一张记账凭证的编号旁加注"全"字，以便于检查凭证有无散失。

5. 记账凭证的附件记录与有关人员签名盖章

除结账和更正错误的记账凭证可以不附原始凭证外，其他记账凭证必须附原始凭证，并注明所附原始凭证的张数。所附原始凭证张数的计算，一般应以原始凭证的自然张数为准。凡是与记账凭证中的经济业务记录有关的每一张证据，都应作为原始凭证的附件。如果记账凭证中附有原始凭证汇总表，应该把所附的原始凭证和原始凭证汇总表的张数一起计入附件张数之内。但对于报销差旅费等零散票券，可以粘贴在一张纸上，作为一张原始凭证。如果一张原始凭证涉及几张记账凭证的，可以把原始凭证附在一张主要的记账凭证后面，并在其他记账凭证上注明附有该原始凭证的记账凭证的编号"原始凭证×张，附于第××号凭证之后"或者附原始凭证复印件。如有重要资料或由于原始凭证数量过多需要另行保管的，要在附件处加以注明。

记账凭证填制完毕，必须由填制人员、审核人员、记账人员和会计主管签章。对收款凭证和付款凭证必须先审核，后办理收、付款业务。出纳人员应在有关凭证上签章，以明确经济责任。对已办妥收款或付款的凭证和所附的原始凭证，出纳人员要当即加盖"收讫"或"付讫"戳记，以免重收、重付。

6. 空行的处理

记账凭证填制完经济业务事项后，如有空行，应当自金额栏最后一笔金额数字下的空行处至合计数上的空行处画线注销。

7. 实行会计电算化时记账凭证的处理

实行会计电算化的单位，对于机制记账凭证应当符合对记账凭证的一般要求，做到会计科目使用正确，数字准确无误。打印出的机制记账凭证要加盖制单人员、审核人员、记账人员及会计机构负责人、会计主管人员印章或者签字。

（二）记账凭证的填制方法

1. 复式记账凭证的填制

收款凭证和付款凭证是根据有关现金或银行存款收付款业务的原始凭证填制的。凡是引起现金、银行存款增加的业务，都要根据现金、银行存款增加的原始凭证，编制现金、银行存款的收款凭证；凡是引起现金、银行存款减少的业务，都要根据现金、银行存款减少的原始凭证，编制现金、银行存款的付款凭证。现金与银行存款之间的相互划转，即将现金存入银行或从银行提取现金，一般只编制付款凭证，不再编制收款凭证，以避免重复记账。

收款凭证的"借方科目"应该填制"现金"科目或"银行存款"科目，收款凭证中的"贷方科目"则应填制与收入现金或收入银行存款相对应的会计科目。付款凭证的"贷方科目"，应该填制"现金"科目或"银行存款"科目，其"借方科目"，则应填制与付出现金或付出银行存款相对应的会计科目。

转账凭证是根据有关转账业务的原始凭证填制的，作为登记转账日记账、明细账、总账等有关账簿的依据。填制转账凭证时，某项业务涉及的会计科目全部登在会计科目栏，金额分别填入借方和贷方栏。

通用记账凭证的填制与转账凭证的填制方法相同。

下面分别举例说明收款凭证、付款凭证及转账凭证的填制。

【例4-1】　某企业2009年7月10日收到A公司偿还所欠货款6 400元，存入银行。根据该笔经济业务的原始凭证填制的收款凭证，如图4-15所示。

收款凭证

凭证编号：银收字第8号

借方科目：银行存款　　　　　　　2009年7月10日　　　　　　　出纳编号：021-4

摘　要	贷方科目		金　额	记　账
	总账科目	明细科目		
收到A公司货款	应收账款	A公司	6 400	
合计金额			￥6 400	

附单据1张

会计主管（签章）：　　记账（签章）：　　稽核（签章）：　　出纳（签章）：　　制单（签章）：

图4-15　收款凭证

在填制这张收款凭证时，应在收款凭证左上角的"借方科目"栏，填入"银行存款"，在摘要栏写明"收到A公司偿还货款"，在"贷方科目"栏的"总账科目"小栏注明总账科目"应收账款"，在明细科目下面注明"A公司"，在金额栏填入"6 400"元，并注明合计数。

【例4-2】　某企业2009年8月18日以现金支付业务员张利预借差旅费1 200元。根据该笔经济业务的原始凭证填制的付款凭证，如图4-16所示。

付款凭证

凭证编号：现付字第5号

贷方科目：现金　　　　　　　　　2009年8月18日　　　　　　　出纳编号：023-6

摘　要	借方科目		金　额	记　账
	总账科目	明细科目		
预支差旅费	其他应收款	张利	1 200.00	
合计金额			￥1 200.00	

附单据1张

会计主管（签章）：　　记账（签章）：　　稽核（签章）：　　出纳（签章）：　　制单（签章）：

图4-16　付款凭证

在填制这张付款凭证时，应在付款凭证左上角的贷方科目栏，填入"现金"，在摘要栏写明"预支差旅费"，在借方科目的总账科目小栏注明总账科目"其他应收款"，在明细科目下面注明"张利"，在金额栏填入1 200元，并注明合计数。

【例4-3】 某企业2009年9月30日结转本月完工验收入库A产品生产成本45 000元。根据该笔经济业务的原始凭证填制的转账凭证，如图4-17所示。

转账凭证

2009年9月30日　　　　　凭证编号：转字第35号

摘　要	借方科目		金额	记账	贷方科目		金额	记账	
	总账科目	明细科目			总账科目	明细科目			
结转完工产品生产成本	库存商品	A产品	45 000		生产成本	A产品	45 000		附单据1张
合计金额			￥45 000				￥45 000		

会计主管（签章）：　　　记账（签章）：　　　稽核（签章）：　　　制单（签章）：

图4-17　转账凭证

该笔经济业务与现金、银行存款的收付均无关，属于转账业务，应填制转账凭证。

2. 单式记账凭证的填制

单式记账凭证，就是在一张凭证上只填列一个会计科目。一项经济业务的会计分录涉及几个会计科目，就填写几张记账凭证，其中借方账户填入借项记账凭证，贷方账户填入贷项记账凭证。为了保持会计科目间的对应关系，便于核对，在填制一套会计分录时编一个总号，再按凭证张数编几个分号。例如，第9笔经济业务涉及两个会计科目，则填制两张记账凭证，编号分别为9 1/2、9 2/2。

三、记账凭证的审核

记账凭证编制后，除了编制人员应当认真负责加强自审外，财会部门还应建立相互复核或专人审核的制度，以保证账簿记录的正确性。记账凭证审核的主要内容是：

1）记账凭证是否附有原始凭证，所附原始凭证的内容是否与记账凭证的内容是否相符，原始凭证的张数是否齐全。

2）应借、应贷的会计科目是否正确，借贷金额是否相等。

3）对记账凭证格式中有关项目的填列是否完备，有关负责人是否都已签名盖章。

4）实行会计电算化的单位，对于机制记账凭证，要认真审核，做到会计科目使用正确，数字准确。对打印出来的机制记账凭证要审核是否已加盖制单人员、审核人员、记账人员及会计机构负责人、会计主管人员印章或者签字。

经审核如发现记账凭证有错误，应查明原因，按规定办法及时更正。只有经过审核无误后的记账凭证，才能据以记账。

阅读资料 ■■■■■

如何计算原始凭证张数

记账凭证后所附原始凭证的张数，应根据不同情况处理：

1）对能全面反映每笔经济业务活动情况的原始凭证，应按其自然张数计算。

2）对不能全面反映每笔经济业务活动情况，需要附件进行补充和说明的，应在原始凭证上注明附件张数，并将其粘贴在一起，附件不计入原始凭证张数。

3）对某类或某些原始凭证利用自制封面已进行汇总的，如差旅费报销单、支出汇总审批单等，其封面已对所反映的经济业务活动进行综合说明，对所附凭证张数也已注明，所以，它们应作为一张原始凭证计算。

（资料来源：李文. 2003. 如何计算原始凭证张数. 财会通讯，1）

第四节　会计凭证的传递与保管

一、会计凭证的传递

（一）会计凭证传递的意义

会计凭证的传递是指从原始凭证的填制或取得时开始，经过填制、稽核、记账，直到归档保管为止，在本单位内部有关职能部门和人员之间的传递路线、传递时间和处理程序。会计凭证传递的过程，既是组织、协调经济活动的过程，又是传输会计数据的过程，会计凭证传递的速度和途径，对经济活动的进行和确保会计数据的质量，都有直接重要的影响。所以，正确组织会计凭证的传递，对于提高会计核算资料的及时性，正确组织经济活动，加强经济责任，实行会计监督，具有十分的重要意义。

1）通过会计凭证的传递，能够及时、真实地反映和监督各项经济业务的发生和完成情况，为经济管理提供可靠的经济信息，同时也有利于提高工作效率。各种会计凭证所记载的经济业务不同，涉及的部门和人员不同，据以办理的业务手续也不同。因此，应当为各种会计凭证规定一个合理的传递程序，即一张会计凭证填制后应交到哪个部门、哪个岗位，由谁接办业务手续，直到归档保管为止。如凭证有一式数联的，还应规定每一联传到哪个部门、有什么用途。例如，材料运到企业后，仓库保管人员应在规定的时间内将材料验收入库，填制"收料单"，注明实收数量等情况，并及时送到会计部门及其他有关部门。会计部门接到"收料单"，经审查无误，就应及时编制记账凭证和登记账簿，生产使用部门得到该批材料已验收入库的情况后，便可办理有关领料手续。如果仓库保管人员未按时填写"收料单"，或虽然填写却没有及时送到会计部门，就会造成材料尚未入库的假象，影响企业生产的正常进行。

2）通过会计凭证的传递，便于有关部门和个人分工协作，相互牵制，加强岗位责任制，实行会计监督。例如，材料运到企业及验收入库，需要多少时间，由谁填制"收料单"，何时将"收料单"送到供应部门和会计部门；会计部门收到"收料单"后由谁进行审核，并同供应部门的发货票进行核对，由谁在何时编制记账凭证和登记账簿，又由谁负责整理和保管凭证等。这样，就把材料收入业务从验收入库到登记入账的全部工作，在本单位内部进行分工合作，共同完成。同时，可以考核经办业务的有关部门和人员是否按规定的会计手续办理，从而加强经营管理上的责任制，提高经营管理的水平。

（二）会计凭证传递的要求

由于企业生产经营组织的不同，经济业务的内容不同，企业管理的要求也不尽相同。在会计凭证的传递中，也应该根据具体情况，确定每一种凭证的传递程序和方法，作为业务部门和会计部门处理会计凭证的工作规范。正确、合理地组织会计凭证传递的有以下基本要求。

1）各单位根据经济业务的特点、机构设置和人员分工情况，明确会计凭证填制的联数和传递程序，既要保证会计凭证经过必要的环节进行处理和审核，又要避免会计凭证在不必要的环节停留，使有关部门和人员及时了解情况，掌握资料并按规定手续工作。

2）会计凭证的传递时间，应考虑各部门和有关人员的工作内容和工作量在正常情况下完成的时间，明确规定各种凭证在各个环节上停留的最长时间，不能拖延和积压会计凭证，以免影响会计工作的正常秩序。一切会计凭证的传递和处理，都应在报告期内完成，不能跨期，否则将影响会计核算的准确性和及时性。

3）会计凭证传递过程中的衔接手续，应该做到既完备、严密，又简便易行。凭证的收发，交接都应按一定的手续制度办理，以保证会计凭证的安全和完整。

4）会计凭证的传递程序、传递时间和衔接手续明确后，绘制成流转图，制定凭证传递程序，规定凭证传递路线、环节，以及在各环节上的时间、处理内容和交接手续，使凭证传递工作有条不紊，迅速而有效地进行。

二、会计凭证的保管

会计凭证的保管是指会计凭证记账后的整理、装订、归档和存查工作。作为记账的根据，会计凭证是重要的会计档案和经济资料。

会计凭证的保管，既要做到确保安全和完整，又要便于凭证的事后检查和监督。

1）一般说来，会计人员在记账后，应定期（每天、每旬、每月）对会计凭证进行分类整理，并将各种记账凭证按照编号顺序，连同所附原始凭证折叠整齐，加具封面、封底装订成册，并在装订线上加贴封签。会计凭证封面应注明：单位名称、凭证种类、凭证张数、起止号数、年度、月份、会计主管人员、装订人员等有关事项，会计主管人员和保管人员应在封面上签章。会计凭证封面的格式如图4-18所示。

（企业名称）				
年 月 份 第 册	年　月　份　共　册　第　册			
	收款			
	付款	凭证第　　号至第　　号　共　　册		
	转账			
		附：原始凭证　　　张		
	会计主管：　　　　　　　　保管：			

图 4-18　会计凭证封面

2）某些原始凭证如数量过多，体积过大，或者有需要另行归档的重要文件，如各种经济合同、存在保证金收据及涉外文件等原始单据，以及各种需要随时查阅和退回的单据，应另编目录，单独登记保管，并在有关记账凭证和原始凭证上相互注明日期和编号。如果某些记账凭证所附的原始凭证过多，可以单独装订保管，在封面注明所属记账凭证的日期、编号、种类，同时在有关的记账凭证上注明"附件另订"以及原始凭证的名称和编号，以便查找。装订成册的凭证，应由指定的会计人员负责妥善保管，年度终了后，应及时移送会计档案室登记归档。

3）会计人员必须做好会计凭证的保管工作，严格防止会计凭证错乱不全或丢失损坏。原始凭证不得外借，其他单位因特殊原因需要借阅原始凭证时，必须经本单位会计机构负责人、会计主管人员批准，必要时，可以提供复印件。向外单位提供原始凭证附件时，应当专设登记簿，同时提供人员和收取人员要共同签名盖章。

从外单位取得的原始凭证如有遗失，应当取得原开出单位盖有公章的证明，并注明原来凭证的号码、金额和内容等，由经办单位会计机构负责人、会计主管人员和单位领导人批准后，才能代作原始凭证。如果确实无法取得证明的，如火车、轮船、飞机票等凭证，由当事人写出详细情况，由经办单位会计机构负责人、会计主管人员和单位领导人批准后，代作原始凭证。

4）会计凭证的保管期限和销毁手续，必须严格执行会计制度的有关规定。对一般的会计凭证应分别规定保管的期限，对重要的会计凭证，如涉及外事或重要业务资料，必须长期保存。未到规定保存期的会计凭证不得随意销毁。对保管期满需要销毁的会计凭证，必须开列清单，经本单位领导审核，报上级主管部门批准后，才能销毁。

小　结

本章主要阐述设置、填制、审核会计凭证的意义，会计凭证的分类，各类会计凭证的填制、审核、会计凭证的传递。

会计凭证是记录经济业务，明确经济责任，按一定格式编制的作为记账依据的具有法律效力的书面证明文件。填制、审核会计凭证的意义为：反映经济业务、传导经济信息、监督经济业务、明确经济责任、登记账簿的依据。

原始凭证是进行会计核算的原始资料和重要依据。按其来源不同，可分为自制原始凭证和外来原始凭证；按其反映业务的方法和填制手续不同，可分为一次凭证、累计凭证和汇总原始凭证。

记账凭证是由会计人员根据审核无误的原始凭证或原始凭证汇总表，按记账的要求归类整理，并确定会计分录而编制的凭证，是登记账簿的直接依据。

会计凭证的传递是指从原始凭证的填制或取得时开始，经过填制、稽核、记账，直到归档保管为止，在本单位内部有关职能部门和人员之间的传递路线、传递时间和处理程序。正确组织会计凭证的传递，对于提高会计核算资料的及时性，正确组织经济活动，加强经济责任，实行会计监督，具有十分的重要意义。

思考与练习

一、单项选择题

1. 原始凭证按（　　）分类，分为一次凭证、累计凭证等。
    A. 用途和填制程序　　　　　　　　B. 形成来源
    C. 填制方式　　　　　　　　　　　D. 填制程序及内容
2. 下列原始凭证中属于外来原始凭证的有（　　）。
    A. 提货单　　　　　　　　　　　　B. 发出材料汇总表
    C. 购货发票　　　　　　　　　　　D. 领料单
3. 在一定时期内连续记录若干同类经济业务的会计凭证是（　　）。
    A. 原始凭证　　　B. 记账凭证　　　C. 累计凭证　　　D. 一次凭证
4. 记账凭证的填制是由（　　）进行的。
    A. 出纳人员　　　B. 会计人员　　　C. 经办人员　　　D. 主管人员
5. 在会计实务中，原始凭证按照填制手续及内容的不同，可以分为（　　）。
    A. 外来原始凭证和自制原始凭证　　B. 收款凭证、付款凭证和转账凭证
    C. 一次凭证、累计凭证和汇总凭证　D. 通用凭证和专用凭证
6. 在一笔经济业务中，如果既涉及收款业务，又涉及转账业务，应（　　）。
    A. 编制收款凭证　　　　　　　　　B. 编制付款凭证
    C. 编制转账凭证　　　　　　　　　D. 同时编制收款凭证和转账凭证
7. 在审核原始凭证时，对于内容不完整、填制有错误或手续不完备的原始凭证，应该（　　）。

A. 拒绝办理，并向本单位负责人报告

B. 予以抵制，对经办人员进行批评

C. 由会计人员重新填制或予以更正

D. 予以退回，要求更正、补充，以至重新填制

8. 出纳人员付出货币资金的依据是（　　）。

　　A. 收款凭证　　　　B. 付款凭证　　　　C. 转账凭证　　　　D. 原始凭证

9. 在使用收款凭证、付款凭证、转账凭证的单位，与货币资金无关的业务，填制的凭证是（　　）。

　　A. 收款凭证　　　　B. 付款凭证　　　　C. 通用记账凭证　　　D. 转账凭证

10. 下列内容中，不属于记账凭证审核内容的是（　　）。

　　A. 凭证是否符合有关的计划和预算

　　B. 会计科目使用是否正确

　　C. 凭证的金额与所附原始凭证的金额是否一致

　　D. 凭证的内容与所附原始凭证的内容是否一致

二、多项选择题

1. 下列凭证中属于自制原始凭证的有（　　）。

　　A. 购进发货票　　　　　　　　　　B. 销售发货票

　　C. 限额领料单　　　　　　　　　　D. 发出材料汇总表

2. 记账凭证按与货币收付业务是否有关，分为（　　）。

　　A. 汇总记账凭证　　　B. 收款凭证　　　C. 付款凭证　　　　D. 转账凭证

3. 对原始凭证审核的内容包括（　　）。

　　A. 审核真实性　　　B. 审核合理性　　　C. 审核及时性　　　D. 审核完整性

4. 下列经济业务中，应填制付款凭证的是（　　）。

　　A. 提现金备用　　　　　　　　　　B. 购买材料预付定金

　　C. 购买材料未付款　　　　　　　　D. 以存款支付前欠某单位账款

5. 记账凭证按照填制的方式的不同，可分为（　　）。

　　A. 通用记账凭证　　　　　　　　　B. 专用记账凭证

　　C. 复式记账凭证　　　　　　　　　D. 单式记账凭证

6. 下列项目中，属于记账凭证的有（　　）。

　　A. 收款凭证　　　B. 科目汇总表　　　C. 汇总收款凭证　　　D. 转账凭证

7. 会计凭证的传递要做到（　　）。

　　A. 程序合理　　　B. 时间节约　　　C. 手续严密　　　D. 责任明确

8. 收款凭证是根据货币资金收入业务编制的记账凭证，其主要作用有（　　）。

　　A. 出纳人员据此收入货币资金　　　B. 出纳人员据此付出货币资金

　　C. 出纳人员据此登记现金日记账　　D. 出纳人员据此登记现金总账

9. 有些自制的原始凭证可以起到记账凭证的作用。如果要使原始凭证起记账凭证的作用，则原始凭证至少应增加的内容有（　　　）。

A．应借科目 　　　　　　　　B．应贷科目

C．经济业务的金额 　　　　　D．经济业务摘要

10. 记账凭证的重要作用决定了它必须包括一些基本内容，即基本要素。下列各项中，构成记账凭证基本要素的有（　　　）。

A．会计科目 　　　　　　　　B．记账金额

C．凭证编号 　　　　　　　　D．所附原始凭证张数

三、判断题

1. 原始凭证是登记明细分类账的依据，记账凭证是登记总分类账的依据。（　　　）

2. 在证明经济业务发生，据以编制记账凭证的作用方面，自制原始凭证与外来原始凭证具有同等效力。 （　　　）

3. 对不真实、不合法的原始凭证，会计人员有权不予接受，对记载不准确、不完整的原始凭证，会计人员有权要求其重填。 （　　　）

4. 一张原始凭证所列支出需要几个单位共同负担的，应当将其他单位负担的部分用复印件提供给其他单位。 （　　　）

5. 自制原始凭证的填制，都应由会计人员填写，以保证原始凭证填制的正确性。 （　　　）

6. 出纳人员在办理收款或付款业务后，应在凭证上加盖"收讫"或"付讫"的戳记。 （　　　）

7. 将现金存入银行应同时编制银行存款收款凭证和现金付款凭证。（　　　）

8. 收款凭证、付款凭证是出纳人员收款、付款的依据。 （　　　）

9. 各种凭证若填写错误，不得随意涂改、刮擦、挖补。 （　　　）

10. 会计凭证的传递是指会计凭证从取得或填制时起至归档保管过程中，在单位内部会计部门和人员之间的传递程序。 （　　　）

四、思考题

1. 什么是会计凭证？会计凭证分为哪些种类？

2. 原始凭证的填制要求和审核要点是什么？

3. 记账凭证的填制要求和审核要点是什么？

4. 什么是单式凭证、复式凭证？如何填制复式记账凭证？

5. 会计凭证的传递和保管有哪些基本内容？

五、业务题

【资料】某公司 2009 年 10 月份发生下列经济业务：

1）10月2日，以银行存款20 000元购入机器一台。

2）10月4日，收到星星公司前欠的货款18 000元，存入银行。

3）10月9日，以银行存款4 650元支付上月应交增值税款。

4）10月10日，向东风公司购入甲材料，取得增值税专用发票上注明的价款是50 000元，税款8 500元，款项尚未支付。

5）10月15日，以银行存款176 000元支付本月份职工工资。

6）10月16日，职工李涛出差报销差旅费1 920元，交回余款80元。

7）10月18日，生产A产品领用甲材料24 000元

8）10月25日，从银行提取现金6 000元备用。

9）10月27日，销售产品一批，开出增值税专用发票，其中价款45 000元，税款7 650元，货款已收存银行。

10）10月31日，管理部门领用甲材料2 400元。

【要求】

1）根据上述经济业务，确定应编制的记账凭证的种类。

2）根据上列经济业务编制记账凭证。

案 例 分 析

银行会计凭证造假案例

案例背景

事例一：某省会分行伪造进账单，掩盖虚列管理费等支出611万元用于购买土地。

1997年12月30日，该行辖内七个县支行通过32张特种转账借（贷）方传票从管理费用中列支合计611万元上划到分行，用于支付购置办公楼建设用地款项。除一个县支行填写的虚假收款单位为县政府招待所和县财险公司外，其余的六个县支行填写的收款单位均为该分行，收款人账号为空白，且各支行在列支上述款项时都没有相应的发票。该分行在收到上述款项后，于1997年12月31日伪造了一张从营业部0221（机关团体存款）账户付款611万元给该市预算外资金集中户的进账单，用于代替各县支行资金上划的联行补充报单等原始资金汇划凭证，并将此进账单交换给工行，用作工行的入账凭证。由于上述进账单是假的，所以该行营业部0221账户当天的分户账并没有上述那笔流水账录。该行利用其在同城票据交换中作为交换行的特殊身份，通过上述方法达到了掩盖各县支行虚列支出用于购置办公楼建设用地的目的。

事例二：某地级分行伪造进账单。掩盖虚列支出264万元用于该行下属机构的基建。

1998年11月11日至16日，该行辖内各县支行以付房屋维修费、库房维修费、货币发行费等名义，在管理费支出科目中列支合计264万元，收款人名称均为某省三建、账号为某某、汇入行均为该市商行公园支行。而实际上该账号是该行某下属机构的，各

县支行之所以将户名写为"某省三建"是因为他们的出账发票是由某省三建开给该行某下属机构的。然后由该行某下属机构转给各县支行。这样一来，使得从表面上看起来各县支行出账很正常。作为同城票据交换行的该行在收到上述款项后，于1998年11月16日、17日，通过科技部门利用联行以外的系统伪造两张联行贷方补充报单，将发报行和汇出行均改为省分行，将收款人名称改为该行某下属机构，账号不变，这样一来，资金就被顺利地拨给某下属机构用做基建款，资金来源变成省分行的拨款，从而使其表面合理化，掩盖了虚列费用的事实。

事例三：省分行和某地级分行联手，利用虚假账户、户名，套取100万元费用，用作地级分行下属机构的基建款。

1999年12月27日，该地级分行占用同城清算资金100万元，将该笔资金拨给地级分行下属机构用作基建款，后来由于机构改革，该下属机构划归省分行管辖。1999年12月30日，省分行在两个费用科目分别列支40万元和60万元，其中40万元通过电子联行汇给该地级分行，该行将该笔资金冲减被占用的清算资金其中的40万；60万元先以软件开发费的名义拨付到"金融电子化资金"账户，然后再从该账户汇给该地级市的某科技公司，汇入行"某市商业银行"，收款人账号是某某，户名为某科技公司，此处的账号、户名均为虚假的。根据结算制度，该市商业银行将该笔资金通过该地级分行转退该地级分行根据事先同省分行的约定，没有将该笔款退给汇款人省分行，而是将其冲减被占用的清算资金的剩余部分。40万元的发票由省分行自身虚开，60万元的发票由地级分行通过该市某税务师事务所虚开，并提供给省分行用作为出账依据。这样一来，两家分行通过虚开发票和虚构账号、户名等手法，达到了虚列费用用于基建项目的目的。

案例解析

分析上述造假案例形成的原因。主要有：

1）银行的特殊地位使其填制不完整的结算凭证，资金汇划仍能畅通无阻。例如：在事例一中使用的特转凭证的收款人账号不填或填写不真实，事例二中县支行使用的联行报单收款人填写不真实，分行伪造的联行报单中汇款人填写不真实，资金仍能汇到真正的目的地。这样的事情只有银行才能做到，这是由其资金汇划中管理者的特殊身份决定的。

2）资金结算的技术环境存在漏洞，为银行随意改变资金运动方向提供了条件。例如：事例一中使用的联行系统是手工联行。而且当时没有实现"天地对接"，所以县支行向辖外支付款项需要通过分行中转，这一技术上的限制为分行改变汇划方向提供了可乘之机。事例三中的联行系统虽然是电子联行，并且实现了"天地对接"，但是当汇款发生错误时，也必须经过辖内分行转退，这同样为银行造假创造了条件。

（资料来源：欧涛．2003．银行会计凭证造假案例．中国审计信息与方法，8:39~40）

思考：

如何查处银行伪造会计凭证？

第五章　会计账簿

通过本章学习，了解会计账簿的基本含义和单位登记会计账簿的基本原理，区别会计账簿的不同种类和各自内容；掌握建立和登记日记账，总分类账和明细分类账等会计账簿，账簿的试算平衡，检查与更正账簿错误，账簿的结账与对账的一般程序和操作方法。

学习任务

通过本章的学习，要达到以下几个目的：

- 了解会计账簿的基本含义。
- 了解单位登记会计账簿的基本原理。
- 掌握会计账簿的分类及各自内容。
- 掌握建立和登记日记账、总分类账和明细分类账的方法。
- 掌握账簿的试算平衡，检查与更正账簿错误的方法，以及结账与对账的操作方法。

导入案例

新设公司如何设置账簿

经济技术开发区新成立了一家富强食品有限责任公司。该公司是一家食品制造企业，主要生产蛋黄饼干，原材料有小麦面粉（强）、白砂糖、鸡蛋、香油、起酥油等，生产工艺流程比较简单，在同一生产车间加工成产成品蛋黄饼干。公司现有职工13名，其中工人8名、行政管理人员3名、营销人员2名。该公司由两名股东投资，注册资金50万元。公司总经理吕强毕业于食品专业，是卢安的大学校友。由于公司刚成立，吕强对公司的管理没有太多经验，便委托永正会计公司帮助推荐一名经验丰富的会计人员来负责公司的财务工作。永正会计公司推荐了已有3年财务工作经验的李蔷。李蔷目前的工作是负责富强食品有限责任公司进行成立初期的建账工作。如果你是李蔷，你将如何解决下列问题。

（资料来源：李秀莲，张华．2007．基础会计学．北京：北京大学出版社）

思考：

1）新企业成立建新账，应该到哪些部门申请、登记？

2）应该到哪里购买账簿？

3）至少应该购买哪些种类的账簿，这些账簿分别应该是什么格式？

4）应该为该企业开设哪些账户？

第一节　会计账簿概述

一、会计账簿的概念和意义

会计账簿是指由一定格式账页组成的，以经过审核的会计凭证为依据，全面、系统、连续地记录各项经济业务的簿籍。企业在生产经营活动中所发生的一切经济业务，都必须取得或填制有关会计凭证，通过会计凭证加以记录和反映。但会计凭证数量、资料分散，每张凭证只能记载个别的经济业务，所提供的资料是零星的。为了全面、系统、连续地反映企事业单位的经济活动和财务收支情况，必须通过设置各类账簿，将大量的分散在每一张会计凭证当中记录的经济业务加以归类整理，然后分门别类地登记到有关账簿中去。通过账簿记录，既可以提供各项总括的核算资料，又可以提供明细核算资料。设置和登记账簿是编制会计报表的基础，是连续会计凭证与会计报表的中间环节，在会计核算中具有重要意义。

1）通过账簿的设置和登记，可以记载、储存会计信息。将会计凭证所记录的经济业务逐项记入有关账簿，可以全面反映一定时期发生的各项经济活动，及时储存所需要的各项会计信息。

2）通过账簿的设置和登记，可以分类、汇总会计信息。通过账簿记录，可以将分散在会计凭证上的大量核算资料按其不同性质加以归类、整理和汇总，以便全面、系统、连续和分类地提供企业资产、负债、所有者权益、收入、费用和利润等会计要素的增减变化情况，及时提供各方面所需要的总括会计信息，为管理决策提供信息。

3）通过账簿的设置和登记，可以检查、校正会计信息。账簿记录是对会计凭证的进一步整理，账簿记录也是会计分析、会计检查的重要依据。如账簿中记录的财产物资的账面数可以通过实地盘点的方法，与实存数进行核对，检查财产物资是否妥善保管，账实是否相等。

4）通过账簿的设置和登记，可以编报、输出会计信息。会计账簿是对会计凭证的系统化，提供的是全面、系统、分类的会计信息，因而账簿记录是编制会计报表的主要资料来源，账簿所提供的资料是编制会计报表的主要依据。

二、会计账簿与账户的关系

账簿与账户有着十分密切的关系。账户是根据会计科目开设的，账户存在于账簿之中，账簿中的每一账页就是账户的存在形式和载体，没有账簿，账户就无法存在；账簿序时、分类地记载经济业务，是在个别账户中完成的。因此，账簿只是一个外在形式，账户才是它的真实内容。所以说，账簿是由若干账页组成的一个整体，而开设账页上的账户则是这个整体中的个别部分，因而账簿与账户的关系，是形式和内容的关系。

三、会计账簿的分类

在会计核算中，账簿的种类是多种多样的，为了便于了解和使用，必须对账簿进行分类。账簿一般可以按用途、账页格式和外形特征进行分类。

（一）按用途分类

账簿按用途不同可分为序时账簿、分类账簿和备查账簿三种。

1. 序时账簿

序时账簿又称日记账，是按照经济业务发生或完成时间的先后顺序逐笔进行登记的账簿。在实际工作中，这种账簿通常是按照记账凭证编号的先后顺序逐日进行登记的，因此又称为日记账。序时账簿的特点是序时登记和逐笔登记。序时账簿通常有两种，一种是用来登记全部经济业务的发生情况的账簿，称为普通日记账；另一种是用来登记某一类经济业务发生情况的账簿，称为特种日记账。

在实际工作中，因经济业务的复杂性，一般很少采用普通日记账，应用较为广泛的是特种日记账。为了加强对货币资金的监督和管理，各单位应该设置专门记录和反映现金收付业务及其结存情况的库存现金日记账，以及专门记录和反映银行存款收付业务及其结存情况的银行存款日记账，而不设置转账日记账。同时，各单位可根据自身管理的需要设置其他日记账簿，如登记采购业务的购货日记账、登记销售业务的销售日记账。

2. 分类账簿

分类账簿是对全面经济业务事项按照会计要素的具体类别而设置的分类账户进行登记的账簿。分类账簿按照分类的概括程度不同，又分为总分类和明细分类账两种。按照总分类账户分类登记经济业务事项的是总分类账簿，简称总账。按照明细分类账户分类登记经济业务事项的明细分类账簿，简称明细账。明细分类账是对总分类账的补充和具体化，并受总分类账的控制和统驭。分类账簿提供的核算信息是编制会计报表的主要依据。

分类账簿和序时账簿的作用不同。序时账簿能够提供连续系统的信息，反映企业资金运动的全貌；分类账簿是按照经营与决策的需要而设置的账户，归集并汇总各类信息，反映资金运动的各种状态、形式及其构成。在账簿组织中，分类账簿占有特别重要的地位。因为只有通过分类账簿，才能把数据按账户形成不同信息，满足编制会计报表的需要。

3. 备查账簿

备查账簿简称备查簿，是对某些在序时账簿和分类账簿等主要账簿中都不予登记或登记不够详细的经济业务事项进行补充登记时使用的账簿。备查账簿可以为某项经济业务的内容提供必要的参考资料，是对账簿记录内容的一种补充。例如，企业设置的租入固定资产登记簿、受托加工材料登记簿、代销商品登记簿等都属于备查账簿。备查账簿可以由各单位根据需要进行设置。

备查账簿与序时账簿和分类账簿相比，存在两点不同之处：一是登记依据可以不需要记账凭证，甚至不需要一般意义上的原始凭证；二是账簿的格式和登记方法不同，备查账簿的主要栏目不记录金额，它更注重用文字来表述某项经济业务的发生情况。

（二）按账页格式分类

按账页格式的不同，账簿可分为两栏式、三栏式、多栏式和数量金额式四种。

1. 两栏式账簿

两栏式账簿是指只有借方和贷方两个基本金额栏目的账簿。普通日记账和特种日记账一般采用两栏式。

2. 三栏式账簿

三栏式账簿是设有借方、贷方和余额三个基本栏目的账簿。各种日记账、总分类账以及资本、债权明细账都可以采用三栏式账簿。三栏式账簿又分为设对方科目和不设对方科目两种，区别是在摘要栏和借方科目栏之间是否有对方科目栏。设有对方科目栏的，称为设对方科目的三栏式账簿；不设有对方科目栏的，称为不设对方科目的三栏式账簿。

3. 多栏式账簿

多栏式账簿是在账簿的两个基本栏目借方和贷方按需要分设若干专栏的账簿，如多栏式日记账。但是，其专栏设置在借方还是在贷方，或是两方同时设专栏、专栏的数量等，均应根据需要来确定。收入、费用明细账均采用这种格式的账簿。

4. 数量金额式账簿

数量金额式账簿的借方、贷方和余额三个栏目内，都分设数量、单价和金额三个小栏，借以反映财产物资的实物数量和价值量。

（三）按外形特征分类

账簿按其外形特征不同可分为订本账、活页账和卡片账三种。

1. 订本账

订本账是启用之前就已将账页装订在一起，并对账页进行了连续编号的账簿。订本账的优点是能避免账页散失和防止抽换账页；其缺点是不能准确为各账户预留账页，也不便于会计分工。这种账簿一般适用于总分类账、库存现金日记账、银行存款日记账。

2. 活页账

活页账是在账簿登记完毕之前并不固定装订在一起，而是装在活页账夹中。当账簿登记完毕之后才将账页装订，加具封面，并给各账页连续编号。各种明细分类账一般采用活页账形式。这类账簿的优点是记账时可以根据实际需要，随时将空白账页装入账簿，或抽去不需要的账页，便于分工记账；其缺点是如果管理不善，可能会造成账页散失或故意抽换账页。各种明细分类账一般采用活页账形式。

3. 卡片账

卡片账是将账户所需格式印刷在硬卡上。严格地说，卡片账也是一种活页账，只不过它不是装在活页账夹中，而是装在卡片箱内。在我国，企业一般只对固定资产的核算采用卡片账形式，也有少数企业在材料核算中使用卡片。

阅读资料 ■■■■■

我国 2006 年 1 月 1 日正式实施的新《公司法》第 34 条规定"股东可以要求查阅公司会计账簿。股东要求查阅公司会计账簿的应当向公司提出书面请求，说明目的。公司有合理根据认为，股东查阅会计账簿有不正当目的，可能损害公司合法利益的，可以拒绝提供查阅，并应当自股东提出书面请求之日起十五日内书面答复股东并说明理由。公司拒绝提供查阅的，股东可以请求人民法院要求公司提供查阅。"

（资料来源：苏丹. 2009. 试论中国公司股东账簿查阅权制度的完善. 经济研究导刊, 16）

第二节　账簿的内容和登记账簿的规则

账簿的登记通常叫作记账或过账。登记账簿必须以审核无误的记账凭证为依据。由于会计账簿记录了企业完整、系统全面的会计信息，是经常使用和查询的重要会计资料，也是会计档案的重要组成部分，因此会计账簿的登记必须遵守一定的规则，以保证账簿记录清洁、美观、清楚、正确。

一、会计账簿的基本内容

在实际工作中，由于各种会计账簿所记录的经济业务不同，账簿的格式也多种多样，但各种账簿都应具备以下基本内容。

1）封面。封面主要用来标明账簿的名称，如总分类账、各种明细分类账、库存现金日记账、银行存款日记账等。

2）扉页。扉页主要列明科目索引、账簿启用和经管人员一览表（活页账、卡片账在装订成册后，填列账簿启用和经管人员一览表，格式参见图 5-1）。

3）账页。账页是账簿用来记录经济业务事项的载体，包括账户的名称、登记账户的日期栏、凭证种类和号数栏、摘要栏、金额栏、总页次和分户页次等基本内容。

二、登记账簿的规则

登记账簿是会计核算的一个重要环节，是为经济管理提供数据资料的主要手段，在登账过程中能否做到记录完整、登记及时、数字正确、字迹清楚，除了会计人员要加强工作责任感外，还应遵循一些记账规则。

（一）账簿启用规则与保管

1）会计人员在启用会计账簿时，应当在账簿封面上写明单位名称和账簿名称，并在账簿扉页上附启用表，表内详细载明：单位名称、账簿名称、账簿编号、账簿页数、启用日期、记账人员和会计主管人员姓名，并加盖有关人员的印章和单位公章，具体格式见图5-1。

账目启用和经管人员一览表

账簿名称：＿＿＿＿＿＿＿＿＿＿＿　　　单位名称：＿＿＿＿＿＿＿＿＿＿＿

账簿编号：＿＿＿＿＿＿＿＿＿＿＿　　　账簿册数：＿＿＿＿＿＿＿＿＿＿＿

账簿页数：＿＿＿＿＿＿＿＿＿＿＿　　　启用日期：＿＿＿＿＿＿＿＿＿＿＿

会计主管：＿＿＿＿＿＿＿＿＿＿＿　　　记账人员：＿＿＿＿＿＿＿＿＿＿＿

移交日期			移交人		接管日期			接管人		会计主管	
年	月	日	姓名	签章	年	月	日	姓名	签章	姓名	签章

图5-1　账目启用和经管人员一览表

2）更换记账人员时，应办理交接手续，在交接记录内填写交接日期和交接人员姓名并签章。

3）启用订本式账簿，应当从第一页到最后一页按顺序编定页数，不得跳页、缺号。使用活页式账页，应当按账户顺序编定页码，另加目录，记录每个账户的名称和页次。

4）账簿的使用有规定年限，一般是以每一个会计年度为限。在年底启用新账时，为了保证年度之间账簿记录的相互衔接，应把上年度的年末余额计入新账的第一行，并在"摘要"栏注明"上年结转"字样。

会计账簿的更换通常在新会计年度建账时进行。一般来说，总账、日记账和多数明细账应当每年更换一次。但有些财产物资明细账由于材料品种、规格较多，更换新账重抄一遍的工作量较大,因此可以不必每年度更换一次。各种备查账簿也可以连续使用。

5)会计账簿的保管。年度终了,各种账户在结转下年,建立新账后,一般都要把旧账送交总账会计集中统一管理。被更换下来的旧账是会计档案的重要组成部分,必须科学、妥善地加以保管。会计账簿暂由单位财务会计部门保管一年,期满之后,由财务会计部门编造清册移交本单位档案部门。

（二）会计账簿的登记规则

1)为了保证账簿记录的准确、整洁,应当根据审核无误的会计凭证登记会计账簿。登记会计账簿时,应当将会计凭证日期、编号、业务内容摘要、金额和其他有关资料逐项计入账内,做到数字准确、摘要清楚、登记及时、字迹工整。每一项会计事项,一方面要记入有关的总账,另一方面要记入该总账所属的明细账。账簿记录中的日期,应当填写记账凭证上的日期而不是账簿的登记日期;以自制原始凭证作为记账依据的,账簿记录中的日期应按有关凭证上的日期填列。

2)账簿登记完毕后,要在记账凭证上签名或者盖章,并在记账凭证的"过账"栏内注明账簿页数或画√,注明已经登账的符号,表示已经记账完毕,避免重记、漏记。

3)账簿中书写的文字和数字上面要留有适当的空格,不要写满格,一般应占格距的1/2。这样,在一旦发生登记错误时,能比较容易地进行更正,同时也方便查账工作。

4)为了保持账簿记录的持久性,防止涂改,登记账簿必须使用蓝黑墨水或碳素墨水并用钢笔书写,不得使用圆珠笔或铅笔书写。

5)在下列情况下,可以用红色墨水记账:①按照红字冲账的记账凭证,冲销错误记录;②在不设借贷等栏的多栏式账页中,登记减少数;③在三栏式账户的余额栏前,如未印明余额方向的,在余额栏内登记负数余额;④根据国家统一的会计制度的规定可以用红字登记的其他会计记录。

由于会计中的红字表示负数,因而除上述情况外,不得用红色墨水登记账簿。

6)在登记各种账簿时,应按页次顺序连续登记,不得隔页、跳行。如无意间发生隔页、跳行现象,应在空页、空行处用红色墨水画对角线注销,或者注明"此页空白"或"此行空白"字样,并由记账人员签名或者签章。

7)凡需要结出余额的账户,结出余额后,应当在"借或贷"栏目内注明"借"或"贷"字样,以示余额的方向;对没有余额的账户,应在"借或贷"栏内写"平"字,库存现金日记账和银行存款日记账必须逐日结出余额。

8)为了保持账簿记录的连续性,每一账页登记完毕时,要办理转页手续。具体方法是:每一账页登记完毕结转下页时,应当结出本页合计数及余额,写在本页最后一行和下页第一行有关栏内,并在摘要栏内注明"过次页"和"承上页"字样。

对需要结计本月发生额的账户,结计"过次页"的本页合计数应当为自本月初起至本页末止的发生额合计数;对需要结计本年累计发生额的账户,结计"过次页"的本页合计数应当为自年初起至本页末止的累计数;对既不需要结计本月发生额也不需要结计本年累计发生额的账户,可以只将每页末的金额结转次页。

知识拓展 ■■■■■

建账记账的法律责任

依法设置账簿，是单位进行会计核算最基本的要求。各单位发生的经济业务事项应当在依法设置的会计账簿上统一登记、核算。根据我国《会计法》和《会计基础工作规范》等法律文件规定，会计人员在登记账簿时应当做到以下几点。

1）必须依据经过审核的会计凭证登记账簿。

2）登记会计账簿必须按照记账规则进行。记账规则包括：会计账簿应当按照连续编号的页码顺序登记；会计账簿记录发生错误或隔页、缺号、跳行的，应当按照国家统一的会计制度规定的方法更正，并由会计人员和会计机构负责人（会计主管人员）在更正处盖章，以明确责任。

3）实行会计电算化的单位，其会计账簿的登记、更正，也应当符合国家统一的会计制度的规定。

4）除《会计法》、国家统一会计制度外，其他法律、行政法规对会计账簿的设置和登记有规定的，各单位也必须严格执行。

5）实物及款项的实有数额相符、会计账簿记录与会计凭证的有关内容相符、会计账簿之间相对应的记录相符、会计账簿记录与会计报表的有关内容相符。

如果违法记账将承担以下法律责任。

1）责令限期改正。

2）罚款。县级以上人民政府财政部门根据有关违法记账行为的性质、情节、以及危害和程度，在责令限期改正的同时，可以对单位并处3 000元以上5万元以下的罚款，对有关直接负责的主管人员和其他直接责任人员，可以处2 000元以上2万元一下的罚款。

3）行政处分。对有关违法记账行为直接负责的主管人员和其他直接责任人员中的国家工作人员，视情节轻重，由其所在单位、上级单位，或者行政监察部门给予警告、记过、记大过、降级、降职、撤职、留用察看和开除等行政处分。

4）吊销会计从业资格证书。会计人员有违法记账行为的，情节严重的，由县级以上人民政府财政部门吊销会计从业资格证书。

5）依法追究行事责任。违法行为人为达到偷逃税款、骗取出口退税、贪污、挪用公款等目的，并造成了严重后果，按照刑法的有关规定，构成犯罪的，应当依照《刑法》的规定分别定罪、量刑。

（资料来源：李敏. 2001. 会计账簿规范与记账技术. 上海：上海财经大学出版社）

第三节 账簿的格式和登记方法

会计账簿的格式应根据企业经济业务的特点和管理要求，合理科学地设置。账簿间明确分工，会使账簿之间既具有统驭关系，又具有制约关系。账簿格式设计要求简明实用，应避免繁琐复杂，同时也要防止过分简化，以免不能提供日常管理所需的资料和编制报表的数据。《会计法》严禁私设会计账簿，规定各单位发生的各项经济业务事项应依法在会计账簿上统一登记、核算。

一、日记账的格式和登记方法

日记账是按照经济业务发生或完成的时间先后顺序逐笔进行登记的账簿。设置日记账的目的就是使经济业务的时间顺序清晰地反映在账簿记录中。日记账按其所核算和监督经济业务的范围可分为特种日记账和普通日记账。

普通日记账是两栏式日记账，是序时地逐笔登记各项经济业务的账簿，它核算和监督全面经济业务的发生和完成情况，其格式见图5-2。

普通日记账

2009 年		凭 证		会计科目	摘要	借方金额	贷方金额	过账
月	日	字	号					
		转	1	应收账款	甲公司	234 000		
				主营业务收入	A产品		200 000	
				应交税费	增值税		34 000	

图 5-2 普通日记账

特种日记账用来核算和监督某一类型经济业务的发生和完成情况的账簿。因对这些经济业务进行专门的账簿记录，因此被称为特种日记账。各单位一般应设置特种日记账，常见的特征日记账有库存现金日记账、银行存款日记账和转账日记账。这里只介绍前面两种的设置和登记方法。

（一）库存现金日记账的格式和登记方法

1. 库存现金日记账的格式

库存现金日记账是用来核算和监督库存现金每天的收入、支出和结存情况的账簿，其格式有三栏式和多栏式两种。无论采用三栏式还是多栏式库存现金日记账，都必须使用订本账。三栏式库存现金日记账设借方、贷方和余额三个基本栏目。在"金额"栏与"摘要"栏之间常常插入"对方科目"，以便记账时标明库存现金收入的来源科目和库存现金支出的用途科目。三栏式库存现金日记账的格式见图5-3。

库存现金日记账（三栏式）

年		凭 证		摘　要	对方科目	收　入	支　出	结　余
月	日	字	号					

图 5-3　库存现金日记账（三栏式）

2. 库存现金日记账的登记方法

库存现金日记账由出纳人员根据同库存现金收付有关的记账凭证，按时间顺序逐日逐笔进行登记，并根据"上日余额＋本日收入－本日支出＝本日余额"的公式，逐日结出库存现金余额，与库存现金实存数核对，以检查每日库存现金收付是否有误。

三栏式库存现金日记账的具体登记方法如下。

1）日期栏：应与库存现金实际收付日期一致。

2）"凭证"栏：指登记入账的收付款凭证的种类和编号，如"现金收（付）款凭证"，简写为"现收（付）"；"银行存款收（付）款凭证"，简写为"银收（付）"。凭证栏还应登记凭证的编号数，以便于查账和核对。

3）"摘要"栏：摘要说明登记入账的经济业务的内容。文字要简练，但要能说明问题。

4）"对方科目"栏：指库存现金收入的来源科目或支出的用途科目。如从银行提取现金，其来源科目（即对方科目）为"银行存款"，其作用在于了解经济业务的来龙去脉。

5）"收入"、"支出"栏：指库存现金实际收付的金额。每日终了，应分别计算库存现金收入和付出的合计数，结出余额，同时将余额与实际的库存现金核对，即通常说的"日清"。如账款不符应查明原因，并记录备案。月终同样要库存现金收付和结存的合计数，通常称为"月结"。

（二）银行存款日记账的格式和登记方法

银行存款日记账是用来核算和监督银行存款每日的收入、支出和结余情况的账簿，每个银行账户都要设置相应的日记账。由出纳人员根据与银行存款收付业务有关的记账凭证，按时间先后顺序逐日逐笔进行登记。根据银行存款收款凭证和有关现金付款凭证（现金存入银行的业务）登记银行存款收入栏，根据银行存款付款凭证登记支出栏，每日结出存款余额。

1. 银行存款日记账的格式

银行存款日记账的格式与库存现金日记账相同，既可以采用三栏式，也可以采用多栏式。银行存款日记账的具体格式见图 5-4。

银行存款日记账（三栏式）

年		凭　　证		对方科目	摘　　要	收　　入	支　　出	结　　余
月	日	字	号					

图 5-4　银行存款日记账（三栏式）

2. 银行存款日记账的登记方法

银行存款日记账的登记方法也与库存现金日记账的登记方法基本相同。其登记方法如下：

1）日期栏：应与银行存款实际收付日期一致。

2）"凭证"栏：指登记入账的收付款凭证的种类和编号（与库存现金日记账的登记方法一致）

3）"对方科目"栏：指银行存款收入的来源科目或支出的用途科目。如开出支票一张支付购料款，其支出的用途科目（即对方科目）为"材料采购"科目，其作用在于了解经济业务的来龙去脉。

4）"摘要"栏：摘要说明登记入账的经济业务的内容。文字要简练，但要能概括说明问题。

5）"收入"、"支出"栏：指银行存款实际收付的金额。每日终了，应分别计算银行存款的收入和支持的合计数，结算出余额，做到日清；月终应计算出银行存款全月收入、支出的合计数，做到月结。

二、总分类账的格式和登记方法

（一）总分类账的格式

总分类账简称总账，它是按照总分类账户分类登记以提供总括会计信息的账簿。总账中的账页是按总账科目（一级科目）开设的总分类账户。应用总分类账，可以全面、系统综合地反映企业所有的经济活动情况和财务收支情况，可以为编制会计报表提供所需的资料。因此每一单位都应设置总分类账。

总分类账最常用的格式为三栏式，设置借方、贷方、和余额三个基本金额栏目，见图 5-5。

（二）总分类账的登记方法

总分类账可以根据记账凭证逐笔登记，也可以根据经过汇总的科目汇总表或汇总记账凭证的登记。

总分类账（三栏式）

账户名称：

年		凭证号	摘　要	借方金额	贷方金额	借或贷	余　额
月	日						

图 5-5　总分类账（三栏式）

三、明细分类账的格式和登记方法

（一）明细分类账的格式

明细分类账是根据二级账户或明细账户开设账页，分类、连续地登记经济业务已提供明细核算资料的账簿。明细分类账是总分类账的明细记录，它是按照总分类账的核算内容，按照更加详细的分类，反映某一具体类别经济活动的财务收入情况。它对总分类账起补充说明的作用，它所提供的资料也是编制会计报表的重要依据。其格式有三栏式、多栏式、数量金额式和横线登记式（或称平行式）等。

1. 三栏式明细分类账

三栏式明细分类账是设有借方、贷方和余额的三个栏目，用以分类核算各项经济业务，提供详细核算资料的账簿，其格式与三栏式总账格式相同。三栏式明细账适用于只进行金额核算的账户，如应收账款、应付账款等往来结算账户。三栏式明细分类账的格式见图 5-6。

应付账款明细分类账

会计科目：应付账款
明细科目：A 公司

2009 年		凭证		摘　要	借方	贷方	借或贷	余额
月	日	字	号					
12	1			期初余额			贷	20 000
	10	银付	6	偿还前期贷款	10 000		贷	10 000
	15	转	12	购买材料		3 000	贷	13 000

图 5-6　应付账款明细分类账

2. 多栏式明细分类账

多栏式明细分类账将属于同一个总账科目的各个明细科目合并在一张账页上进行登记，既在这种格式账页的借方或贷方金额栏内按照明细项目设若干专栏。多栏式明细分类账适用于成本费用的明细核算。

在实际工作中，成本费用类科目的明细账可以按借方发生额设置专栏，贷方发生额由于每月发生的笔数很少，可以在借方直接用红字冲销。这类明细账也可以在借方设专栏的情况下，贷方设一个总的金额栏，再设一个余额栏。这两种多栏式明细分类账的格式见图5-7和图5-8。

管理费用明细分类账

年		凭证号	摘　要	借　方							
月	日			工资及福利费	办公费	差旅费	修理费	折旧费	工会经费	…	合计

图5-7　管理费用明细分类账

管理费用明细分类账

年		凭证号	摘要	借　方								贷方	余额
月	日			工资及福利费	办公费	差旅费	修理费	折旧费	工会经费	…	合计		

图5-8　管理费用明细分类账

3. 数量金额式明细分类账

数量金额式明细分类账其借方（收入）、贷方（发出）和余额（结存）都分别设有数量、单价和金额三个专栏。该明细分类账适用于既要进行金额核算又要进行数量核算的账户，其格式参见图5-9。

4. 横线登记式明细分类账

横线登记式明细分类账采用横线登记，即将每一相关的业务登记在一行，从而可以依据每一行各个栏目的登记是否齐全来判断该项业务的进展情况。这种明细实际上也是一种多栏式明细分类账，适用于登记材料采购业务、应收票据和一次性备用金业务，其格式参见图5-10。

原材料明细分类账

类别：　　　　　　　　　　　　　　计划单位：

品名和规格：　　　　　　　　　　　储备定额：

存放地点：　　　　　　　　　　　　计量单位：

年		凭证号	摘要	收入			发出			结存		
月	日			数量	单价	金额	数量	单价	金额	数量	单价	金额

图 5-9　原材料明细分类账

其他应收款—备用金明细账

年		凭证号	摘要	借方			年		凭证号	摘要	贷方			余额
月	日			原借	补付	合计	月	日			报销	退	合计	

图 5-10　其他应收款—备用金明细账

（二）明细分类账的登记方法

明细分类账的登记通常有几种方法：一是根据原始凭证直接登记明细分类账，二是根据汇总原始凭证登记明细分类账，三是根据记账凭证登记明细分类账。

不同类型经济业务的明细分类账，可根据管理需要，依据记账凭证、原始凭证或汇总原始凭证逐日逐笔或定期汇总登记。固定资产、债权、债务等明细账应逐日逐笔登记；库存商品、原材料、产成品收发明细账以及收入、费用明细账可以逐笔登记，也可定期汇总登记。

第四节　对账与结账

一、对账

对账就是核对账目，是指对账簿、账户记录进行的核对工作。通过对账，应当做到账证相符、账账相符、账实相符。

在日常会计工作中，在填制凭证、记账、过账、算账、结账、计算的过程中，难免会发生差错，出现账款、账物不符的情况。因而在结账前后，要通过对账将有关账簿记录进行核对，确保会计核算资料的正确性和完整性，为编制会计报表提供真实可靠的数据资料。对账的内容一般包括账证核对、账账核对、账实核对。

（一）账证核对

账证核对是指核对会计账簿记录与原始凭证、记账凭证的时间、凭证字号、内容、金额是否一致，记账方向是否相符。为了保证账证相符，必须将账簿记录同有关会计凭证相核对。一般来说，日记账应与收付款凭证相核对，总账应与记账凭证相核对，明细账应与记账凭证或原始凭证相核对。通常这些核对工作是在日常制证和记账工作中进行的。

（二）账账核对

账账核对是指核对不同会计账簿之间的账簿记录是否相符。为了保证账账相符，必须将各种账簿之间的有关数据相核对。具体核对的内容包括以下几方面。

1）总分类账簿有关账户的余额核对。资产类账户的余额应等于权益类账户的余额，或总账账户的借方余额合计数应与贷方期末余额合计数核对相符。

2）总分类账簿与所属明细分类账簿核对。总账账户的期末余额应与所属明细分类账户期末余额之和核对相符。

3）总分类账簿与序时账簿核对。如前所述，序时账簿包括特种日记账和普通日记账。而我国企事业单位必须设置的特种日记账是库存现金日记账和银行存款日记账。这两类业务同时还必须设置总分类账。库存现金日记账和银行存款日记账期末余额应分别同有关总分类账户的期末余额核对相符。

4）明细分类账簿之间的核对。会计部门各种财产物资明细分类账的期末余额应与财产物资保管或使用部门有关明细账的期末余额核对相符。

（三）账实核对

账实核对是指各项财产物资、债权债务等账面余额与实有数额之间的核对。为了保证账实相符，应将各种账簿记录与有关财产物资的实有数相核对。核对的内容包括以下方面。

1）库存现金日记账账面余额与库存现金数额是否相符。库存现金日记账账面余额应与库存现金实际库存数逐日核对相符。

2）银行存款日记账账面余额与银行对账单的余额是否相符。银行存款日记账的账面余额与银行对账单定期核对相符。

3）各项财产物资明细账账面余额与财产物资的实有数额是否相符。各项财产物资明细账账面余额与财产物资的实有数定期核对相符。

4）有关债权债务明细账账面余额与对方单位的账面记录是否相符。各种应收、应付、应交款明细账的期末余额应与债务、债权单位的账面核对相符；与上下级单位、财政和税务部门的拨缴款项也应定期核对无误。

二、结账

结账是一项将账簿记录定期结算清楚的账务工作。在一定时期结束时（如月末、季末或年末），为了编制会计报表，需要进行结账。结账的内容通常包括两个方面：一是结清各种损益类账户，并据以计算确定本期利润；二是结清各资产、负债和所有者权益账户，分别结出本期发生额和余额。

（一）结账的程序

1）将本期发生的经济业务事项全部登记入账，并保证其正确性。

2）根据权责发生制的要求，调整有关账项，合理确定本期应计的收入和应计的费用。

3）将损益类账户转入"本年利润"账户，结平所有损益类账户。

4）结算出资产、负债和所有者权益账户的本期发生额和余额，并结转下期。

（二）结账的方法

1）对不需按月结计本期发生额的账户，每次记账以后，都要随时结出余额，每月最后一笔余额为月末余额。月末结账时，只需要在最后一笔经济业务事项之下通栏画单红线，不需要再结计一次余额。

2）库存现金、银行存款日记账和需要按月结计发生额的收入、费用等明细账，每月结账时要结出本月发生额和余额，在"摘要"栏内注明"本月合计"字样，并在下面通栏画单红线。

3）需要结计本年累计发生额的某些明细账户，每月结账时，应在"本月合计"行下结出自年初起至本月末止的累计发生额，登记在月份发生额下面，在"摘要"栏内注明"本年累计"字样，并在下面通栏画单红线。12月末的"本年累计"就是全年累计发生额，在全年累计发生额下通栏画双红线。

4）年度终了结账时，有余额的账户，要将其余额结转下年，并在摘要栏注明"结账下年"字样；在下一个会计年度新建有关会计账户的第一行余额栏内填写上年结转的余额，并在"摘要"栏注明"上年结转"字样，格式见图5-11。

应收账款

2009年		凭 证		摘　要	借方	贷方	借或贷	余额
月	日	字	号					
1	1							
12	31							
	31							
	31							

图5-11　应收账款

第五节 错账更正方法

账簿记录应保持整齐清洁。因此记账时应力求正确和清楚，避免差错。如果账簿记录发生错误，必须按照规定的方法予以更正，不准涂改、挖补、刮擦或者用药水消除字迹，不准重新抄写。错账更正方法通常有划线更正法、红字更正法和补充更正法等。

一、划线更正法

划线更正法又称红线更正法。在结账前发现账簿记录有文字或数字错误，而记账凭证没有错误，可以采用划线更正法。

更正时，可在错误的文字或数字上划一条红线，在红线的上方用蓝字填写正确的文字或数字，并由记账人员和会计机构负责人（会计主管人员）在更正处盖章。对于错误的数字，应全部划红线更正，不得只更正其中的错误数字。对于文字错误，可只划去错误的部分。

【例 5-1】 某账簿记录中，将 2 562 元误计为 2 652 元。

更正的方法为：不能只划去其中的"65"，改为"56"；而是把"2 652"全部用红线划去，并在其上方写上"2 562"，即：

2 562

~~2 652~~ [在错误处由记账人员和会计机构负责人（会计主管人员）盖章]

二、红字更正法

红字更正法是指红字冲销原有错误的账户记录或凭证记录，以更正或调整账簿记录的一种方法。通常有两种情况。

1）记账后在当年内发现记账凭证所记的会计科目错误，可以采用红字更正法。更正方法是：记账凭证会计科目错误时，用红字填写一张与原记账凭证完全相同的记账凭证，以示注销原记账凭证，然后用蓝字填写一张正确的记账凭证，并据以记账。

【例 5-2】 大同公司已银行存款购买 A 材料 6 000 元，材料已经验收入库。在填制记账凭证时，误作贷记"库存现金"科目，并已据以登记入账。会计分录如下：

借：原材料 6 000
　　贷：库存现金 6 000

更正时，用红字填制一张与原错误记账凭证内容完全相同的记账凭证，以冲销原错误记录。会计分录如下（注：加方框的数字表示红色墨水书写的数字，下同）：

借：原材料 $\boxed{6\ 000}$
　　贷：库存现金 $\boxed{6\ 000}$

然后，用蓝字填制一张正确的记账凭证。会计分录如下：

借：原材料 6 000

    贷：银行存款 6 000

  2）会计科目无误而所记金额大于应记金额，从而引起记账错误，可以采用红字更正法。更正方法是：记账凭证会计科目无误而所记金额大于应记金额时，按多记的金额用红字编制一张与原记账凭证应借、应贷科目完全相同的记账凭证，以冲销多记的金额，并据以记账。

  【例 5-3】 黄海公司从银行提取现金 60 000 元，备发工资。误作下列记账凭证，并已经登记入账。

    借：库存现金 70 000
      贷：银行存款 70 000

  发现错误后，应将多记的金额用红字作与上述科目相同的会计分录。会计分录如下：

    借：库存现金 | 10 000 |
      贷：银行存款 | 10 000 |

三、补充登记法

  补充登记法是在记账后发现记账凭证填写的会计科目无误，只是所记金额小于应记金额时，所采用的一种更正方法。

  具体更正方法是：按少记的金额用蓝字编制一张与原记账凭证应借、应贷科目完全相同的记账凭证，以补充少记的金额，并据以记账。

  【例 5-4】 胜利公司接受外单位投入资金 360 000 元，已存入银行。在填制记账凭证时，误将其金额写为 30 000 元，并据以登记入账。

    借：银行存款 300 000
      贷：实收资本 300 000

  发现错误后，应将少记的金额用蓝字编制一张与原记账凭证应借、应贷科目完全相同的记账凭证，登记入账：

    借：银行存款 60 000
      贷：实收资本 60 000

第六节　会计账簿的更换与保管

一、会计账簿的更换

  年度结账后，必须按规定更换新账。总账、日记账和大部分明细账每年都应更换一次新账。一些财产物资明细账和债权债务明细，如固定资产明细账、应收账款明细账等，可以跨年度继续使用，各种备查账簿也可以跨年度连续使用，不必每年更换新账，以避免重复抄账增加工作量。

  更换新账时，应将各账户的年末余额过入下一年度新账簿。在新账簿有关账户新账页的第一行"余额"栏内，填上该账户上年的余额；同时在"摘要"栏内加盖"上年结转"戳记。

二、账簿的保管

1）会计账簿与会计凭证、会计报表一样都是会计核算的重要档案资料，也是重要的经济档案，必须按照国家会计档案管理办法的规定，妥善保管，不得丢失和任意销毁。保管期满后，需要销毁的，应按照规定的审批程序报经批准后，再行销毁。

2）会计账簿的保管，既要做到安全、完整，又要保证在需要的时候能从账簿中迅速查到所需要的资料。为此，会计人员必须在年度结束后，将各种活页账簿连同"账簿启用及交接表"装订成册，加上封面，统一编号，与各种订本式账簿一起归档保管。

小　结

登记账簿是会计核算的一项专门方法。

账簿按账页格式分类，可以分为两栏式、三栏式、多栏式和数量金额式账簿；按形式分类，可以分为订本式账簿、活页式账簿和卡片式账簿；按用途分类，可以分为序时账簿、分类账簿和备查账簿。

日记账按其所核算和监督经济业务的范围可分为特种日记账和普通日记账。普通日记账就是序时账簿，对各项经济业务按其发生时间的先后顺序，逐日逐笔连续进行登记。特种日记账是用来记录某一类经济业务发生情况的日记账，通常把某一类比较重要的经济业务，按照业务发生的先后顺序计入账簿中。常见的特种日记账有库存现金日记账、银行存款日记账和转账日记账。

结账就是在会计期末计算并结转各账户的本期发生额和期末余额。对账就是在有关经济业务入账以后，进行账簿记录的核对，包括账证核对、账账核对、账实核对。更正错账的方法有画线更正法、红字更正法和补充登记法。

思考与练习

一、单项选择题

1．登记账簿的依据是（　　　）。

　　A．经济合同　　　　B．会计分录　　　　C．记账凭证　　　　D．有关文件

2．一般情况下，不需要根据记账凭证登记的账簿是（　　　）。

　　A．总分类账　　　　B．明细分类账　　　　C．日记账　　　　D．备查账

3．会计人员在结账前发现，根据记账凭证登记入账时误将 600 元写成 6 000 元，而记账凭证无误，应采用的更正方法是（　　　）。

　　A．补充登记法　　　B．划线更正法　　　C．红字更正法　　　D．横线登记法

4. 新年度开始启用新账时，可以继续使用不必更换新账的是（　　）。

    A. 总分类账　　　　　　　　　　B. 银行存款日记账

    C. 固定资产卡片　　　　　　　　D. 管理费用明细账

5. 活页账一般适用于（　　）。

    A. 总分类账　　　　　　　　　　B. 现金日记账和银行存款日记账

    C. 固定资产明细账　　　　　　　D. 明细分类账

6. "实收资本"明细账的账页可以采用（　　）。

    A. 三栏式　　　　B. 活页式　　　　C. 数量金额式　　　D. 卡片式

7. 现金和银行存款日记账，根据有关凭证（　　）。

    A. 逐日逐笔登记　　　　　　　　B. 逐日汇总登记

    C. 定期汇总登记　　　　　　　　D. 一次汇总登记

8. 多栏式明细账一般适用于（　　）。

    A. 收入费用类账户　　　　　　　B. 所有者权益类账户

    C. 资产类账户　　　　　　　　　D. 负债类账户

9. 下列做法错误的是（　　）。

    A. 现金日记账采用三栏式账簿

    B. 产成品明细账采用数量金额式账簿

    C. 生产成本明细账采用三栏式账簿

    D. 制造费用明细账采用多栏式账簿

10. 在登记账簿时，如果经济业务发生日期为 2008 年 11 月 12 日，编制记账凭证日期为 11 月 16 日，登记账簿日期为 11 月 17 日，则账簿中的"日期"栏登记的时间为（　　）。

    A. 11 月 12 日　　　　　　　　　B. 11 月 16 日

    C. 11 月 17 日　　　　　　　　　D. 11 月 16 日或 11 月 17 日均可

二、多项选择题

1. 数量金额式明细分类账的账页格式一般适用于（　　）。

    A. 库存商品明细账　　　　　　　B. 应交税金明细账

    C. 应付账款明细款　　　　　　　D. 原材料明细账

2. 下列应设置备查账簿登记的事项有（　　）。

    A. 固定资产卡片　　　　　　　　B. 本单位已采购的材料

    C. 临时租入的固定资产　　　　　D. 本单位受托加工材料

3. 会计账簿按账页格式的不同，可以分为（　　）。

    A. 两栏式账簿　　　　　　　　　B. 多栏式账簿

    C. 三栏式账簿　　　　　　　　　D. 数量金额式账簿

4. 在会计账簿扉页上填列的内容包括（　　）。

    A. 账簿名称　　　　B. 单位名称　　　　C. 账户名称　　　　D. 起止页次

5. 必须采用订本式账簿的是（　　）。

A. 现金日记账　　　　　　　　　　B. 固定资产明细账

C. 银行存款日记账　　　　　　　　D. 管理费用总账

6. 以下属于备查账簿的有（　　　）。

A. 租入固定资产登记簿　　　　　　B. 代销商品登记簿

C. 受托加工材料登记簿　　　　　　D. 材料采购明细账

7. 下列明细账中不宜采用数量金额式的有（　　　）。

A. 产成品——A 产品　　　　　　　B. 原材料——甲材料

C. 财务费用　　　　　　　　　　　D. 应收账款——M 公司

8. 可用于更正因记账凭证错误而导致账簿登记错误的错账更正方法有（　　　）。

A. 划线更正法　　B. 红字更正法　　C. 补充登记法　　D. 顺查法

9. 收回货款 1 500 元存入银行，记账凭证中误将金额填为 15 000 元，并已入账，错账的更正方法不正确的是（　　　）。

A. 用划线更正法更正

B. 用蓝字借记"银行存款"账户 1 500 元，贷记"应收账款"账户 1 500 元

C. 用红字借记"应收账款"账户 15 000 元，贷记"银行存款"账户 15 000 元

D. 用红字借记"银行存款"账户 13 500 元，贷记"应收账款"账户 13 500 元

10. 必须逐日结出余额的账簿是（　　　）。

A. 现金总账　　　　　　　　　　　B. 银行存款总账

C. 现金日记账　　　　　　　　　　D. 银行存款日记账

三、判断题

1. 记账以后，发现记账凭证和账簿记录中应借应贷的会计科目无误，只是金额有错误，且所错记的金额小于应记的正确金额，可采用红字更正法更正。　　　　（　　　）

2. 为保持账簿记录的持久性，防止涂改，记账时必须使用蓝黑墨水或碳素墨水，并用钢笔书写，不得使用铅笔或圆珠笔书写。　　　　　　　　　　　（　　　）

3. 会计账簿是连接会计凭证与会计报表的中间环节，在会计核算中具有承前启后的作用，是编制会计报表的基础。　　　　　　　　　　　　　　　　　（　　　）

4. 采用划线更正法时，只要将账页中个别错误数码划上红线，再填上正确数码即可。　　　　　　　　　　　　　　　　　　　　　　　　　　　　　（　　　）

5. 各账户在一张账页记满时，应在该账页最后一行结出余额，并在"摘要"栏注明"转次页"字样。　　　　　　　　　　　　　　　　　　　　　　　（　　　）

四、错账更正

丽华公司在账证核对中，发现下列错误。要求按有关错账更正规则进行更正。

1）从银行提取库存现金 16 000 元，备发工资。

记账凭证为：

借：库存现金　　　　　　　　　　　　　　　　　　　　　　　　16 000

　　　　贷：银行存款　　　　　　　　　　　　　　　　　　　　　16 000
账簿误记录为1 600元。

2）预付红光公司购货款25 000元。

记账凭证为：

　　　　借：库存商品　　　　　　　　　　　　　　　　　　25 000

　　　　　　贷：银行存款　　　　　　　　　　　　　　　　　　25 000

3）以银行存款支付公司行政部门用房的租金2 300元。

记账凭证为：

　　　　借：管理费用　　　　　　　　　　　　　　　　　　　3 200

　　　　　　贷：银行存款　　　　　　　　　　　　　　　　　　　3 200

4）开出现金支票1张，支付公司购货运杂费540元。

记账凭证为：

　　　　借：材料采购　　　　　　　　　　　　　　　　　　　　450

　　　　　　贷：银行存款　　　　　　　　　　　　　　　　　　　　450

案 例 分 析

案例背景

【案由】

徐×甲、徐×乙被诉合同诈骗案

【基本案情】

被告徐×甲的丈夫于1997年设立深圳市远扬通讯设备有限公司（以下简称远扬公司），注册资本300万元，经营范围为生产、销售电话机、图文传真机。2001年徐×甲丈夫将其在该公司的股权转让给被告人徐×乙，由其担任公司执行董事、法定代表人、总经理。之后，公司原材料采购、销售收入、支付客户货款和发放工资等方面均由徐×甲决定，徐×乙则协助管理财务和销售。

远扬公司自1997年成立到2001年企业转给徐×乙后，企业经营状况不是很好，但还是在正常经营。2002年后公司经营恶化，在这种情况下远扬公司仍大量采购电话机配件，有部分以低于成本价2～3元的价格出售。当供货商停止向其供应原料时，便不断更换供货商，以逃避支付货款。期间远扬公司因拖欠货款被多家供货商起诉到法院，该公司通过支付现金、用产品折抵货款还有更换供货商等方式一直维持生产到2004年。2004年6月，几十家供货商前往远扬公司要求支付货款，徐×甲、徐×乙为逃避债务，遣散工人后，将公司关闭潜逃。

根据公安机关的查封清单，该公司关闭时仅留有员工登记表、工资表，没有发现任何财务凭证、会计账簿、财务会计报告。因此无法审查其生产、销售、资金往来等经营情况，也无法准确查清供货商被拖欠货款金额等财务情况。截止 2004 年 6 月，根据 56 家供货商的报案材料初步统计，远扬公司拖欠供货商货款约为人民币 975 万元，而公司遗留的财产却很少，在拍卖后仅能按照 3.88%的比例对债权人进行分配。2005 年 6 月被告人徐×甲、徐×乙被抓获。2006 年 3 月龙岗区检察院以合同诈骗罪对被告人徐×甲、徐×乙提起公诉。

案例解析

依照《公司法》、《会计法》等有关规定，远扬公司在经营过程中应当制作并保存会计凭证、会计账簿、财务会计报告，但在公司经营状况很差即将关闭时，为逃避责任，不拿出会计凭证、会计账簿、财务会计报告对资产、负债进行清算，而是解散工人后逃跑。由于缺少重要的财务资料，导致无法审查其生产、销售资金往来等经营情况，也无法准确查清供货商被拖欠的货款金额，造成供货商大量货款无法清算的严重后果。被告人徐×甲作为远扬公司的实际管理人员，对公司的经营活动及财务管理具有决策权，属于对公司实施隐匿会计凭证、会计账簿、财务会计报告的行为直接负责的主管人员；被告人徐×乙虽然主要是协助徐×甲对公司进行管理，但是作为主要财务人员也应是直接负责的主管人员，故被告人徐×甲、徐×乙的行为构成隐匿会计凭证、会计账簿、财务会计报告罪。

本案被告构成隐匿会计凭证、会计账簿、财务会计报告罪。

思考：

怎样控制及避免发生隐匿会计凭证的行为？

第六章 财 产 清 查

本章主要介绍了会计核算的基本方法—财产清查，目的是要使初学者通过本章学习，了解财产清查概念与种类，明确财产清查的原因、作用和意义，熟悉财产清查的内容和方法，重点掌握财产清查结果的账务处理。

学习任务

通过本章的学习，要达到以下几个目的：

- 了解财产清查的概念，种类、原因、作用和意义。
- 熟悉财产清查的内容和方法。
- 掌握财产清查结果的账务处理。

导入案例

如何施行财产清查

光华会计师事务所受托对东海钢铁厂的存货进行审计，发现存在下列问题。

资料一：年终经财产清查发现，原材料账实不符。

该钢铁厂已经建立了完善的内部控制制度。在存货的管理中实行了采购人员、运输人员、保管人员等不同岗位分工负责的内部牵制制度。然而在实际操作中，由于上述三岗位员工合伙作弊，使内控制度失去了监督作用。该钢铁厂 2008 年根据生产需要每月需要购进各种型号的铁矿石 1 000t，货物自提自用。2008 年 7 月，采购人员张三办理购货手续后，将发票提货联交由本企业汽车司机胡四负责运输。胡四在运输途中，一方面将 600t 铁矿石卖给某企业，另一方面将剩余的 400t 铁矿石运到本企业仓库，交保管员王五按 1 000t 验收入库，三个人随即分得赃款。财会部门从发票、运单、入库单等各种原始凭证的手续上看，完全符合规定，照例如数付款。可是在进行年终财产清查时才发现账实不符的严重情况，只得将不足的原材料数量、金额先做流动资产的盘亏处理，期末处理时，部分做管理费用处理，部分做营业外支出处理。

资料二：毁损材料不报废，制造虚盈实亏。

该钢铁厂 2008 年 1 月发生了一场火灾，材料损失达 90 万元。保险公司可以赔偿 30 万元。企业在预计全年收支情况后，可知如果报列材料损失，就会使利润下降更加严重。为保证利润指标的实现，该钢铁厂领导要求财会部门不列报毁损材料。

（资料来源：陈文铭．2007．基础会计习题与案例．大连：东北财经大学出版社）

思考：

1）资料一中，该企业的会计处理是否妥当？应该如何处理？

2）资料二中，企业这样做的结果是什么？应该如何进行会计处理？

第一节　财产清查概述

一、财产清查的意义

财产清查是对各项财产、物资进行实地盘点和核对，查明财产物资、货币资金和往来款项的实有数额，确定其账面结存数额和实际结存数额是否一致，以保证账实相符的一种会计核算的专门方法。

保证会计信息真实可靠、内容完整，是对企业财务报告中所提供会计信息质量的首要要求。但是由于各种原因，往往会出现某些财产物资实存数与账存数不相符合的情况，造成账实不符的原因是多方面的：财产物资保管过程中发生了自然损耗；财物收发过程中，计量或检验存在错误；登记会计凭证或会计账簿时，出现漏记、重记、错记等记账错误；由于凭证传递时间的差异所造成的未达账项的存在；管理不善、制度不严给不法分子营私舞弊、贪污盗窃提供可乘之机；自然灾害等意外因素造成的非常损失。因此，加强企业的财产清查工作，对各项财产物资、债权债务进行定期或不定期的核对、盘点，对于充分发挥会计的监督职能，提高企业的管理效率具有重要意义。

1）通过财产清查，保证会计核算资料的真实和可靠。通过财产清查，可以确定各项财产物资、债权债务的实有数，查明账存额与实存额之间的差异以及产生差异的原因和责任，以便及时调整账面记录，使账存额与实存额一致，做到账实相符，保证会计核算资料的真实和可靠，为编制财务报表做好准备。

2）通过财产清查，改善企业经营管理。通过财产清查，查明各项财产物资的储备和利用情况，以便采取措施，充分挖掘财产物资的潜力，加速资金周转。进行定期或不定期的清查，能够及时了解各项财产物资有无被挪用、贪污、盗窃以及有无毁损、变质和浪费等情况，便于企业管理部门主动、及时地采取措施，加强管理，保护各项财产物资的安全和完整。在清查过程中，要查明各种往来结算款项的结算是否正常，避免坏账损失的发生，并自觉遵守结算纪律和制度。同时，对财产物资的验收、保管、调拨、报废以及现金出纳、账款结算等手续制度的贯彻和落实情况进行检查，建立健全有关规章制度，提高管理水平也有着举足轻重的作用。

二、财产清查的种类

（一）按照清查对象和范围分类

1. 全面清查

全面清查又称整体清查，是对企业所有财产进行全面清查、盘点和核对。由于全面清查涉及的内容多,工作量大,范围广,清查费用相对较高,一般只在以下几种情况下进行。

1)年终决算,编制年度会计报表前,需要进行一次全面清查以确保年度会计报表资料的真实性。

2)当企业发生其他重大体制变更,撤销、合并、改变隶属关系或改制时,需要进行全面清查,明确经济责任。

3)企业开展清产核资(清查财产、核对资金)或进行全面资产评估时,进行一次全面清查,便于按生产经营的正常需要组织资金供应。

4)单位主要领导调离工作岗位时,需要进行全面财产清查。

2. 局部清查

局部清查也称重点清查。是企业根据实际需要只对财产中某些重点部分进行的清查。局部清查范围小、内容少、时间短、参与人员少,但专业性较强。通常,企业在全面清查之外,需要对那些流动性较大的财产物资按制度规定和实际需要进行局部清查。如库存现金应由出纳人员每日终了清点库存,并与现金日记账进行核对;银行存款至少每月同银行核对一次;原材料、产成品、库存商品等根据制度规定,除年终进行清查盘点外,月末、季末也需要进行清查盘点;实物负责人、保管员易岗交接时,也需要对库存商品、材料、物资等进行盘点;各种贵重物资每月至少清查一次;债权、债务每年至少核对一至两次等。

(二)按照清查的时间分类

按财产清查事先是否制定计划,可以分为定期清查和不定期清查。

1. 定期清查

定期清查是指按照预先安排的时间,在会计年度内的某些固定时间,一般是在年度、季度、月份、每日结账时,依照会计程序的要求对财产物资、债权债务及货币资金进行的清查。定期清查可以是全面清查,也可以是局部清查。

2. 不定期清查

不定期清查是指事先并无具体规定清查的时间,而是根据特定需要,对有关的财产物资、货币资金、债权债务所进行的临时清查。不定期清查可以是全面清查,也可以是局部清查,依实际情况而定。企业往往在以下情况下进行不定期清查:更换财产物资保管人员时,发生意外灾害等非常损失时或者有关部门进行临时性检查时。

三、财产清查的一般程序

财产清查是一项复杂而又细致的工作，涉及面广、工作量大，为保证财产清查工作顺利、有效地进行，需要遵循一定的程序。一般地说，财产清查的过程，包括以下三个步骤。

（一）成立清查小组

财产清查前成立清查组，负责财产清查的组织和管理工作。清查小组应该由会计、业务、仓库等有关业务部门人员组成，并指派专人作为该小组的负责人。清查小组的主要职责是：实施清查以前，合理安排清查工作；清查过程中，进行监督、检查和指导；清查结束后，提出处理意见和建议。

（二）业务准备工作

准备工作由清查小组负责安排，主要内容包括：会计部门提供完整、正确的会计账簿资料；财产管理部门将实物整理整齐，贴上相应的标签，以备核对盘点，并准备有关的衡量器具及清查所需的登记表，如"盘存表"等，如图 6-1 所示。

盘存表

单位名称：　　　　财产类别：　　　　盘点时间：　　　　存放地点：　　　　编号：

序　号	名　　称	规格型号	计量单位	数　量	单　价	金　额	备　注

盘点人签章：　　　　　　　　　　　　　　　　　保管人签章：

图 6-1　盘存表

（三）实施财产清查

清查人员按清查小组的计划和要求，进行清查。在清查财产物资时，应有财产物资的保管员在场，由盘点人员做好盘点记录。盘点结束，盘点人员、财产保管员及相关责任人在"盘存表"上签字盖章，同时根据有关账簿资料和盘存表资料填制"实存账存对比表"，检查账实是否相符，做出相应处理。清查现金时，应有出纳人员在场，并登记"现金盘点报告表"，由盘点人员、出纳人员及有关负责人签字盖章，并据以调整账簿记录。清查银行存款时，应将银行存款日记账和银行对账单核对，并记录"未达账项登记表"，必要时还可以到银行查证。清查往来款项，可通过"函证核对法"进行核实，查询核对各种应收、应付款项，并根据查询结果填制"往来款项对账单"，据以进行相应处理。

阅读资料 ■■■■■

以制造企业为例，全面清查的内容应包括以下各项：

1）现金、银行存款、其他货币资金和银行借款。

2）各种机器设备、房屋、建筑物等固定资产。

3）各种原材料、半成品、产成品等流动资产。

4）各项在途材料、在途商品及在途物资。

5）各种应收、应付、预收、预付款等往来款项。

6）接受或委托其他单位加工保管的材料和物资。

7）各种实收资本、资本公积、盈余公积等有关所有者权益项目。

（资料来源：林世权. 2007. 会计基础. 南宁：广西科学技术出版社）

第二节　财产清查的方法

一、货币资金的清查方法

货币资金一般包括库存现金、银行存款和其他货币资金。这里主要介绍库存现金的清查和银行存款的清查。

（一）库存现金的清查

库存现金的清查，是通过实地盘点的方法，确定库存现金的实存数，再与库存现金日记账的账面余额核对，以查明盈亏情况。盘点前，出纳人员应先将库存现金收、付款凭证全部登记入账，并结出余额。盘点时，为明确经济责任，出纳人员必须在场，库存现金应逐张清点，如发现盘盈、盘亏，盘点人员必须会同出纳人员核实清楚。对库存现金进行清查的目的除查明账实是否相符外，还要查明有无违反现金管理制度规定、有无以"白条"抵充现金、现金库存有无超过银行核定的限额、有无透支现金情况等。盘点结束后，盘点人员应根据盘点结果，填制"库存现金盘点报告表"，并由相关负责人、盘点人员和出纳人员签名盖章。此表具有双重性质，既是盘存单又是账存实存对比表，既是反映现金实存数调整账簿记录的重要原始凭证，也是分析账实发生差异原因、明确经济责任的依据。"库存现金盘点报告表"如图6-2所示。

（二）银行存款的清查

银行存款的清查与库存现金的清查方法不同，它是采用核对法，即清查单位将开户银行定期送来的对账单与本单位的银行存款日记账逐笔进行核对，以查明银行存款、收款、付款及余额是否正确相符。在与银行对账之前，清查单位应该先检查本单位的银行存款日记账的正确性与完整性。通过与银行方面核对，往往会发现双方账目不相符。其主要原因有二：一是双方记账可能有差错，如发生错账、漏账等，应及时查明更正；二是存在未达账项。所谓未达账项，是指清查单位与银行之间，对同一项经济业务由于凭证传递上的时间差所形成的一方已登记入账，而另一方因未收到相关凭证，尚未登记入帐的事项。企业和银行之间可能会发生以下四个方面的未达账项：

库存现金盘点报告表

年 月 日

单位名称：

实存金额	账存金额	实存与账存对比		备 注
		盘 盈	盘 亏	

负责人签章：　　　　　　　盘点人签章：　　　　　　　出纳员签章：

图 6-2　库存现金盘点报告表

1）银行已经收款入账，而企业尚未收到银行的收款通知因而未收款入账的款项。例如委托银行收款，银行已经收款入账，而票据尚未转到企业。（银收企未收）

2）银行已经付款入账，而企业尚未收到银行的付款通知因而未付款入账的款项。例如借款利息的扣付，银行已经入账，而票据尚未转到企业。（银付企未付）

3）企业已经收款入账，而银行尚未办理完转账手续因而未收款入账的款项。例如企业收到外单位的转账支票并入账，而银行尚未收款入账。（企收银未收）

4）企业已经付款入账，而银行尚未办理完转账手续因而未付款入账的款项。例如企业已开出支票并入账，而持票人尚未向银行提现或转账。（企付银未付）

上述任何一项未达账项的发生，都会造成企业银行存款日记账账面余额与开户银行记录不一致，因此，在进行银行存款清查时，特别要注意是否存在未达账项，同时为消除未达账项的影响，企业应根据核对后发现的未达账项，编制"银行存款余额调节表"进行调整。

余额调节法是指编制银行存款余额调节表时，以开户行和企业的现有银行存款余额为基础，分别将双方的未达账项全部补记上去，使双方的余款达到一致。这种方法的计算公式为：

企业银行存款日记账余额＋银收企未收－银付企未付＝银行对账单余额＋

企收银未收－企付银未付

下面将举例说明"银行存款余额调节表"的编制。

【例 6-1】 红星公司 2009 年 12 月 31 日接开户银行转来对账单一张，对账单的余额为 56 000 元，银行存款日记账余额为 29 000 元。经核对找出图 6-3 所示未达账项。

根据上述未达账项编制"银行存款余额调节表"如图 6-4 所示。

未达账项登记表

未达账项种类	结账凭证种类号数	金　额	备　注
银行己收，本单位未收账项 1. 银行代企业收到一笔应收款项		15 000	
银行己付，本单位未付账项 1. 银行划付水电费，企业尚未收到付款通知		12 000	
本单位己收，银行未收账项 1. 企业将收到的支票送存银行，银行未入账		3 000	
本单位己付，银行未付账项 1. 企业支付购料款己登账，银行尚未入账	转账支票 号码 VIII2944580	27 000	

图 6-3　未达账项登记表

银行存款余额调节表

2009 年 12 月 31 日　　　　　　　　　　单位：元

项　目	金　额	项　目	金　额
企业银行存款日记账余额	29 000	银行对账单余额	56 000
加：银收企未收	15 000	加：企收银未收	3 000
减：银付企未付	12 000	减：企付银未付	27 000
调节后的存款金额	32 000	调节后的存款余额	32 000

图 6-4　银行存款余额调节表

调节相等后的余额为企业银行存款的实际金额。值得注意的是，由于未达账项不是错账、漏账，不需根据调节表做任何账务处理，双方账面仍保持原有的余额，待企业或者银行收到有关凭证登记账簿后（即未达账项变成已达账项后），再同正常业务一样进行相应会计处理。对于长期存在的未达账项，应及时查明情况，予以解决。

二、实物财产的清查方法

由于实物的形态、体积、重量、堆放方式等不同，采用的清查方法也不尽相同。主要有以下两种。

（一）实地盘点法

实地盘点法就是运用度、量、衡等工具，通过在财产物资存放现场逐一点数，或用计量仪器确定被清查实物实存数的一种方法，如逐个清点机器台数、逐秤称量材料重量等。运用这种方法得出的数据准确可靠、适应范围较广，大多数财产物资都可采取这种方法，缺点是工作量比较大。

（二）技术推算法

技术推算法是按照一定的技术方法推算出财产物资实存数的一种方法。这种方法适用于堆垛量很大，不便一一清点，单位价值又比较低的实物资产的清查。如露天堆放的燃料用煤、建筑沙石等大宗物资就可以在抽样盘点的基础上，通过技术推算法进行清查。

三、往来款项的清查方法

往来款项的清查包括应收账款、预收账款、应付账款、预付账款清查。企业对往来款项进行清查时，往往采用"函证核对法"。在保证企业单位应收、应付等往来款项账面记录正确无误的基础上通过查询、核对各种应收、应付款项，根据查询结果填制"往来款项对账单"，据以进行相应处理。清查单位按每一个经济往来单位编制"往来款项对账单"（一式两份，其中一份作为回联单）送往各经济往来单位，对方经过核对相符后，在回联单上加盖公章退回，表示已经核对；如果经过核对，数字不相符合，对方应在回联单上注明情况，或另抄对账单退回本单位，进一步查明原因后，再核对，直到相符为止。"往来款项对账单"如图 6-5 所示。

往来款项对账单

_____单位：

你单位 20××年×月×日到我厂购买甲产品 1 000 件，已付货款 4 000 元，尚有 6 000 元货款未付，请核对后将回联单寄回。

清查单位：（盖章）

年 月 日

沿此虚线裁开，将以下回联单寄回！

- -

往来款项对账单（回联）

_____清查单位：

你单位寄来的"往来款项对账单"已收到，经核对相符无误。

单位：（盖章）

年 月 日

图 6-5　往来款项对账单

第三节　财产清查结果处理

企业进行财产清查后，得到结果不外乎以下三种情况：

1）实存数大于账存数，即盘盈。

2）实存数小于账存数，即盘亏。

3）实存数等于账存数，账实相符。

财产清查结果的处理一般指的是对账实不符，即对盘盈、盘亏情况的处理。一旦发现账存数与实存数不一致时，应及时在账簿中予以反映，做到账实相符。从账务处理的步骤看，一般分成以下两个步骤：首先，应该核准数字，根据已查明的财产盘盈、盘亏数字编制"实存账存对比表"（如图6-6所示），填制记账凭证，据以登记有关账簿，调整账簿记录，使各项财产物资的实存数与账存数一致，同时，将盈亏情况、查明的原因及处理建议向单位领导或有关部门办理报批手续；其次，经过规定的程序批准后，根据财产物资盘盈、盘亏的性质及原因，分别编制向责任人索赔、转入当期损益等记账凭证，并记入有关账簿。

实存账存对比表

年　月　日

单位名称：

编号	类别及名称	计量单位	单价	实　　存		账　　存		对比结果				备注
				数量	金额	数量	金额	盘盈		盘亏		
								数量	金额	数量	金额	

单位负责人签章：　　　　　　　　　　　　　　　　　　　填表人签章：

图 6-6　实存账存对比表

一、清查结果处理程序

企业对财产清查的结果进行处理时，一般遵循以下四个步骤来实施。

1）查明差异，分析原因。财产清查小组应根据财产清查中取得的各种资料，如实反映账实不符的情况，彻底查明其性质，认真分析其原因。清查人员必须实事求是地反映问题，不得弄虚作假，对于原因和责任的分析，更要深入具体，认真调查核实。有关处理办法应按照有关规定进行。

2）积极处理多余物资和长期不清的债权债务。对在清查中发现的积压呆滞和不需要的物资，应积极组织调剂利用，本单位不需要的，还应当积极推销，力求物尽其用，减少资金的占用。对于长期拖欠以及有争议的往来款项，应当指定专人，主动与对方单位研究解决。

3）总结经验，健全财产管理制度。对于财产清查中发现的问题和漏洞，应吸取教训，提出改进措施，建立健全有关规章制度，加强经济管理责任制。

4）调整账簿，做到账实相符。对于清查中发现的账实不符的差异应及时做出账面处理，做到账实相符。

二、清查账户的设置

由于财产清查结果的账务处理需分成两步，报批前已经调整了账簿记录，报批后才能针对盈亏原因做出相应的处理，因此，必须有一个过渡性的账户解决报批前后的相关记录。"待处理财产损溢"账户就是为满足会计核算这一要求而设置的。

该账户是用来核算企业在财产清查过程中发生的各种财产物资的盘盈、盘亏或毁损及其处理情况的。借方登记发生的待处理财产盘亏及毁损数和结转已批准处理的财产盘盈数，其贷方登记发生的待处理财产盘盈数和结转已批准处理的财产盘亏和毁损数。该账户期末借方余额表示尚待批准处理的财产物资的净损失，贷方余额表示尚待批准处理的财产物资的净溢余。按现行会计制度规定，企业对待处理财产损溢应及时报批处理，并在期末结账期处理完毕。倘若在期末结账前尚未获经审核批准的，应在对外提供财务会计报告时先按上述规定进行处理，并在会计报表附注中做出说明，如果其后批准处理的金额与已处理的金额不一致，应按其差额调整会计报表相关项目的年初数。

"待处理财产损溢"账户下设置"待处理流动资产损溢"和"待处理固定资产损溢"两个明细分类账户，分别对流动资产和固定资产损溢进行核算。

三、清查结果的账务处理

财产清查的对象不同，清查结果的账务处理也有所区别。以下将分别介绍库存现金、存货以及固定资产清查结果的账务处理。

（一）库存现金清查结果的账务处理

在库存现金清查中，发现现金短缺或盈余时，除了设法查明原因外，还应及时根据"库存现金盘点报告表"进行账务处理。

当发现的有待查明原因的现金短缺或盈余时，首先应通过"待处理财产损溢——待处理流动资产损溢"账户核算。

1. 库存现金的盘盈核算

（1）批准前
按实际溢余的金额，借记"库存现金"账户，贷记"待处理财产损溢——待处理流动资产损溢"账户。

（2）批准后
首先，借记"待处理财产损溢——待处理流动资产损溢"账户，然后根据不同情况，作相应会计处理：①属于应支付有关人员或单位的，转入"其他应付款"账户贷方；②属于无法查明原因的现金溢余，根据企业内部管理权限，转入"营业外收入"账户贷方。

【例6-2】 某企业现金清查后，发现长款500元。根据清查结果，作如下会计分录：
借：库存现金 500
　　贷：待处理财产损溢——待处理流动资产损溢 500
经核查，未查明原因，报经批准作营业外收入处理：

借：待处理财产损溢——待处理流动资产损溢   500
　　贷：营业外收入   500

2. 库存现金的盘亏核算

（1）批准前

按实际短缺的金额，借记"待处理财产损溢——待处理流动资产损溢"账户，贷记"库存现金"账户。

（2）批准后

首先，贷记"待处理财产损溢——待处理流动资产损溢"账户，然后根据不同情况，作相应会计处理：①属于应由责任人员或保险公司赔偿部分的，转入"其他应收款"账户借方；②属于无法查明原因的现金短缺，根据企业内部管理权限，转入"管理费用"账户借方。

【例6-3】 某企业现金清查后，发现短款300元。根据清查结果，作如下会计分录：
借：待处理财产损溢——待处理流动资产损溢   300
　　贷：库存现金   300
经核查，属于出纳员责任，应由出纳员赔偿：
借：其他应收款——出纳员   300
　　贷：待处理财产损溢——待处理流动资产损溢   300
收到款项时：
借：库存现金   300
　　贷：其他应收款——出纳员   300

（二）存货清查结果的账务处理

企业盘盈、盘亏和毁损的存货，报经批准以前应先通过"待处理财产损溢——待处理流动资产损溢"账户核算，报经有关部门批准以后，再根据不同的情况进行账务处理。

1. 存货盘盈的核算

（1）批准前

按实际盘盈的存货金额，借记"原材料"、"库存商品"等账户，贷记"待处理财产损溢——待处理流动资产损溢"科目。

（2）批准后

冲减当期管理费用，借记"待处理财产损溢——待处理流动资产损溢"账户，贷记"管理费用"账户。

【例6-4】 某企业在财产清查中，发现盘盈甲材料100kg，实际成本20元/kg。在批准之前，根据"实存账存对比表"作如下会计分录：
借：原材料——甲材料   2 000
　　贷：待处理财产损溢——待处理流动资产损溢   2 000

经查明,盘盈的甲材料系收发计量上的错误所形成的溢余,经批准冲减管理费用,编制如下会计分录:

借:待处理财产损溢——待处理流动资产损溢   2 000

  贷:管理费用   2 000

2. 存货盘亏的核算

(1)批准前

按实际短缺的存货金额,借记"待处理财产损溢——待处理流动资产损溢"账户,贷记"原材料"、"库存商品"等账户。

(2)批准后

首先,贷记"待处理财产损溢——待处理流动资产损溢"账户,按管理权限,区分不同情况作相应处理:①对于入库的残料价值,计入"原材料"账户借方;②对于应由保险公司和责任人赔偿的部分,计入"其他应收款"账户借方;③扣除残料价值和应由保险公司和责任人赔款后的净损失,属于一般经营损失的部分,计入"管理费用"账户借方;④属于非常损失的部分,计入"营业外支出"账户借方。

【例6-5】某企业在财产清查中,发现毁损乙材料500kg,实际成本10元/kg。在批准之前,根据"实存账存对比表"作如下会计分录:

借:待处理财产损溢——待处理流动资产损溢   5 000

  贷:原材料——乙材料   5 000

上述盘亏的乙材料,经查明,定额内正常损耗为10kg,价值100元;非常损失为100kg,价值1 000元;过失人造成的毁损为350kg,按规定由其个人赔偿3 500元;其余残料已办理入库手续,价值400元。根据批准处理意见,编制如下会计分录:

借:管理费用   100

  营业外支出——非常损失   1 000

  其他应收款——过失人   3 500

  原材料   400

  贷:待处理财产损溢——待处理流动资产损溢   5 000

(三)固定清查结果的账务处理

企业盘盈、盘亏的固定资产,报经批准以前应先通过"待处理财产损溢——待处理流动资产损溢"账户核算,报经有关部门批准以后,再根据不同的情况进行账务处理。

1. 固定资产盘盈的核算

根据现行企业会计制度,企业在财产清查过程中盘盈的固定资产,作为前期差错处理。企业在财产清查过程中盘盈的固定资产,按管理权限报经批准处理前,首先通过"以前年度损益调整"账户核算。盘盈的固定资产,应该按照重置成本确定其入账价值,借记"固定资产"账户，贷记"以前年度损益调整"账户。接着，对企业的所得税费用以及留存收益等项目做相应的调整。

2. 固定资产盘亏的核算

固定资产盘亏造成的损失，应当计入当期损益。

（1）批准前

企业在财产清查过程中盘亏的固定资产，按盘亏固定资产的账面价值，借记"待处理财产损溢——待处理固定资产损溢"账户；按已计提的折旧，借记"累计折旧"账户；按已计提的减值准备，借记"固定资产减值准备"账户；按固定资产原值，贷记"固定资产"账户。

（2）批准后

首先，贷记"待处理财产损溢——待处理流动资产损溢"账户，按管理权限，区分不同情况作相应处理：①按可收回的应由保险公司和责任人赔偿的部分，计入"其他应收款"账户借方；②按应计入营业外支出的金额，计入"营业外支出"账户借方。

【例6-6】 某企业在财产清查中，发现丢失一台机器设备。该设备原值35 000元，已提折旧5 000元，并已计提减值准备1 000元。经查明，机器设备丢失的原因在于保管人员看守不当。经批准，由保管人员赔偿5 000元。

在批准之前，作如下会计分录：

借：待处理财产损溢——待处理固定资产损溢	29 000
累计折旧	5 000
固定资产减值准备	1 000
贷：固定资产	35 000

报经批准后，编制如下会计分录：

借：其他应收款——保管员	5 000
营业外支出——盘亏损失	24 000
贷：待处理财产损溢——待处理固定资产损溢	29 000

小　结

财产清查是为了保证账簿记录与财产物资实际数量相符合的一种专门方法，也是内部牵制制度的一个部分，其目的在于确定内部牵制制度执行是否有效，帮助企业改善经营管理。在企业日常工作中，财产清查的内容包括：货币资金的清查、实物资产的清查及往来款项的清查。由于清查对象不同，采用的清查方法也不一样。库存现金的清查需要定期进行，至少每日一次，通常采用实地盘点的方法进行清查。银行存款的清查往往要通过编制"银行存款余额调节表"来进行，帮助企业与开户行之间进行银行存款日记账余额的核对。实物资产的清查一般采用实地盘点法和技术推算法。往来款项的清查则主要采用函证核对法。清查结果可能会出现账实不符的情况，通过设置"待处理财产损溢"账户来进行相应的会计处理。

思考与练习

一、思考题

1. 什么是财产清查？企业进行财产清查有什么意义？
2. 简述财产清查的种类。
3. 技术推算法适用于哪些清查对象？
4. 如何对货币资金进行清查？
5. 未达账项产生的原因是什么？包括哪几种类型？如何对未达账项进行调节？

二、业务计算题

1. 【目的】练习财产清查的核算。

   【资料】某公司在财产清查中，发现以下问题：

   1）盘盈机器一台，重置价值 65 000 元，估计八成新。
   2）盘亏设备一台，账面原价 28 000 元，已提折旧 12 000 元。
   3）甲材料账存 4 500 元，实存 4 300 元，系保管员责任。
   4）乙材料账存 7 500 元，实存 7 850 元，系收发计量不准确造成。
   5）应收某公司账款 2 500 元，经查明确实无法收回，予以转销。
   6）丙材料账存 15 200 元，实存 13 500 元，系自然灾害造成，保险公司应给予 1 000 元赔偿，暂未收到款。

   【要求】对上述业务进行相关账务处理（包括批准前和批准后账务处理）。

2. 【目的】练习银行存款余额调节表的编制。

   【资料】星海公司 1999 年 10 月 31 日银行存款日记账余额为 78 100 元，银行对账单上的余额为 72 000 元，经银行存款日记账与银行对账单逐笔核对，双方记账过程没有错误，只发现下列未达账项。

   1）10 月 29 日，企业开出转账支票购买办公用品 1 080 元，企业已记账，但商店尚未到银行办理转账。
   2）10 月 30 日银行代企业支付当月水电费 3 200 元，但付款通知尚未到达企业。
   3）10 月 30 日银行代企业收回销货款 2 000 元，并记账，但尚未通知企业。
   4）10 月 31 日企业销售商品收到客户交来的购货支票 5 980 元，并送存银行，企业根据进账单等已记账，但银行未记账。

   【要求】根据上述资料编制"银行存款余额调节表"。

案 例 分 析

监督与制衡——探寻浦东金桥事件的根由

案例背景

每年的 1 月正是上海金桥出口加工区开发股份有限公司（浦东金桥，600639.SH）内部审计与制作年报的时间。与过去不同的是，浦东金桥在 2003 年春节前夕的内部审计与稽核过程中，在银行年度对账的过程中发现了一件引起轰动的事情，子公司上海金桥出口加工区房地产发展有限公司约 1 500 万左右的银行存款不翼而飞。

2003 年 1 月 30 日，上海金桥出口加工区房地产发展有限公司（"金桥房地产发展有限公司"）某财务负责人涉嫌挪用公款，遭拘捕。该犯罪嫌疑人从 1999 年前就开始通过更改会计凭证等方式挪用公司资金，至今数额已达 1 500 万元左右，在遭逮捕前，犯罪嫌疑人已有两月之久没到公司上班，或许正是这引起了公司的怀疑。涉案金额 1 500 万元只是公司的初步估算，目前还不能判断具体的损失金额，浦东金桥及下属子公司金桥房地产发展有限公司对目前情况讳莫如深。

案例分析

浦东金桥作为一家上市公司，本来应该在财务制度和内部控制上有着很严密的防范系统，然而就是这样一家老牌的上市公司，竟然在几年时间内被挪用如此大数额的款项而无人注意，令人感到惊讶。现分析事件发生的原因。

（一）财务上不讲究相互监督与制衡

虽然事情出在浦东金桥下属的子公司，但作为集团公司在财务制度上不讲究监督与岗位的相互制衡，是导致事件发生的直接原因。

首先，财务岗位的设置与安排，讲究的是相互制衡，比如出纳与会计的相互牵制，会计各岗位的相互监督等。犯罪嫌疑人作为浦东金桥下属子公司的财务负责人，挪用公司资金的问题，本来完全可以通过出纳人员依据每月或每季的银行存款对账单查明，或者子公司财务人员可以通过编制月报或季报甚至是年报发现问题，从这点上可以看出公司财务岗位的设置与安排失衡。

其次，公司财务部门与其他部门间缺乏相互监督机制。作为一家房地产发展有限公司，财务部、工程部、客户部以及材料采购部之间本应相互监督，材料的采购与款项的收回，不单单是财务部的事情，相关部门均有责任。会计凭证也是根据原始凭证填列的，而原始凭证可能来自采购部、工程部，要想通过更改会计凭证来挪用公款是很容易被发现的，因为通过部门之间的核对问题很快就能发现。应收账款的回收、采账的核对，客户部也应该有相应的记载，要想挪用公款也是极其困难的，然而，很难发生的事偏偏就发生了，而且在四五年的时间内都无人发觉，原本部门之间相互监督就可以发现的问题，到最后还是犯罪嫌疑人自己露出破绽才发现。

（二）内部审计没有发挥应有的监督作用

内部审计作为内部控制的一部分，是保证公司正常运作，监督制度执行的有利武器。一个管理完善的公司，内部审计不可或缺。因为内部审计可以通过调查公司各个部门、各个岗位甚至是单个员工所经办的事项，查错防弊，能够对违法违纪行为起到威慑作用。

但是浦东金桥对内部审计工作没有加以重视，内审人员进行审计也只是走过场，缺乏对公司内部重点部门、重点岗位的监督，特别是对现金流的审核，贪污、挪用公款一般都与现金流有着密切的联系。不管集团公司在内部控制上存在着多少问题，作为总公司或子公司的高管人员，应把保证公司资金安全摆在首要位置，子公司内审人员没有尽到应有的责任，作为总公司派出的内部审计人员检查子公司的资金情况，也很容易查出挪用公款的问题，但是二者都没有，说明浦东金桥的内部控制体系薄弱，内部审计没有发挥应有的监督作用。

（三）外部监督机构方面，浦东金桥聘请的会计师事务所审计不严

从 1999 年开始，不论是哪一家会计师事务所对浦东金桥进行年报审计，都可以就企业银行存款等事项向银行发询证函，认真履行该步骤就可以及时发现企业存在的资金异常情况，及早提醒公司注意。或者，会计师事务所对上市公司年报进行审计时，也要根据重要性原则对公司的应收账款发询证函，以核对公司应收账款存在与否、金额是否准确，而金桥房地产发展有限公司作为上市公司下属的子公司，对其客户发出询证函也是必要的，通过对应收账款的核对，也可以从中发现异常情况。但是会计师事务所在四年当中没有发现问题，没有发挥外部监督作用。

（资料来源：http://www.cwgw.com/case/moban.php?docid=795&type=%CA%A7%B0%DC%B0%B8%C0%FD）

讨论：

1）要想防止浦东金桥类似事件的再次发生，企业应采取何种措施加以防范？

2）企业在对财产物资进行清查的过程中，应遵循哪些原则？注意哪些要点？

第七章 会计循环

教学目标

通过本章的学习，能够了解会计循环、试算平衡和账项调整的相关理论知识，熟练地进行整个会计循环工作的具体流程，掌握试算平衡表的编制以及在会计循环过程中的账项调整。

学习任务

通过本章的学习，要达到以下几个目的：

- 了解会计循环的含义和步骤。
- 掌握试算平衡表的编制。
- 掌握会计循环过程中的账项调整。

导入案例

如何进行账项调整

从中学时代开始，张明君就立志以后要开办自己的公司，开创自己的事业。

上大学的时候，张明君的专业是微电子。毕业之后，他就开始有意识地为自己以后创建自己的公司和事业作准备。他加入了一家微电子行业的大型跨国公司，从最基层的销售员起步，一步步地了解市场，了解需求，掌握业务。

六年后，张明君认为时机已经成熟，终于开办了自己的公司。

在公司开办的三年中，张明君为了公司业务的拓展投入了全部的心血，在他的努力下，公司的业务蓬勃发展，人员从原来的 3 个人发展到现在的 32 人，每年的业务总量也从原来的不到 5 万元到现在的 3 000 多万元。

现在，公司的业务已经基本走上了正轨，张明君也开始慢慢地把一些日常业务与事务交给其他人来做。他感觉到自己应该把注意力从业务拓宽到公司一些重大事务的管理上。特别是，张明君最近发现：现在都已经 5 月份了，但公司去年收到的一笔业务收入还没有入账呢，那个项目虽然还没有完成，但对方已经把钱划到公司的账上了，公司交税的金额与报表上的数字也对不上；还有，前不久主管销售的副经理说去年的业务量增长了两倍多，但利润只增加了不到一倍，不知道原因是什么？还有……张明君一向主张"疑人不用，用人不疑"的，现在，他对一向比较信任的公司会计产生了怀疑。他看着坐在电脑桌前的会计主管，越看越觉得他鬼头鬼脑的。

但张明君随即就笑了：张明君毕竟是张明君，他是个明白人，是个营业额已经达到

3 000万的公司的老总。他看着似乎越来越鬼头鬼脑的会计主管，想起了"疑人偷斧"的那个典故。

张明君决定找会计主管谈谈，了解下情况，问问为什么已经收到的钱不入账？交的税为什么跟公司的利润不匹配？为什么销售额增长的数额这么高，而利润不见增长？

还有，张明君心里还有个想法，他想了解：报表上的数字是真的吗？老是听别人说会计造假的事情，如果老总们想知道报表上的数字是否是真实的，怎么在企业的账本上去检查呢？他想：我不会去做专业会计，但我应该知道会计数字的制造流程，如果我想知道报表数字的来龙去脉，应该知道去检查什么。

他心里突然有一个念头：我应该去读 MBA 了。

（资料来源：陆正飞，黄慧馨，李琦. 2007. 会计学. 北京：北京大学出版社）

思考：

1）本案例与账项调整有什么联系？

2）账项调整应如何进行？

3）怎么样才能读懂报表上的数字？

第一节 会 计 循 环

一、会计循环的含义

企业为了取得真实可靠的会计信息数据，必须对日常所发生的各种经济业务，通过依次完成的一系列基本步骤，并借助于这些步骤，把数量繁多的日常经济业务归类整理和综合汇总，最终通过会计报表的形式向有关方面反映企业的财务状况和经营成果，这些步骤始于会计初期，终于会计期末，这就是会计循环。

明确会计循环是为了更好地理解会计信息流程涉及的环节、内容与方法，理论上，对这一概念有着不同的论述。

"会计信息系统在数据的收集、加工、处理等过程中，要运用一系列的会计处理方法和程序，这种按一定次序依次继起的财务处理方法，习惯上称为会计循环。"——葛家澍

"会计管理工作的主体是以总会计师为首的会计管理机构及其组成人员，会计管理工作的客体是投入企业的资本及其运动，会计管理循环是把会计管理活动看成是一个动态过程，说明主体如何作用于客体，以保证预定目标的实现。由于企业的生产经营会不间断地持续下去，与此相适应，企业的会计管理活动也不会停止，它同样也处于周而复始的首尾衔接的管理周期循环之中"。"会计管理循环是建立在会计核算循环基础上的、更高层次的循环，是对有关经济信息进行处理、加工、传输和使用的过程，其最终目标

不是在消极被动地反映资金运动上，而是积极主动地运用会计信息，引导和控制企业的资金运动"。——阎达五

从上述可以看出，不同的人、站在不同角度对会计循环的认识有着较大的区别。本书对此不作深入讨论，还是以传统的观点来描述它。

会计循环是在经济业务事项发生时，从填制和审核会计凭证开始，到登记账簿，直至编制财务会计报表，即完成一个会计期间会计核算工作的过程。在连续的会计期间，这些工作周而复始地不断循环进行。

二、会计循环的步骤

会计循环是会计信息产生的步骤，也可以说是会计核算的基本过程。在企业经营过程中，会计人员一开始接受的是大量的、零星的经济业务，如原材料的购买、发出，产品的生产、销售等。要在企业编制的财务报告中充分反映这些情况，就必须经过一系列有条不紊的工作程序，对这些原始的会计事项进行分类、汇总。由于每个企业单位的规模大小、经济业务的性质和繁简程度各有特点，在具体组织会计核算工作时，其具体要求也就有所不同，但会计处理的基本过程总体上是一致的。一般来说，所有的会计处理过程都需要经过证（会计凭证）、账（会计账簿）、表（会计报表）三个基本环节。完整的会计循环所涉及的基本步骤应该包括以下五个：

1）经济业务发生后，取得或填制原始凭证，并审核其合法性、合规性。

2）审核和整理原始凭证，编制记账凭证（会计分录），即对每笔经济业务列示其应借记和应贷记的账户名称及金额，并填入记账凭证。

3）根据记账凭证登记会计账簿，即根据记账凭证所确定的会计分录，在有关的日记账和分类账中进行登记。

4）会计期末对会计账簿记录进行对账和结账。会计期末终了，对各账簿中的有关账户记录进行核对，结清收入、费用类账户，以确定当期损益，并结出资产、负债、所有者权益账户余额，以结转至下期连续记录。

5）根据账簿记录编制会计报表，会计期间结束，要将本期所有经济业务的记录及其结果汇总编制出资产负债表和利润表等，以反映企业的财务状况和经营成果，并对其加以必要的注释和说明。

尽管目前会计电算化已得到长足的发展，财务软件已得到普遍应用，会计人员通过计算机搜集、处理并最终生成会计信息。但是，无论是手工操作还是电算化，会计处理过程中，相关的流程指令还是以复式记账原理和会计循环的步骤为依据，因此，对会计循环的基本步骤的了解、掌握仍有其必要性。会计循环的基本步骤可用图 7-1 表示。

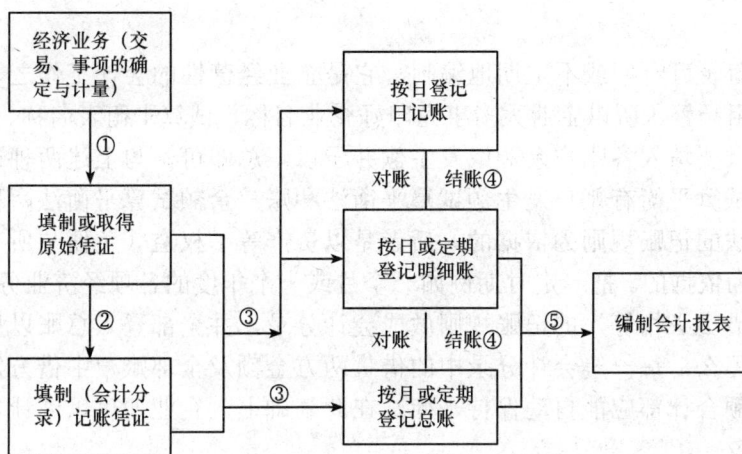

图 7-1 会计循环基本步骤流程图

第二节 试 算 平 衡

一、试算平衡的依据

试算平衡是指为保证会计账务处理的正确性，依据会计等式或复式记账原理，对本期各账户的全部记录进行汇总和测算，以检查账户记录的正确性和完整性的一种方法。

经济业务发生后，运用借贷记账法"有借必有贷、借贷必相等"的记账规则，对每一项发生的经济业务分记入有关账户的借方和贷方，借贷两方的发生额必然是相等的。不仅如此，当一定会计期间内（月、季、年）的全部经济业务的会计分录都记入有关账户后，所有账户的借方发生额合计数与贷方发生额合计数也必然相等。以此类推，所有账户的借方期末余额合计数与贷方期末余额合计数也必然相等。因此，运用借贷记账法记账，就要根据借贷必相等的规则进行试算平衡，以检查每一笔经济业务的会计分录是否正确，全部账户的本期发生额和期末余额是否正确。

在借贷记账法下，总分类账的试算平衡包括本期发生额试算平衡和期末余额试算平衡。根据借贷记账法"有借必有贷、借贷必相等"的记账规则，本期发生额试算平衡公式为：全部账户的借方本期发生额合计＝全部账户的贷方本期发生额合计。根据"资产＝负债＋所有者权益"这一会计等式，可以得出余额的平衡公式为：全部账户的期末借方余额合计＝全部账户的期末贷方余额合计。

二、试算平衡表的作用

编制试算平衡表，是为了在结算利润以前及时发现错误并予以更正。同时，它汇集了各账户的资料，依据试算平衡表编制会计报表更为方便，对于拥有大量分类账的企业尤其如此。

　　试算平衡表可定期或不定期地编制，它是企业经营性的会计工作之一。因为试算平衡表使用频繁，所以企业大多事先印好企业名称、试算平衡表名称、账户名称，实际编制时只要填入各账户余额或发生额并予以汇总即可。与上述两种试算平衡原理相对应，试算平衡有账户发生额试算平衡法和账户余额试算平衡法两种。前者是以借贷记账法的记账规则为依据的，后者是以资产等于权益（负债与所有者权益）的会计等式为依据的。把一定时期例如一个月或一个年度的各项经济业务，按照"有借必有贷，借贷必相等"的记账规则做成会计分录，并全部登入总账以后，如果不发生错误，那么，每一笔会计分录中的借贷两方金额及全部账户中借方发生额合计和贷方发生额合计都应能自动保持平衡。在此基础上，企业便可以结计本期利润，编制会计报表。

三、试算平衡表的编制

　　试算平衡工作是通过编制试算平衡表完成的。总分类账户本期发生额和期末余额的试算平衡，是在每一会计期间结束，把全部经济业务均登记入账并结出各个账户的本期发生额和期末余额后，通过编制试算平衡表来进行的。试算平衡表的格式分两种：一种是"总分类账户本期发生额试算平衡表"，如表 7-1 所示，它根据各个账户的本期发生额进行编制；另一种是"总分类账户期末余额试算平衡表"，如表 7-2 所示，它根据各个账户的期末余额进行编制。在实际工作中，企业一般将"总分类账户本期发生额试算平衡表"和"总分类账户期末余额试算平衡表"合并在一张表上，如表 7-3 所示。

表 7-1　总分类账户本期发生额试算平衡表

账户名称	借方发生额	贷方发生额
合计		

表 7-2　总分类账户期末余额试算平衡表

账户名称	借方余额	贷方余额
合计		

表 7-3 总分类账户本期发生额及余额试算平衡表

账户名称	期初余额		本期发生额		期末余额	
	借方	贷方	借方	贷方	借方	贷方
合计						

下面以 A 公司 2009 年发生的 10 笔经济业务为例,编制总分类账户本期发生额及余额试算平衡表, 如下表 7-4 所示。

表 7-4 A 公司试算平衡表

账户名称	期初余额		本期发生额		期末余额	
	借方	贷方	借方	贷方	借方	贷方
银行存款	25 400		60 000	10 400	75 000	
原材料	60 000		5 400	10 000	55 400	
固定资产	140 000				140 000	
库存商品	18 200				18 200	
生产成本	6 000		10 000		16 000	
短期借款		10 000	5 000	2 600		7 600
应付账款		34 600	2 600			32 000
实收资本		205 000		60 000		265 000
合计	249 600	249 600	83 000	83 000	304 600	304 600

如果试算平衡表借方余额合计数和贷方余额合计数不相等,说明肯定存在错误,应当予以查明纠正。一般地,首先应检查试算平衡表本身有无差错,即借方余额和贷方余额的合计数有无漏加或错加。如果试算平衡表本身没有计算错误,就须用下列方法依次进行检查,直至找出错误为止。

1)检查全部账户是否都已列入了试算平衡表,并检查各个账户的发生额和期末余额是否都已正确地抄入试算平衡表。

2)复核各个账户的发生额和期末余额是否计算正确。

3)追查由记账凭证转记分类账的过程,核对后应在已核对数旁作核对记号。追查结束后,再查寻一下记账凭证、分类账上有无未核对的金额。追查记账过程时,不仅要注意金额是否无误,而且要核对过账时借方和贷方有无错置。

4）核实记账凭证编制是否正确，有无记账方向差错，有无违反"有借必有贷，借贷必相等"的记账规则，排除凭证错误。

通过上述检查，一般说来，错误可以查出。试算平衡，只能说总分类账的登记基本正确，不能说绝对正确。试算平衡表借方余额合计数和贷方余额合计数相等，并不一定表示账户处理完全正确。有些错误的发生不会导致试算平衡表中各账户借方余额合计数与贷方余额合计数的失衡。例如，漏过会计分录，重过会计分录，错过会计分录所确定的应借、应贷账户，过账错误但数额恰好互相抵消，等等。这些错误并不影响试算平衡，试算平衡表难以发现。但是，会计记录上的大多数错误往往会使借贷失衡，试算平衡表在验证会计处理正确性方面仍有其重要的功效，不失为简便、有效的验证工具。

第三节　账　项　调　整

一、账项调整的意义

会计分期是会计核算的一个基本前提，通过会计分期将连续不断、周而复始的生产经营过程人为地划分为若干会计期间，以便于分期提供会计信息。为了正确反映本期收入和费用，正确计算本期的损益，需要以权责发生制为标准，对账簿记录中的有关收入、费用等账项，进行必要的调整。账项调整就是按照权责发生制这一标准，合理地反映相互连接的各会计期间应得的收入和应负担的费用，使各期的收入和费用能在相关的基础上进行配比，从而比较正确地确定出各期的盈亏。期末进行账项调整主要是为了在利润表中正确地反映本期的经营成果以及正确地反映企业期末的财务状况。期末账项调整即期末结账前，按照权责发生制原则，确定本期的应得收入和应负担的费用，并据以对账簿记录的有关账项进行必要调整的会计处理方法。

值得注意的是，期末进行账项调整，虽然主要是为了在损益表中正确地反映本期的经营成果，但是，在收入和费用的调整过程中，必须会影响到资产负债表有关项目的增减变动。因此，账项调整有助于正确地反映企业期末财务状况。

二、账项调整的内容

企业需要调整账项的多少，视企业规模的大小及相关经济业务发生的多少而定，但通常的账项调整一般包括应计收入的账项调整、应计费用的账项调整、预收收入的账项调整、预付费用的账项调整等。

（一）应计收入的账项调整

应计收入是指属于本期，但尚未收到款项的收入。即企业已在本期向其他单位或个人提供商品、劳务、财产物资使用权，理应获得属于本期的收入，但由于尚未完成结算过程或延期付款，致使本期的收入尚未收到。按权责发生制原则，凡属于本期的收入，不管其款项是否收到，都应作为本期收入，期末应将尚未收到款项的收入调整入账。这类应计收入主要包括应计利息收入、应收租赁收入等项目。会计上在确认了一笔应计收入的同时，也增加了一项应收而未收款项的资产。如企业日常所可能出现的利息收入一般有两种情况：一是存放在银行的款项，银行按利率计算利息；二是企业持有其他单位的带息债券或票据。

【例 7-1】 华泰公司 2009 年 12 月初将闲置的一台设备出租，月租金 2 000 元，租期 6 个月，于租赁期满收取租金 12 000 元。

这项业务发生后并没有进行租金的账务处理，因为要到 2009 年 5 月 31 日租赁期满时才能取得租金收入。但是按照权责发生制这一记账基础，这项租金收入分别归属 2009 年 12 月和第二年的 1～5 月，应该在各月月末将此项应收而未收的租金收入调整入账，计入该期收入。编制以下调整分录：

借：其他应收款 2 000
    贷：其他业务收入 2 000

（二）应计费用的账项调整

应计费用是指本期已经耗用或受益，但尚未支付，应由本期负担的费用。由于这些费用尚未支付，故在日常的账簿记录中尚未登记入账。按权责发生制的规定，凡属于本期的费用，不管其款项是否支付，都应作为本期费用处理。期末应将那些属于本期费用，而尚未支付的费用调整入账。这类应计费用主要包括应计利息费用、应计租赁费用等项目，应计费用的期末调整将同时等额地影响费用和负债。

【例 7-2】 华泰公司 2009 年 12 月 1 日向银行借入一笔 6 个月的短期借款 80 000 元，年利率 6%。

这项经济业务发生后，形成借款利息费用 2 400 元，分 6 个月摊销。根据权责发生制这一记账基础，应该在 2009 年 12 月底计提当年已经发生但是尚未支付的利息费用。编制以下调整分录：

借：财务费用 400
    贷：应付利息 400

（三）预收收入的账项调整

应计收入或应计费用项目的一个共同特点是：现金收支行为的发生，在时间上晚于经济业务的发生。现实经济生活中还存在另一类现象，那就是现金收支行为的发生，在时间上要早于实际经济活动的发生。这种现象就形成了预收和预付交易事项。

预收收入是指以前会计期间已经收到入账，但应归属本期或以后各期的收入。企业在平时的一些交易中，会发生先收取收入并已入账，但尚未向付款单位提供商品或劳务或财产物资使用权，按照权责发生制原则，这种收入不属于或不完全属于本期收入，它代表着企业未来向预付方支付产品或提供劳务的一种义务，具有负债性质，不能直接或全部计入有关收入账户。因此，每期的期末都要对预收收入账项进行调整，将已实现的部分转为本期的收入，未实现的部分递延到下期。

【例7-3】 2009年5月1日，华泰公司收到光华公司预付5月份至12月份购货款40 000元，光华公司要求华泰公司每月10日发价值5 000元的甲产品给光华公司。

1）华泰公司5月1日收到这部分货款时，由于尚未向光华公司提供产品，收到的款项不能作为营业收入，只能作为负债入账，编制的调整分录：

借：银行存款　　　　　　　　　　　　　　　　　　　40 000
　　贷：预收账款　　　　　　　　　　　　　　　　　　　　　40 000

2）华泰公司5月份至12月份向光华公司提供产品时，此时符合收入确认标准，方可确认营业收入，编制如下会计分录：

借：预收账款　　　　　　　　　　　　　　　　　　　　5 000
　　贷：主营业务收入　　　　　　　　　　　　　　　　　　　　5 000

（四）预付费用的账项调整

预付费用是指企业已经支付，但应由本期及以后各个会计期间负担的费用，在计算本期费用时，应该将这部分费用进行调整。它的特征是与费用有关的现金支付在先，效益的实际发生在后。因此，当现金支出发生时，不应计入当期的费用，而应作为预付费用递延到以后的会计期间，在以后收益期再调整为相应期间的费用。

【例7-4】 华泰公司2009年1月初以银行存款支付全年报刊订阅费3 600元，各月平均摊销。

1）年初支付订阅费时，编制如下会计分录：

借：预付账款　　　　　　　　　　　　　　　　　　　　3 600
　　贷：银行存款　　　　　　　　　　　　　　　　　　　　　3 600

2）各月末按权责发生制要求摊销本月负担的订阅费时，编制的调整分录为：

借：管理费用　　　　　　　　　　　　　　　　　　　　　300
　　贷：预付账款　　　　　　　　　　　　　　　　　　　　　　300

调整分录登记入账后，编制调整后试算平衡表，以检查调整分录登账的正确性。

假设华泰公司2009年12月31日调整前的期末余额试算平衡表如表7-5所示。为简化起见，假设华泰公司2009年12月不存在其他的调整事项。

表7-5　华泰公司调整前的试算平衡表

会计科目	借方余额	贷方余额
库存现金	6 000	
银行存款	160 000	
应收账款	270 000	
坏账准备		30 000
其他应收款	7 000	

会计科目	借方余额	贷方余额
原材料	250 000	
库存商品	350 000	
固定资产	1 000 000	
累计折旧		380 000
无形资产	300 000	
预付账款	16 800	
短期借款		80 000
应付账款		710 000
预收账款		120 000
应交税费		10 000
应付利息		4 000
实收资本		500 000
利润分配		321 800
主营业务收入		1 200 000
其他业务收入		36 000
营业外收入		2 000
主营业务成本	850 000	
销售费用	21 000	
管理费用	100 000	
财务费用	3 000	
所得税费用	60 000	
合 计	3 393 800	3 393 800

在进行上例 7-1～例 7-4 的账项调整后，华泰公司 2009 年 12 月 31 日的期末余额试算平衡表如表 7-6 所示。

表 7-6 华泰公司调整后的试算平衡表

会计科目	借方余额	贷方余额
库存现金	6 000	
银行存款	160 000	
应收账款	270 000	

会计科目	借方余额	贷方余额
坏账准备		30 000
其他应收款	9 000	
原材料	250 000	
库存商品	350 000	
固定资产	1 000 000	
累计折旧		380 000
无形资产	300 000	
预付账款	16 500	
短期借款		80 000
应付账款		710 000
预收账款		115 000
应交税费		10 000
应付利息		4 400
实收资本		500 000
利润分配		321 800
主营业务收入		1 205 000
其他业务收入		38 000
营业外收入		2 000
主营业务成本	850 000	
销售费用	21 000	
管理费用	100 300	
财务费用	3 400	
所得税费用	60 000	
合计	3 396 200	3 396 200

期末账项调整除了包括上述收入、费用的调整内容外，为了正确计算企业盈亏，还需按权责发生制的要求进行其他账项的调整。如坏账准备的计提、存货跌价准备的计提、应付税金的调整、成本费用的结转、损益的结转等。

小　结

本章主要阐述会计循环、试算平衡和账项调整的相关知识，试算平衡表的编制以及在会计循环过程中的账项调整。

收入和费用的调整是期末账项调整的重要内容，收入的账项调整包括应收收入和预收收入的账项调整。这两种收入的性质相反，前者是本期已经获得，但尚未收到的收入，它通过设置应收收入账户来反映；后者是已经收到，但归属期未定，收到时作为负债处理。

费用的账项调整包括预付费用和应计费用的账项调整，这两种费用的性质相反。预付费用是已经收付且应属本期的负担的费用。由于这类费用在支付时一般已作为资产入账。应计费用是指本期已经耗用或受益，应由本期负担，但本期并未实际收付的费用。

账项调整的目的是按照权责发生制原则，合理地反映相互连接的各会计期间应得的收入和应负担的费用，使各期的收入和费用能在相互适应的基础上进行配比，从而比较正确地计算各期的损益。

思考与练习

一、单项选择题

1. 由填制会计凭证、登记会计账簿、编制财务报表这一基本会计核算程序构成的是（　　）。

    A．会计分期　　　　B．会计核算　　　　C．会计循环　　　　D．会计审核

2. 将本期已实现但尚未收到款项的收入编制调整会计分录记入（　　）。

    A．应收账款借方　　　　　　　　　　B．应收账款贷方

    C．应收利息贷方　　　　　　　　　　D．其他应收款借方

3. 账项调整就是按照（　　）这一标准，合理地反映相互连接的各会计期间应得的收入和应负担的费用，使各期的收入和费用能在相关的基础上进行配比，从而比较正确地确定出各期的盈亏。

    A．权责发生制　　　　　　　　　　B．现金收付制

    C．有借必有贷　　　　　　　　　　D．借贷必相等

4. 预收收入代表着企业未来向预付方支付产品或提供劳务的一种义务，具有（　　）性质。

    A．资产　　　　B．所有者权益　　　　C．负债　　　　D．收入

5. （　　）的特征是与费用有关的现金支付在先，效益的实际发生在后。

    A. 预收收入　　　　　B. 应计费用　　　　　C. 应计收入　　　　D. 预付费用

二、多项选择题

1. 下列属于会计循环步骤的有（　　）。

    A. 分析经济业务，编制会计分录　　　　　B. 过账

    C. 调整前试算平衡和调整后试算平衡　　　D. 对账与结账

2. 期末账项调整的主要内容有（　　）。

    A. 本期已实现但尚未收到款项的收入

    B. 本期已发生但尚未支付款项的费用

    C. 已经收款但不属于本期或部分属于本期的收入

    D. 已经付款但不属于本期或部分属于本期的费用

3. 总分类账的试算平衡包括（　　）。

    A. 本期发生额试算平衡　　　　　B. 借方平衡

    C. 贷方平衡　　　　　　　　　　D. 期末余额试算平衡

4. 账项调整一般包括（　　）。

    A. 应计收入的账项调整　　　　　B. 应计费用的账项调整

    C. 预收收入的账项调整　　　　　D. 预付费用的账项调整

三、判断题

1. 应收账款和预收账款都是企业的债权。　　　　　　　　　　　　　　（　　）

2. 发生额试算平衡法是以资产等于权益（负债与所有者权益）的会计等式为依据的。　　　　　　　　　　　　　　　　　　　　　　　　　　　　　　　　　（　　）

3. 余额试算平衡法是以资产等于权益（负债与所有者权益）的会计等式为依据的。

                                            （　　）

4. 按权责发生制原则，凡属于本期的收入，不管其款项是否收到，都应作为本期收入，期末应将尚未收到款项的收入调整入账。　　　　　　　　　　　　（　　）

5. 一般来说，所有的会计处理过程都需要经过证（会计凭证）、账（会计账簿）、表（会计报表）三个基本环节。　　　　　　　　　　　　　　　　　　　（　　）

四、思考题

1. 什么是会计循环？它主要包括哪些基本步骤？

2. 假如你要在校园投资开办一个网吧，结合在本章学习的会计循环的内容，你能否描述一下该网吧在某一个会计期间所可能发生的经济业务？

3. 按照权责发生制的要求，在会计期末需要对哪些会计事项进行调整？如何调整？

4. 如何编制试算平衡表？

五、业务练习题

【目的】练习期末账项的调整。

【资料】飞龙公司 2009 年 1 月份发生下列经济业务：

1）1 月份行政管理部门发生水电费用 1 800 元，款项尚未支付。

2）1 月初出租一项固定资产，根据租赁合同的规定，租赁期为 6 个月，租赁期满时承租方支付租金 3 600 元。

3）1 月份销售一批产品，货款 11 700 元，款项尚未收到。

4）1 月初支付上半年 6 个月行政管理部门租入固定资产租金 54 000 元，款项已通过银行支付。

5）1 月份预付第一季度行政管理部门的水电费 3 000 元，款项已通过银行支付。

6）1 月初收到承租方上半年 6 个月的出租固定资产租金 6 000 元，款项已存入银行。

7）1 月份收到丰益公司预付的购货款 23 400 元，本月尚未对该公司销售产品，款项已存入银行。

【要求】

1）指出每项经济业务的账项调整类型。

2）根据经济业务编制相应的会计分录。

案 例 分 析

小王该如何解释

案例分析

2009 年 3 月初，小张和小李分别出资 250 000 元开办了大华服装销售公司（以下简称"大华公司"），他们聘请小王负责公司的财务工作。

2009 年 3 月份大华公司发生如下经济业务：

1）2009 年 3 月 1 日，公司的两位股东小张和小李共出资 500 000 元创办公司。

2）2009 年 3 月 2 日，租用营业场所，大华公司以银行存款支付了一年的租金，共计 120 000 元。

3）2009 年 3 月 2 日，以银行存款 36 000 元购买了一批计算机作为办公设备，这批计算机的预计使用年限为 3 年，预计净残值为零，大华公司采用直线法计提折旧。

4）2009 年 3 月 7 日，大华公司从东兴公司购入一批服装，价款 50 000 元，大华公司尚未支付货款，服装已验收入库。（假设不存在增值税的影响。）

5）2009 年 3 月 11 日，大华公司从红星公司购入一批服装，价款 60 000 元，大华公司开出一张商业承兑汇票，期限为 3 个月，票面利率 12%，服装已验收入库。

6）2009 年 3 月 15 日，大华公司向勤业公司销售一批服装，销售价格为 30 000 元，大华公司尚未收到款项，这批服装的成本为 18 000 元。

7）2009 年 3 月 20 日，预收丰庭公司的购货款 40 000 元。

8）2009 年 3 月 21 日，大华公司向勤业公司销售一批服装，销售价格为 60 000 元，勤业公司开出一张期限为 60 天，票面利率为 12%的商业承兑汇票。这批服装的成本为 40 000 元。

9）2009 年 3 月 25 日，从红星公司购入一批服装，价款 50 000 元，服装已验收入库，大华公司已全额支付货款。

10）2009 年 3 月 29 日，向芙蓉公司开出一张支票，金额为 20 000 元，作为采购服装的预付款。

3 月份结束后，公司的两位股东向小王提出想要了解公司在第一个月的经营情况，为此小王将 3 月份的财务报表给他们看。但很快两位股东就向小王抱怨，他们觉得报表中的数字晦涩难懂，"我们甚至不知道它们是怎么来的！"

如果你是小王，将如何向这两位股东解释？

（资料来源：杜兴强. 2007. 会计学. 北京：中国人民大学出版社）

讨论：

1）小王是如何进行账项调整的？

2）小王该如何对两位股东解释？

第八章 会计报表

教学目标

本章首先介绍了会计报表的相关知识，在此基础上，重点介绍了资产负债表、利润表的结构、内容和填列方法以及现金流量表的概念、格式等，通过对本章的学习，更加熟悉企业三大会计报表的编制。

学习任务

通过本章的学习，要达到以下几个目的：

- 了解会计报表的意义和种类。
- 掌握资产负债表的概念、结构、格式和编制方法。
- 掌握利润表的概念、结构、格式和编制方法。
- 掌握现金流量表的概念、结构和格式。

导入案例

会计报表的背后

也许有一天，你可能需要阅读公司的年度财务报告。为什么呢？有许多可能的原因：也许你就要去读商业学校，也许你打算对一家上市公司进行估算，又或许你要和现在或未来的雇主共享年底有关财务业绩的信息。在同某家主要供应商或客户谈判时，你可能会收到该公司的年度财务报告，以作为了解其业务状况的一个手段。你是一名新提拔的非财务经理，但现在要参加公司的管理会议并就财务状况和业绩进行讨论。年度财务报告可能会因这类缘故以及其他种种原因放在你的办公桌上。现在，实话实说，在上次你收到公司的年度财务报告之后，你会怎么做？

1）马上扔掉？

2）迅速浏览几段，看一眼表格，发现有几页表格填满了数字，然后扔掉？

3）看了看财务报告，不知道这些报表的准确度与完整性如何，以及它们之间是否真的有联系？

4）注意到财务报告上的附注，但觉得它们并不重要仅仅是附注而已？

5）发誓再也不阅读年度财务报告？

如果你对上述任何一个问题回答"是"，那说明并不是你一个人是这样。有一本流行杂志曾经将年度财务报告评为"无人阅读的百万册图书"。真遗憾，他们不知道这些年度财务报告中包含了不少精彩的故事。

（资料来源：[美]马克·哈斯金斯. 2008. 财务报告的秘密. 北京：中信出版社）

思考：

1）你认为会计报表对哪些人有作用？

2）你认为会计报表的意义何在？

第一节　会计报表概述

一、会计报表的意义

会计报表是以企业日常会计核算资料为依据，按照规定的格式和要求定期编制并对外提供的，以货币为计量单位，总括反映企业的财务状况、经营成果和现金流量的书面文件。

会计报表是财务会计报告的核心，也称为财务报表，编制会计报表是会计核算最后一个阶段的工作，也是企业对外传递财务会计信息的主要工具。企业编制和对外提供会计报表是为了真实、完整地反映企业的财务状况、经营成果和现金流量。会计报表受到企业外部政府有关管理部门、投资者、债权人以及其他利益关系人和企业内部管理部门的高度重视和关注，他们都将通过企业编报的会计报表，了解企业各种重要的财务会计信息，并据以作出相应的投资、筹资决策或进行有效的监管，也有助于企业加强会计管理，提高经济效益。

二、会计报表的种类

会计报表可以根据不同的标准进行分类，主要有以下几种分类。

（一）按照会计报表反映的经济内容分类

1）反映财务状况及其变动的会计报表。该类报表反映一定时点（月末、季末、半年末和年末）的资产、负债和所有者权益及变动状况，如资产负债表、所有者权益（股东权益）变动表。

2）反映经营成果的会计报表。该类报表反映企业一定时期内（月内、季内、半年内和年内）的利润形成和分配情况，如利润表。

3）反映现金流量的报表。该类报表反映一定时期内经营活动、投资活动和筹资活动现金流入、流出和净流量情况、如现金流量表。

（二）按照会计报表反映的资金运动状态分类

1）静态会计报表。它是综合反映企业在特定日期资产、负债与所有者权益状况的报表，如资产负债表。

2）动态会计报表。它是综合反映企业在一定时期经营成果、所有者权益及现金流量情况的报表，如利润表、所有者权益变动表和现金流量表。

（三）按照会计报表编报的时间分类

1）中期报表。它是以短于一个完整会计年度的报告期间为基础编制的会计报表，包括月报、季报和半年报等。

2）年度报表。它是指年度终了对外提供的会计报告。年报要求揭示完整、反映全面。

（四）按照会计报表编报的主体分类

1）个别会计报表。个别会计报表是以单个企业为会计主体编制的，只反映本企业的财务状况、经营成果和现金流量信息的会计报表。

2）合并会计报表。合并会计报表是由母公司和子公司组成的企业集团为会计主体，根据母公司和所属子公司的会计报表，由母公司编制的综合反映企业集团财务状况、经营成果及现金流量的会计报表。

第二节　资产负债表

一、资产负债表的概念与作用

（一）资产负债表的概念

资产负债表是反映企业某一特定日期（月末、季末、中期期末、年末）财务状况的报表，例如，公历每年 12 月 31 日的财务状况。由于它反映的是某一时点的情况，所以是静态报表。资产负债表列示了企业在特定日期的资产、负债、所有者权益情况，表明企业在某一特定日期所拥有或控制的经济资源、所承担的现有义务和所有者对企业资产的要求权。

资产负债表是以"资产＝负债＋所有者权益"会计恒等式为依据而编制的，提供企业在某一时点的资产占用和资金来源信息。一方面它反映企业在某一特定日期所拥有或控制的总资产；另一方面它反映企业的资金来源——负债和所有者权益。

（二）资产负债表的作用

资产负债表作为企业的主要报表之一，其作用主要有以下几方面。

1. 反映企业在某一特定日期的资产总额及其结构

资产负债表把企业所拥有或控制的资产按经济性质、用途分成流动资产、长期投资、固定资产、无形资产和其他长期资产等类别，在各类别下又分成若干项目。各类别资产之间以及各项目资产之间形成的比例关系，即企业的资产结构。资产负债表所反映的企业拥有或控制的经济资源及其结构，有助于报表使用者分析企业的营运效率和生产经营的稳定性。

2. 反映企业在某一特定日期的资金来源和资本结构

资产负债表可以提供某一特定日期的负债总额及其结构，表明企业未来需要用多少资产或劳务清偿债务以及清偿时间，即流动负债有多少、长期负债有多少、长期负债中有多少需要用当期流动资金进行偿还等。资产负债表还可以反映所有者所拥有的权益，据以判断资本保值、增值的情况以及对负债的保障程度。

资本结构（也称权益结构）是指负债与所有者权益之间的比例关系，以及负债、所有者权益与企业资产之间的比例关系。它反映了企业生产经营的安全程度和抗风险能力，计算企业的资本结构要借助资产负债表提供的数据。

3. 反映企业某一特定日期的偿债能力

凭借资产负债表提供的资产、负债和所有者权益的数据，可以计算流动比率（流动资产合计/流动负债合计×100%）、速动比率[（流动资产－存货－待摊费用）/流动负债总额×100%]、资产负债率[（负债总额/资产总额）×100%]和产权比率（负债总额/所有者权益总额×100%）等偿债能力指标，从中分析企业短期偿债能力和长期偿债能力的高低，从而使报表使用者可以做出相应的投资和筹资决策。

4. 反映企业在某一特定日期的营运能力和盈利能力

将资产负债表反映的信息和利润表反映的信息结合起来，可以计算存货周转率（销货成本/平均存货余额）、应收账款周转率（销售收入/平均应收账款）、资产周转率（本期销售收入净额/本期资产总额平均余额）等营运能力指标，还可以计算资产净利率（净利润/平均资产总额×100%）、净资产收益率（净利润/平均股东权益×100%）等盈利能力指标，从中分析企业营运能力和盈利能力的强弱，从而使报表使用者可以做出相应的财务和经营决策。

5. 反映企业财务状况的变化趋势

通过多期资产负债表的对比分析，可以发现企业偿债能力、资本结构、资产总额和构成等财务指标的变化趋势，进而预测企业未来的财务状况走向，为报表使用者提供决策依据。

二、资产负债表的结构与格式

（一）资产负债表的结构

资产负债表主要列示资产、负债、所有者权益三大会计要素的年初数和期末数。其中每一要素都按照一定的分类标准列示具体的构成项目及其金额。资产按照流动性的大小, 分为流动资产和非流动资产两类。流动资产又按其变现能力强弱、周转速度排列, 将货币资金等流动性强的项目排在前面, 将存货等流动性差的项目排在后面。负债按偿还期限长短分成流动负债和非流动负债, 其中, 流动负债又分为短期借款、应付账款、预收账款、应付职工薪酬、应交税费、应付股利等; 非流动负债又分为长期借款、应付债券、长期应付款等。所有者权益按实收资本、资本公积、盈余公积和未分配利润的顺序排列。最后, 根据"资产＝负债＋所有者权益"的等式来检验编制的正确性。

（二）资产负债表的格式

资产负债表的格式主要有账户式（也称横式）和报告式（也称垂直式）。

1. 账户式

账户式资产负债表也叫横式资产负债表, 它是根据"资产＝负债＋所有者权益"这一会计基本等式设计的, 其结构具有以下特征。

1）资产负债表分为左右两方。左方为资产, 是企业从事生产经营活动的经济资源; 右方为权益, 代表企业经济资源的所有权归属, 包括债权人权益（负债）和所有者权益。由于全部资产的所有权总是属于投资人和债权人的, 所以资产负债表左方的总计和右方总计始终保持平衡关系, 即: "资产总额＝负债总额＋所有者权益总额"。

2）资产负债表左右两方内部项目的排列, 严格区分为流动性项目与非流动性项目。其中, 流动性项目是在一年或长于一年的一个营业周期内发生变化的资产和负债项目; 非流动性项目是在一年以上可以变现或需要偿还的项目。

3）左方资产内部各个项目按照各项资产流动性的大小或变现能力的强弱来排列。流动性越大、变现能力越强的资产项目越往前排; 流动性越小、变现能力越弱的资产项目越往后排。依此顺序, 左方资产项目的排列顺序为流动资产和长期资产, 其中, 流动资产内部各项目也按照各自的流动性大小来排列, 先是货币资金, 后是应收账款和存货。同样, 长期资产内部也按照各项目的流动性大小来排列, 其排列顺序是: 长期投资、固定资产、无形资产及其他资产等。

4）右方的权益项目包括负债和所有者权益两项, 它们是按照权益的顺序排列的。由于企业的资产首先要用来偿还债务, 所以负债是第一顺序的权益, 具有优先清偿的特征, 列于所有者权益之前; 而所有者权益则属于剩余权益, 列于负债之后。

5）右方负债内部各个项目依其偿还顺序, 即按照到期日由近至远的顺序排列, 偿还期越近的流动负债项目越往前排, 偿还期越远的长期负债项目则越往后排。

6）右方所有者权益内部各个项目按照各项目的稳定性程度或永久性程度排列。稳定性程度越好或永久性程度越好的实收资本和资本公积项目越往前排, 稳定性程度差或永久性程度差的盈余公积和未分配利润项目则往后排。

资产负债表各项目的排列顺序, 实质上是提供企业偿债能力的资料。左方资产项目按照变现能力顺序排列, 越往上层的项目, 其变现速度越快, 所以左方是反映企业可以用于偿还债务的资产; 右方的权益项目的排列顺序是: 需要偿还的权益（负债）放于上层，而不需要清偿的所有者权益排在下层，需要立即清偿的流动负债放在最上层。这样，将左右双方对比，就能揭示企业的偿债能力信息。

账户式资产负债表较好的将资产负债表的形式和内容统一起来，揭示了各项目之间内在的勾稽关系，报表使用者能够一目了然的了解企业所控制的经济资源及其来源，也便于对资产负债表进行结构分析。按照国家统一的会计制度规定，我国资产负债表采用账户式结构，规定表中各项目除反映期末数外，还应反映年初数，有利于使用者通过年初数和期末数的比较，分析财务状况的变动趋势。我国现行的资产负债表格式如表 8-1 所示。

表 8-1 资产负债表

编制单位：　　　　　　　　　　年 月 日　　　　　　　　　　单位：元

资　产	年 初 数	期 末 数	负债及所有者权益	年 初 数	期 末 数
流动资产：			流动负债：		
货币资金			短期借款		
交易性金融资产			应付票据		
应收票据			应付账款		
应收账款			预收账款		
⋮			其他应付款		
存货			⋮		
⋮			其他流动负债		
其他流动资产			流动负债合计		
流动资产合计			长期负债		
⋮			长期借款		
固定资产			长期负债合计		
无形资产			负债合计		
			所有者权益：		
			实收资本		
			资本公积		
⋮			盈余公积		
其他长期资产			未分配利润		
⋮			所有者权益合计		
资产总计			负债及所有者权益合计		

2. 报告式

报告式资产负债表也称垂直式资产负债表，是将资产、负债和所有者权益项目按垂直分列的形式排列于表格的上下两段。它根据"资产＝负债＋所有者权益"会计等式或者"资产－负债＝所有者权益"这一变形的会计等式设计，按纵向顺序排列，上面列示资产项目，下面列示负债和所有者权益项目。

报告式资产负债表便于按顺序阅读，也便于根据需要将各部分的内容进行组合排列。但是在企业规模较大，业务内容较多的情况下，报表会显得过长，不便于存放。报告式资产负债表的常用简化格式如表 8-2 所示。

表 8-2　资产负债表

编制单位：　　　　　　　　　　　年　月　日　　　　　　　　　单位：元

项　　目	金　　额
资产	
流动资产	
⋮	
固定资产	
无形资产	
资产合计	
负债	
流动负债	
⋮	
长期负债	
负债合计	
所有者权益	
实收资本	
资本公积	
⋮	
盈余公积	
未分配利润	
所有者权益合计	

三、资产负债表的编制方法

资产负债表是静态报表，提供的是时点数，表中各项目反映的均是有关账户的余额，且每个项目均需填列"年初数"和"期末数"两栏。

资产负债表"年初数"栏内各项目的数字，应根据上年末资产负债表中"期末数"栏内所列的相应数字填列。如果本年度资产负债表规定的各个项目的名称和内容与上年度不一致时，应对上年年末资产负债表各项目的名称和数字按照本年度的规定进行调整，填入本年资产负债表"年初数"栏内。

资产负债表"期末数"栏内各项目数字，一般根据总账和有关明细账填列。但应注意，资产负债表中有的项目与账户名称不是同一个概念，其与相应账户的内容也不完全相同，因此，这些项目的数字不能直接根据账户的期末余额填列，而应根据有关项目的特定要求，对账簿的资料进行整理、加工、分析和计算后才能填列。

具体而言，可通过以下几种方法来填制"期末数"栏中有关项目的金额。

（一）根据有关总分类账户的期末余额直接填列

资产负债表中的多数项目均可直接根据有关总分类账户的期末余额填列。

1）资产类有：应收票据、应收股利、应收利息、工程物资、固定资产清理、累计折旧等项目。

2）负债类有：短期借款、应付票据、应付职工薪酬、应付股利、应交税费、其他应付款、长期借款等项目。但长期借款等长期负债项目，如果有将于一年内（含一年）到期的，应在"一年内到期的长期负债"项目内单独反映，因此长期借款等项目均应根据有关账户期末余额减去将于一年内（含一年）到期的长期负债后的金额填列。

3）所有者权益类有：实收资本、资本公积、盈余公积等项目。

（二）根据有关总分类账户的期末余额计算填列

资产负债表有些项目没有相对应的总分类账户，无法直接根据有关总分类账户的期末余额填列，只能根据有关总分类账户的期末余额计算填列。

1）"货币资金"项目应根据"库存现金"、"银行存款"、"其他货币资金"账户的余额合计填列。

2）"存货"项目应根据"材料采购"、"原材料"、"低值易耗品"、"库存商品"、"生产成本"等账户的余额合计数填列。

3）"未分配利润"项目应根据"本年利润"账户期末贷方余额加（或减）"利润分配"账户期末贷方余额（或借方余额）的数额填列（如发生亏损，有未弥补的亏损，则应在本项目内以"－"号填列）。

（三）根据有关明细分类账户的期末余额计算填列

资产负债表有些项目不能根据有关总分类账户的期末余额直接或计算填列，只能根据有关总分类账户所属的相关明细分类账户的期末余额计算填列。

1）"应收账款"项目应根据"应收账款"和"预收账款"总分类账户所属各明细账户的期末借方余额合计，减去"坏账准备"账户中有关应收账款计提的坏账准备期末余额后的金额填列。

2）"预付账款"项目应根据"预付账款"和"应付账款"总分类账户所属各明细分类账户的期末借方余额合计填列。

3）"应付账款"项目应根据"应付账款"和"预付账款"总分类账户所属各明细
分类账户的期末贷方余额合计填列。

4）"预收账款"项目应根据"预收账款"和"应收账款"总分类账户所属各明细
分类账户的期末贷方余额合计填列。

5）"一年内到期的非流动资产"项目，根据"可供出售金融资产"、"持有至到
期投资"等账户的明细科目分析后，将一年内将到期的金额填入该项目内。

6）"一年内到期的非流动负债"项目，根据"长期借款"等账户的明细科目分析
后，将一年内将到期的金额填入该项目内。

（四）根据有关总分类账户和明细分类账户余额分析计算填列

资产负债表有些项目不能根据有关总分类账户的期末余额直接或计算填列，也不能
根据有关总分类账户所属的相关明细分类账户的期末余额计算填列，只能根据总分类账
户和相关明细分类账户的期末余额分析计算填列。例如，"长期借款"项目应根据"长
期借款"总分类账户的期末贷方余额扣除"长期借款"账户所属的明细分类账户中反映
的将于一年内到期的长期借款部分计算填列。

（五）根据有关总分类账户余额减去备抵项目后的净额填列

资产负债表有些项目应根据有关总分类账户余额减去备抵项目后的净额填列，例
如，"固定资产"项目应根据"固定资产"账户的期末余额减去"累计折旧"和"固定
资产减值准备"贷方余额后的净额填列。

另外，资产负债表中资产项目的金额大多是根据资产类账户的借方余额填列的，如
果出现贷方余额，则以"－"号表示；负债项目的金额大多是根据负债类账户的贷方余
额填列的，如果出现借方余额，也以"－"号表示。

【例8-1】 根据表8-3提供的黎明公司2009年12月31日各账户期末余额资料，
说明资产负债表的编制方法。

表8-3 黎明公司有关账户总账、明细账余额资料表

单位：元

总　　账	明细账	借方余额	贷方余额	总　　账	明细账	借方余额	贷方余额
库存现金		12 000			丙公司		150
银行存款		156 000			丁公司	1 000	
应收账款		1 200		在途物资		2 550	
	甲公司	1 700		原材料		30 000	
	乙公司		500	库存商品		62 000	
其他应收款		6 400		生产成本		3 000	
预付账款		850		固定资产		600 000	

续表

总　账	明细账	借方余额	贷方余额	总　账	明细账	借方余额	贷方余额
累计折旧			193 000	应交税费			18 400
短期借款			60 000	长期借款			45 000
应付账款			400	其中，2010年5月到期款			30 000
	戊公司		1 000	实收资本			369 700
	己公司	600		盈余公积			55 000
其他应付款			19 500	本年利润			136 500
应付职工薪酬			1 500	利润分配		25 000	

根据上述资料，就可以填列 20××年 12 月 31 日资产负债表上各项目的"期末数"（见图表 8-4）。

表 8-4　资产负债表

编制单位：黎明公司　　　　　　　　2009 年 12 月 31 日　　　　　　　　单位：元

资　产	年初数	期末数	负债及所有者权益	年初数	期末数
流动资产：	（略）		流动负债：	（略）	
货币资金		168 000	短期借款		600 000
交易性金融资产			应付票据		
应收票据			应付账款		1 150
应收账款		1 700	预收账款		500
减：坏账准备			其他应付款		
应收账款净额			应付职工薪酬		1 500
预付账款		1 600	应交税费		18 400
⋮			⋮		
其他应收款		6 400	其他应付款		19 500
存货		97 550	一年内到期的非流动负债		30 000
一年内到期的非流动资产			其他流动负债		
其他流动资产			流动负债合计		131 050
流动资产合计		275 250	非流动负债：		
非流动资产：			长期借款		15 000
可供出售金融资产			应付债券		
持有至到期投资			长期应付款		
长期应收款			⋮		
长期股权投资		407 000	其他非流动负债		
固定资产			非流动负债合计		15 000
减：累计折旧			负债合计		146 050

续表

资　　产	年 初 数	期 末 数	负债及所有者权益	年 初 数	期 末 数
固定资产净值		407 000	所有者权益：		
在建工程			实收资本		369 700
工程物资			资本公积		
固定资产清理			减：库存股		
无形资产			盈余公积		55 000
⋮			未分配利润		111 500
非流动资产合计		407 000	所有者权益合计		536 200
资产总计		682 250	负债及所有者权益总计		682 250

现将需要计算填列的有关项目金额说明如下：

1）"货币资金"项目的金额为"库存现金"、"银行存款"两个账户的借方余额之和，即：

$$12\,000 + 156\,000 = 168\,000（元）$$

2）"应收账款"项目的金额为"应收账款"和"预收账款"总分类账所属明细账的期末借方余额之和减去"坏账准备"账户中有关应收账款计提的坏账准备期末余额后的金额填列，即：

$$1\,700 + 0 - 0 = 1\,700（元）$$

3）"预付账款"项目的金额为"预付账款"和"应付账款"总分类账户所属各明细分类账户的期末借方余额之和，即：

$$1\,000 + 600 = 1\,600（元）$$

4）"存货"项目的金额为"材料采购"、"原材料"、"库存商品"和"生产成本"账户的借方余额之和，即：

$$2\,550 + 30\,000 + 62\,000 + 3\,000 = 97\,550（元）$$

5）"固定资产"项目金额为"固定资产"总分类账户借方余额减去"累计折旧"账户贷方余额，即：

$$600\,000 - 139\,000 = 407\,000（元）$$

6）"应付账款"项目的金额为"应付账款"和"预付账款"总分类账户所属各明细分类账户的期末贷方余额之和，即：

$$1\,000 + 150 = 1\,150（元）$$

7）"预收账款"项目的金额为"预收账款"和"应收账款"总分类账户所属各明细分类账户的期末贷方余额之和，即：

$$0 + 500 = 500（元）$$

8）"一年内到期的非流动负债"项目的金额为，"长期借款"账户中将于一年内（含一年）到期的长期借款的金额，即：30 000 元

9）"长期借款"项目的金额为，"长期借款"账户期末余额减去将于一年内（含

一年）到期的长期借款后的余额，即：

$$45\ 000-30\ 000=15\ 000（元）$$

第三节 利 润 表

一、利润表的概念和作用

（一）利润表的概念

利润表是反映企业在一定会计期间（月份、季度或年度）经营成果的报表。

企业在一定会计期间的经营成果，一般是指企业在一定期间内实现的利润，包括收入减去费用后的净额、直接计入当期利润的利得和损失等。其中：收入减去费用后的净额形成企业营业利润或亏损；直接计入当期利润的利得或损失，是指应当计入当期损益、会导致所有者权益发生增加变动的、与所有者投入资本或者向所有者分配利润无关的利得或损失。

（二）利润表的作用

一个企业利润的多少及其发展趋势，是企业生存和发展的关键，其所报告的财务信息对会计报表使用者具有举足轻重的作用，是人们关注的重要报表之一。利润表的作用主要有以下几方面。

1. 可据以解释、评价和预测企业的经营成果和获利能力

经营成果通常指以营业收入、其他收入抵扣成本、费用、税金等的差额所表示的收益信息。经营成果是一个绝对值指标，可以反映企业财富增长的规模。获利能力是一个相对值指标，它指企业运用一定经济资源（如人力、物力）获取经营成果的能力。这里，经济资源可以因报表使用者的不同需要而有所区别，可以是资产总额、净资产，可以是资产的耗费（成本或费用），还可以是投入的人力（如职工人数）。因而衡量获利能力的指标包括资产收益率、净资产收益率及人均实现收益等指标。经营成果的信息直接由利润表反映，而获利能力的信息除利润表外，还要借助于其他会计报表和注释附表才能得到。

通过比较和分析同一企业在不同时期，或不同企业在同一时期的资产收益率等指标，能够揭示企业利用经济资源的效率；通过比较和分析收益信息，可以了解某一企业收益增长的规模和趋势。根据利润表所提供的经营成果信息，股东、债权人和管理部门可解释、评价和预测企业的获利能力，据以对是否投资或追加投资、投向何处、投资多少等做出决策。

2. 可据以解释、评价和预测企业的偿债能力

偿债能力指企业以资产清偿债务的能力。利润表本身并不提供偿债能力的信息，然

而企业的偿债能力不仅取决于资产的流动性和资本结构，也取决于获利能力。企业在个别年份获利能力不足，不一定影响偿债能力，但若一家企业长期丧失获利能力，则资产的流动性必然由好转坏，资本结构也将逐渐由优变劣，陷入资不抵债的困境。因而一家数年收益很少，获利能力不强甚至亏损的企业，通常其偿债能力不会很强。

债权人和管理部门通过分析和比较收益表的有关信息，可以间接地解释、评价和预测企业的偿债能力，尤其是长期偿债能力，并揭示偿债能力的变化趋势，进而做出各种信贷决策和改进企业管理工作的决策，如维持、扩大或收缩现有信贷规模，应提出何种信贷条件等。管理部门则可据以找出偿债能力不强之原因，努力提高企业的偿债能力，改善企业的公关形象。

3. 企业管理人员可据以做出经营决策

比较和分析收益表中各种构成要素，可知悉各项收入、成本、费用与收益之间的消长趋势，发现各方面工作中存在的问题，揭露缺点，找出差距，改善经营管理，努力增收节支，杜绝损失的发生，做出合理的经营决策。

4. 可据以评价和考核管理人员的绩效

比较前后期利润表上各项收入、费用、成本及收益的增减变动情况，并查考其增减变动的原因，可以较为客观地评价各职能部门、各生产经营单位的绩效，以及这些部门和人员的绩效与整个企业经营成果的关系，以便评判各部门管理人员的功过得失，及时做出采购、生产销售、筹资和人事等方面的调整，使各项活动趋于合理。

利润表上述重要作用的发挥，与利润表所列信息的质量直接相关。利润表信息的质量则取决于企业在收入确认、费用确认以及其他利润表项目确定时所采用的方法。由于会计程序和方法具有可选择性，企业可能会选用对其有利的程序和方法，从而导致收益偏高或偏低。例如，在折旧费用、坏账损失和已售商品成本等方面都可按多种会计方法计算，产生多种选择，影响会计信息的可比性和可靠性。另一方面，利润表中的信息表述的是各类业务收入、费用、成本等的合计数以及非重复发生的非常项目，这也会削弱利润表的重要作用。

二、利润表的结构与格式

利润表是根据"利润＝收入－费用＋直接计入当期利润的利得－直接计入当期利润的损失"的平衡原理设计的，在项目的排列方式上有单步式和多步式两种结构。

（一）单步式利润表

单步式利润表，是将本期所有收入加在一起，再将本期所有费用加在一起，两者相减，一次计算出本期的净利润。具体格式如表 8-5 所示。

表 8-5　利润表

××年×月

编制单位：　　　　　　　　　　　　　　　　　　　　　　　　　　　单位：元

项　目	行　次	本　月　数	本年累计数
一、收入			
主营业务收入			
其他业务收入			
公允价值变动净收益			
投资收益			
营业外收入			
收入合计			
二、费用			
主营业务成本			
主营业务税金及附加			
营业费用			
其他业务支出			
管理费用			
财务费用			
投资损失			
营业外支出			
费用合计			
三、利润			

　　单步式利润表的优点为：第一，结构简单，易于理解；第二，对所有收入和费用一视同仁，不分先后顺序，避免了可能使人误解或引起混乱的分类和配比顺序。其缺点为：不能直接提供多层次的利润资料，不利于比较分析。实际工作中，规模小，收入与费用种类少的企业，可采用这种格式。

　　（二）多步式利润表

　　多步式利润表将利润分成多个层次（营业利润、利润总额和净利润），通过多个步骤来分别计算每一层次的利润，最后计算出净利润。

　　1）以营业收入为基础，计算营业利润。

营业利润＝营业收入－营业成本－营业税金及附加－销售费用－管理费用－财务费用－资产减值损失＋公允价值变动收益（－公允价值变动损失）＋投资收益（－投资损失）

　　2）以营业利润为基础，计算利润总额。

利润总额＝营业利润＋营业外收入－营业外支出

3）以利润总额为基础，计算净利润。

净利润＝利润总额－所得税费用

普通股或潜在普通股已公开交易的企业，以及正处于公开发行普通股或潜在普通股过程中的企业，还应当在利润表中列示每股收益信息。

基本每股收益＝净利润÷发行在外的普通股加权平均数

稀释每股收益＝基本每股收益÷调整系数

在确定调整系数时，要考虑可转换公司债券、认股权证和股份期权等对普通股的影响，对基本每股收益的分母和分子进行调整。

多步式利润表的优点为：第一，能直观地反映营业收益与非营业收益对利润总额的影响和净利润的形成过程；第二，有利于企业对利润表相应项目进行横向和纵向的比较，便于企业进行盈利分析。按照国家统一会计制度的规定，我国利润表采用这种格式。多步式利润表的格式如表 8-6 所示。

表 8-6 利润表

年 月

编制单位：　　　　　　　　　　　　　　　　　　　　　　　　单位：元

项　目	本期金额	上期金额
一、营业收入		
减：营业成本		
营业税金及附加		
销售费用		
管理费用		
财务费用		
资产减值损失		
加：公允价值变动收益（损失以"－"号填列）		
投资收益（损失以"－"号填列）		
其中：对联营企业和合营企业的投资收益		
二、营业利润（亏损以"－"号填列）		
加：营业外收入		
减：营业外支出		
其中：非流动资产处置损失		
三、利润总额（亏损总额以"－"号填列）		
减：所得税费用		
四、净利润（净损失以"－"号填列）		
五、每股收益：		
（一）基本每股收益		
（二）稀释每股收益		

三、利润表的编制方法

（一）利润表的具体填列

利润表各个项目均需填列"本期金额"和"上期金额"两栏。利润表中"本期金额"栏反映各项目本期实际发生数，如果上年度利润表与本年度利润表的项目名称和内容不一致，应对上年度利润表的名称和数字按本年度的规定进行调整，填入报表的"上期金额"栏。

利润表"本期金额"、"上期金额"栏内各项数字，除"每股收益"项目外，应当按照相关科目的发生额分析填列。

（二）举例说明利润表的编制方法

【例 8-2】 黎明公司 2009 年度损益类科目的累计发生额的资料如表 8-7 所示。

表 8-7 黎明公司 2009 年度损益类科目的累积发生额资料表

单位：元

项　　目	本年累计发生额
主营业务收入	270 000
其他业务收入	30 000
主营业务成本	125 000
营业税金及附加	2 000
管理费用	15 800
销售费用	20 000
财务费用	4 200
营业外收入	20 000
营业外支出	8 000
所得税费用	36 250

根据上述资料，编制该公司利润表，如表 8-8 所示。

表 8-8 利润表

2009 年 12 月

编制单位：黎明公司　　　　　　　　　　　　　　　　　　　　　　单位：元

项　　目	本期金额	上期金额
一、营业收入	300 000	
减：营业成本	125 000	
营业税金及附加	2 000	
销售费用	20 000	
管理费用	15 800	

续表

项 目	本期金额	上期金额
财务费用	4 200	
资产减值损失		
加：公允价值变动收益（损失以"－"号填列）		
投资收益（损失以"－"号填列）		
其中：对联营企业和合营企业的投资收益		
二、营业利润（亏损以"－"号填列）	133 000	
加：营业外收入	20 000	
减：营业外支出	8 000	
其中：非流动资产处置损失		
三、利润总额（亏损总额以"－"号填列）	145 000	
减：所得税费用	36 250	
四、净利润（净损失以"－"号填列）	108 750	
五、每股收益：		
（一）基本每股收益		
（二）稀释每股收益		

其中：

1）"营业收入"项目，根据"主营业务收入"、"其他业务收入"账户的发生额分析填列，即 270 000＋30 000＝300 000（元）。

2）营业成本项目，根据"主营业务成本"、"其他业务成本"账户的发生额分析填列，即 125 000＋0＝125 000（元）。

3）所得税费用项目，根据"所得税费用"账户的发生额分析填列。

利润表中"营业利润"、"利润总额"、"净利润"项目如发生亏损的，应以"－"号填列。

第四节 现金流量表

一、现金流量表的概念和作用

（一）现金流量表的概念

现金流量表是以现金为基础编制的，反映企业一定会计期间内经营活动、投资活动和筹资活动现金流入、流出和净流量的会计报表。作为三张主表之一，现金流量表主要为使用者提供企业一定会计期间的现金和等价物的流入、流出信息，以便于报表使用者了解和评价企业获得现金和现金等价物（除特别说明外，以下所称的现金均包括现金等价物）的能力。其中，现金流量是指一定会计期间内企业现金和现金等价物的流入和流出，两者之间的差额即为现金净流量。但企业从银行提取现金、用现金购买短期到期的国库券等现金和现金等价物之间的转换不属于现金流量。

这里的现金是指库存现金以及随时可以用于支付的存款，包括库存现金、银行存款和其他货币资金等。不能随时用于支付的存款不属于现金。现金等价物是指企业持有的期限短、流动性强、易于转换为已知金额、价值变动风险很小的投资。

现金流量表主要反映三个方面的内容：现金从何处来，即企业在一定期间内取得的现金来自何处；现金用到何处，即企业在一定期间内取得的现金都用到了什么地方；现金余额发生了什么变化，即当期收到的现金扣除当期动用的现金后的现金净增加额。现金流量表是资产负债表和利润表的补充说明，反映和揭示企业的理财过程，企业至少应一年编报一次。

（二）现金流量表的作用

1. 说明企业现金流入流出的原因

现金流量表能够提供企业在一定期间内现金的来龙去脉及现金余额变动的会计信息。现金流量表把现金流量划分为经营活动、投资活动和筹资活动所产生的现金流量三大部分，并按照流入现金和流出现金项目分别反映。例如，企业当期从银行借入 300 万元，偿还银行利息 2 万元，在现金流量表的筹资活动产生的现金流量中分别反映借款 300 万元，支付利息 2 万元，因此，现金流量表可以告诉现金流量表使用者现金从何处来，又用到何处去，而这些信息是资产负债表和利润表所不能提供的。

2. 规划和预测未来产生现金的能力

现金流量表可以反映企业现金流入和流出的整体情况，说明企业现金从哪里来，又被运用到哪里去。借助于现金流量表提供的信息，可以规划和预测企业在未来产生现金的能力。例如，企业通过银行借款筹得资金，从本期现金流量表中反映为现金流入，但却意味着未来偿还借款时要流出现金。又如，本期应收而未收的款项，在本期现金流量表中虽然没有反映为现金的流入，但意味着未来将会有现金的流入。

3. 分析净利润与现金流量差异的原因

借助现金流量表提供的信息，可以分析企业净利润与相关现金流量产生差异的原因。

4. 分析财务状况和经营成果的可靠性。

资产负债表不能反映财务变动的原因，也不能表明这些资产、负债给企业带来多少现金，又用去多少现金；利润表只能反映利润的构成，而不能反映经营活动、投资活动和筹资活动给企业带来了多少现金，支付了多少现金，而且利润表不能反映投资和筹资活动的全部事项。

现金流量表反映企业在报告期内由经营活动、投资活动和筹资活动获得的现金。企业获得的这些现金是如何运用的，能够说明资产、负债、净资产变动的原因，对资产负债表和利润表起到补充说明的作用。借助现金流量表提供的信息，可以帮助报表的使用者分析和判断企业财务状况和经营成果的可靠性。

5. 分析和判断企业的偿债能力和支付股利的能力

企业经营的目的是获得利润，人们常常以获得利润多少作为企业获利情况的衡量标准。但是，企业在一定期间内获得的利润并不代表企业真正具有偿债和支付能力。例如，按权责发生制确认的销售收入并不是企业实际收到的现金，固定资产的折旧费减少了会计利润，但折旧本身并不会导致企业的现金流出。现金流量表分门别类地显示企业在报告期内由经营活动、投资活动和筹资活动获得多少现金，企业获得的这些现金是如何运用的。通过现金流量表，投资者可以了解企业当前是否能及时支付股利和投资收益；债权人可以分析企业获取现金的能力，判断企业当前的偿债能力。

二、现金流量表的结构与格式

现金流量表采用报告式的结构，正表由六个部分组成：一是经营活动产生的现金流量；二是投资活动产生的现金流量；三是筹资活动产生的现金流量；四是汇率变动对现金的影响；五是现金及现金等价物净增加额；六是期末现金及现金等价物余额。其格式和内容如表8-9所示。

表8-9 现金流量表

××年

编制单位：　　　　　　　　　　　　　　　　　　　　　　　　　单位：元

项　　目	本期金额	上期金额
一、经营活动产生的现金流量：		
销售商品、提供劳务收到的现金		
收到的税费返还		
收到的其他与经营活动有关的现金		
现金流入小计		
购买商品、接受劳务支付的现金		
支付给职工以及为职工支付的现金		
支付的各项税费		
支付的其他与经营活动有关的现金		
现金流出小计		

续表

项　目	本期金额	上期金额
经营活动产生的现金流量净额		
二、投资活动产生的现金流量：		
收回投资所收到的现金		
取得投资收益所收到的现金		
处置固定资产、无形资产和其他长期资产所收回的现金净额		
处置子公司及其他营业单位收到的现金净额		
收到的其他与投资活动有关的现金		
现金流入小计		
购建固定资产、无形资产和其他长期资产所支付的现金		
投资所支付的现金		
取得子公司及其他营业单位支付的现金净额		
支付的其他与投资活动有关的现金		
现金流出小计		
投资活动产生的现金流量净额		
三、筹资活动产生的现金流量：		
吸收投资所收到的现金		
借款所收到的现金		
收到的其他与筹资活动有关的现金		
现金流入小计		
偿还债务所支付的现金		
分配股利、利润或偿付利息所支付的现金		
支付的其他与筹资活动有关的现金		
现金流出小计		
筹资活动产生的现金流量净额		
四、汇率变动对现金的影响		
五、现金及现金等价物净增加额		
加：期初现金及现金等价物余额		
六、期末现金及现金等价物余额		

在现金流量表的几类项目中，以经营活动的现金流量最为重要。经营活动的现金流量映企业自身获得现金的能力，是企业获得持续资金来源的主要途径。它决定了企业不通过配股及借债等筹资手段，就能够偿还债务、扩大经营规模和发放股利等。所以经营活动产生的现金流量净额反映了企业的盈余背后是否有充足的现金流入。在一般情况下，企业经营活动产生的现金流量越多，说明企业销售畅通、资金周转快。按《企业会计准则第31号——现金流量表》的要求，企业还应当在附注中披露现金流量表的有关信息。

下面介绍现金流量表内各项目的内容。

（一）经营活动产生的现金流量

1. 经营活动产生的现金流入项目

1）"销售商品、提供劳务收到的现金"项目，反映企业销售商品、提供劳务实际收到的现金（含销售收入和应向购买者收取的增值税额），包括本期销售商品、提供劳务收到的现金，以及前期销售和前期提供劳务本期收到的现金和本期预收的账款，扣除本期退回本期销售的商品和前期销售本期退回的商品支付的现金。企业销售材料和代购代销业务收到的现金，也在本项目反映。

2）"收到的税费返还"项目，反映企业收到返还的各种税费，如收到的增值税、消费税、营业税、所得税、教育费附加返还等。

3）"收到的其他与经营活动有关的现金"项目，反映企业除了上述各项目外，与经营活动有关的其他现金流入，如罚款收入、逾期未退还出租和出借包装物没收的押金收入、流动资产损失中由个人赔偿的现金收入等。其他现金流入如价值较大的，应单列项目反映。

2. 经营活动产生的现金流出项目

1）"购买商品、接受劳务支付的现金"项目，反映企业购买商品、接受劳务支付的现金（包括支付的增值税进项税额）。主要包括：本期购买商品接受劳务本期支付的现金，本期支付前期购买商品、接受劳务的未付款项和本期预付款项。本期发生购货退回而收到的现金应从购买商品或接受劳务支付的款项中扣除。

2）"支付给职工以及为职工支付的现金"项目，反映企业实际支付给职工的工资以及其他为职工支付的现金。为职工支付的工资包括本期实际支付给职工的工资、奖金、各种津贴和补贴等；其他为职工支付的现金包括为职工支付的养老保险、待业保险等社会保险基金、为职工支付的商业保险基金、支付给职工的住房困难补助等。不包括支付给在建工程人员的工资。

3）"支付的各项税费"项目，反映企业按规定支付的各项税费，包括本期发生并支付的税费，以及本期支付以前各期发生的税费和预交的税金。不包括计入固定资产价值、实际支付的耕地占用税等；也不包括本期退回的增值税、所得税，本期退回的增值税、所得税在"收到的税费返还"项目反映。

4）"支付的与经营活动有关的其他现金"项目，反映企业支付的除上述各项外，与经营活动有关的其他现金流出，如捐赠现金支出、罚款支出、支付的差旅费、业务招待费现金支出、支付的保险费等。

（二）投资活动产生的现金流量

1. 投资活动产生的现金流入项目

1）"收回投资所收到的现金"项目，反映企业出售、转让或到期收回除现金等价物以外的短期投资、长期股权投资而收到的现金，以及收回长期债权投资本金而收到的现金。不包括长期债权投资收回的利息，以及收回的非现金资产。

2）"取得投资收益收到的现金"项目，反映企业因股权性投资和债权性投资而收到的现金股利，以及从子公司、联营企业和合营企业分回利润收到的现金。不包括股票股利。

3）"处置固定资产、无形资产和其他长期资产收回的现金净额"项目，反映企业处置固定资产、无形资产和其他长期资产收回的现金，扣除所发生的现金支出后的净额。由于自然灾害所造成的固定资产等长期资产损失而收到的保险赔偿收入，也在本项目反映。

4）"收到的其他与投资活动有关的现金"项目，反映企业除了上述各项以外，收到的其他与投资活动有关的现金流入。其他与投资活动有关的现金流入如价值较大的，应单列项目反映。

2. 投资活动产生的现金流出项目

1）"购建固定资产、无形资产和其他长期资产所支付的现金"项目，反映企业购买、建造固定资产，取得无形资产和其他长期资产支付的现金。不包括为购建固定资产而发生的借款利息资本化的部分，以及融资租入固定资产支付的租赁费。借款利息和融资租入固定资产支付的租赁费，在筹资活动产生的现金流量中单独反映。

2）"投资支付的现金"项目，反映企业进行权益性投资和债权性投资所支付的现金，包括支付的佣金、手续费等附加费用。企业以非现金的固定资产、商品等进行的投资，在现金流量表的附注中单独反映，不包括在本项目内。

3）"支付的其他与投资活动有关的现金"项目，反映企业除了上述各项以外，支付的其他与投资活动有关的现金流出。其他与投资活动有关的现金流出如价值较大，应单列项目反映。

（三）筹资活动产生的现金流量

1. 筹资活动产生的现金流入项目

1）"吸收投资收到的现金"项目，项目反映企业收到的投资者投入的现金，包括以发行股票、债券等方式筹集的资金实际收到股款净额（发行收入减去支付的佣金等发行费用后的净额）。

2）"借款所收到的现金"项目，反映企业举借各种短期、长期借款所收到的现金。

3）"收到的其他与筹资活动有关的现金"项目，反映企业除上述各项目外，收到的其他与筹资活动有关的现金流入，如接受现金捐赠等。其他现金流入如价值较大的，应单列项目反映。

2. 筹资活动产生的现金流出项目

1）"偿还债务所支付的现金"项目，反映企业以现金偿还债务本金，包括偿还金融企业的借款本金、偿还债券本金等。企业偿还的借款利息、债券利息，在"分配股利、利润或偿付利息所支付的现金"项目反映，不包括在本项目内。

2）"分配股利或利润或偿付利息所支付的现金"项目，反映企业实际支付的现金股利、支付给其他投资单位的利润或用现金支付的借款利息、债券利息所支付的现金。

3）"支付的其他与筹资活动有关的现金"项目，反映企业除了上述各项外，支付的如捐赠现金支出、融资租入固定资产支付的租赁费，以及以发行股票、债券等方式筹集资金而由企业直接支付的审计、咨询费用等。

三、现金流量表的编制方法

现金流量表是以现金和现金等价物为基础编制的，编制方法有两种：一是直接法，以销售(营业)收入的收现数为起算点，然后将其他收入与费用项目的收现数、付现数分别列出，以直接反映最终的现金净流量；二是间接法，以本年净利润为起算点，调整不涉及现金收付的各种会计事项，最后也得出现金净流量。我国《企业会计准则——现金流量表》规定：企业应采用直接法报告经营活动的现金流量。常见的直接法有工作底稿法和"T"形账户法，这两种方法都是以企业年度资产负债表、利润表和有关项目本年度的发生额为依据，通过编制调整分录，将企业全年的收入、费用各支出以及资产负债表项目的变化重新调整为经营活动、投资活动和筹资活动的现金流量，以确定企业全年业务活动对现金流量产生的影响，为报表使用者提供决策所需的信息。

（一）工作底稿法

采用工作底稿法编制现金流量表，就是以工作底稿为手段，以损益表和资产负债表的数据为基础，对每一项目进行分析并编制调整分录，从而编制出现金流量表。

在直接法下，整个工作底稿纵向分成三段：第一段是资产负债表项目，其中又分为借方项目和贷方项目两部分；第二段是损益表项目；第三段是现金流量表项目。

工作底稿横向分成五栏，在资产负债表部分，第一栏是项目栏，填列资产负债表各项目；第二栏是期初栏，用来填列资产负债表的期初数；第三栏是调整分录的借方；第四栏是调整分录的贷方；第五栏是期末数，用来填列资产负债表的期末数。

在损益表和现金流量表部分，第一栏也是项目栏，用来填列损益表和现金流量表项目部分；第二栏空置不填；第三栏、第四栏分别是调整分录的借方和贷方；第五栏是本期数，损益表部分这一栏数字应和本期损益表数字核对相符，现金流量表部分这一栏的数字可直接用来编制正式的现金流量表。

采用工作底稿法编制现金流量表的程序是：

1）将资产负债表的期初数和期末数过入工作底稿的期初数栏和期末数栏。

2）对当前业务进行分析并编制调整分录。

3）将调整分录过入工作底稿中的相应部分。

4）核对调整分录，借贷合计应当相等，资产负债表期初数加减调整分录中的借贷金额后应当等于期末数。

5）根据工作底稿中现金流量表项目部分编制正式的现金流量表。

（二）"T"形账户法

采用"T"形账户法，就是以"T"形账户为手段，以损益表和资产负债表数据为基础，对每一项目进行分析并编制调整分录，从而编制出现金流量表。

采用"T"形账户法编制出现金流量表的程序如下：

1）为所有的非现金项目（包括资产负债表和损益表项目）分别开设"T"形账户，并将各自的期末期初变动数过入该账户。

2）开设一个大的"现金及现金等价物""T"形账户，每边分为经营活动、投资活动和筹资活动三个部分，左边记现金收入，右边记现金支出，其他账户一样，过入期末期初变动数。

3）以损益表项目为基础，结合资产负债表分析每一个非现金项目的增减变动，并据以编制调整分录。

4）将调整分录过入"T"形账户，并进行核对，该账户借贷相抵后的余额与原过入的期末期初变动数应当一致。

5）根据大的"现金及现金等价物""T"形账户编制正式的现金流量表。

有关现金流量表的具体编制方法及应用在"中级财务会计"课程中学习，本节不再赘述。

小　结

会计报表是会计信息的载体和最终成果，报表使用者通过会计报表提供的信息可分析企业的偿债能力、营运能力和盈利能力，据以进行财务和经营决策。会计报表可从不同的角度进行分类，按照反映的内容可分为反映财务状况及其变动的会计报表、反映经营成果的会计报表和反映现金流量的报表；按照会计报表反映的资金运动状态可分成静态会计报表和动态会计报表；按照会计报表编报的时间可分成中期报表和年度报表；按照会计报表编报的主体可分成个别会计报表和合并会计报表。

资产负债表是反映企业某一特定日期（月末、季末、中期期末、年末）财务状况的报表，是静态报表。它是以"资产＝负债＋所有者权益"会计恒等式为依据而编制的，提供企业在某一时点的资产占用和资金来源信息。一方面它反映企业在某一特定日期所拥有或控制的总资产；另一方面它反映企业的资金来源——负债和所有者权益。资产负债表格式包括账户式和报告式两种，我国采用账户式结构。表中各项目反映的均是有关账户的余额，且每个项目均需填列"年初数"和"期末数"两栏。资产负债表"年初数"栏内各项目的数字，应根据上年末资产负债表中"期末数"栏内所列的相应数字填列。资产负债表"期末数"栏内各项目数字，一般根据总账和有关明细账填列。

利润表是反映企业在一定会计期间（月份、季度或年度）经营成果的报表。它是根据"利润＝收入－费用＋直接计入当期利润的利得－直接计入当期利润的损失"的平衡原理设计的。利润表的格式有单步式和多步式两种结构，我国采用多步式。利润表各个项目均需填列"本期金额"和"上期金额"两栏。利润表中"本期金额"栏反映各项目本期实际发生数，如果上年度利润表与本年度利润表的项目名称和内容不一致，应对上年度利润表的名称和数字按本年度的规定进行调整，填入报表的"上期金额"栏。利润表"本期金额"、"上期金额"栏内各项数字，除"每股收益"项目外，应当按照相关账户的发生额分析填列。

现金流量表是以现金为基础编制的，反映企业一定会计期间内经营活动、投资活动和筹资活动现金流入、流出和净流量的会计报表。现金流量表采用报告式的结构，正表由六个部分组成：一是经营活动产生的现金流量；二是投资活动产生的现金流量；三是筹资活动产生的现金流量；四是汇率变动对现金的影响；五是现金及现金等价物净增加额；六是期末现金及现金等价物余额。

思考与练习

一、单项选择题

1. 资产负债表中资产的排列是依据（　　）。
   A. 项目收益性　　　　　　　　　B. 项目重要性
   C. 项目流动性　　　　　　　　　D. 项目时间性

2. 根据《企业会计制度》的规定，中期财务会计报告不包括（　　）。
   A. 月报　　　　　　　　　　　　B. 季报
   C. 半年报　　　　　　　　　　　D. 年报

3. "预付账款"明细账中若有贷方余额，应将其计入资产负债表中的（　　）项目。
   A. 应收账款　　　　　　　　　　B. 预收款项
   C. 应付账款　　　　　　　　　　D. 其他应付款

4. 资产负债表中的"未分配利润"项目，应根据（　　）填列。
   A. "利润分配"账户余额
   B. "本年利润"账户余额
   C. "本年利润"和"利润分配"账户的余额计算后
   D. "盈余公积"账户余额

5. 某企业"应收账款"账户月末借方余额 20000 元，其中"应收甲公司账款"明细账户借方余额 35 000 元，"应收乙公司账款"明细账户贷方余额 15 000 元；"预收账款"账户月末贷方余额 15 000 元，其中"预收 A 工厂账款"明细账户贷方余额 25 000元，"预收 B 工厂账款"明细账户借方余额 10 000 元。该企业月末资产负债表中"应收账款"项目的金额为（　　）元。

A. 40 000   B. 25 000

C. 15 000   D. 45 000

6. 乙企业"原材料"账户借方余额150万元,"生产成本"账户借方余额200万元,"材料采购"账户借方余额50万元,"材料成本差异"账户贷方余额30万元,该企业期末资产负债表中"存货"项目应填列的金额为（   ）万元。

A. 520   B. 370

C. 420   D. 390

7. 下列资产负债表项目,根据有关总账账户余额填列的是（   ）。

A. 货币资金   B. 应收票据

C. 预收账款   D. 应收账款

8. 企业在编制利润表时,下列各项目中,可以根据账户发生额分析填列的是（   ）。

A. 所得税费用   B. 营业利润

C. 利润总额   D. 净利润

9. 下列各项中,属于利润表编制依据的是（   ）。

A. 损益类账户的余额   B. 损益类账户的发生额

C. 所有账户的期末余额   D. 收入－费用＝利润

10. 在编制资产负债表时,下列项目中,需要根据总账账户与其备抵账户抵消后净额填列的是（   ）。

A. 固定资产   B. 货币资金

C. 应收账款   D. 存货

二、多项选择题

1. 下列各项中,应包括在资产负债表"存货"项目的有（   ）。

A. 委托代销商品   B. 委托加工物资

C. 正在加工中的在产品   D. 发出商品

2. 资产负债表中的"一年内到期的非流动负债"项目应当根据下列账户贷方余额分析填列（   ）。

A. 长期借款   B. 长期应付款

C. 应付账款   D. 应付债券

3. 下列各项中,对资产负债表的作用描述正确的有（   ）。

A. 通过编制资产负债表可以反映企业资产的构成及其状况

B. 通过编制资产负债表可以分析企业的偿债能力

C. 通过编制资产负债表可以分析企业的获利能力

D. 通过编制资产负债表可以反映企业所有者权益的情况

4. 下列项目中,属于资产负债表中"流动资产"项目的有（   ）。

A. 预付款项   B. 应收票据

C. 预收款项   D. 存货

5. 资产负债表中的应付账款项目应根据（   ）填列。

    A. 应付账款所属明细账借方余额合计数

    B. 应付账款总账余额

    C. 预付账款所属明细账贷方余额合计数

    D. 应付账款所属明细账贷方余额合计数

6. 下列各项，可以通过资产负债表反映的有（   ）。

    A. 某一时点的财务状况   B. 某一时点的偿债能力

    C. 某一期间的经营成果   D. 某一期间的获利能力

7. 下列各项中，作为资产负债表中"应收账款"项目填列依据的有（   ）。

    A. 应收账款   B. 预收账款

    C. 预付账款   D. 其他应收款

8. 某企业6月份编制资产负债表时，"未分配利润"项目填列所依据的账户有（   ）。

    A. 本年利润   B. 应付利润

    C. 利润分配   D. 盈余公积

9. 下列各项中，影响资产负债表"长期借款"项目的因素有（   ）。

    A. 长期借款本金   B. 短期借款本金

    C. 一年内到期的长期借款   D. 长期借款的利息

10. 在编制资产负债表时，下列各项中，需要根据若干总账账户计算填列的有（   ）。

    A. 应收账款   B. 货币资金

    C. 存货   D. 固定资产

三、判断题

1. 利润表是指反映企业在一定会计期间的经营成果的报表。   （   ）

2. 资产负债表中"应付账款"、"预付款项"项目应直接根据该科目的总账余额填列。   （   ）

3. 资产负债表中确认的资产都是企业拥有的。   （   ）

4. 资产负债表中"应付账款"项目应根据"应付账款"和"预收账款"所属明细账贷方余额合计填列。   （   ）

5. 会计恒等式是会计处理的基础，因而是利润表设计的依据。   （   ）

四、思考题

1. 什么是财务报表？财务报表包括哪些内容？

2. 什么是资产负债表？其基本结构和内容有哪些？如何编制？

3. 什么是利润表？如何编制？

4. 什么是现金流量表？它包括哪些基本内容？

5. 根据企业提供的资产负债表、利润表、现金流量表，能够获得关于企业的哪些经济信息？

五、计算题

1. 甲公司 2009 年 12 月 31 日结账后有关账户余额如表 8-10 所示。

表 8-10　公司相关资料

单位：万元

科目名称	借方余额	贷方余额
应收账款	600	40
坏账准备——应收账款		80
预收账款	100	800
应付账款	20	400
预付账款	320	60

要求：根据上述资料，计算资产负债表中下列项目的金额：

1）应收账款。

2）预付款项。

3）应付款项。

4）预收款项。

2. 丁公司截止 2009 年 12 月 31 日有关账户发生额如表 8-11 所示。

表 8-11　丁公司截止 2009 年 12 月 31 日有关账户发生额

单位：万元

账户名称	借方发生额	贷方发生额
主营业务收入	150	4 500
主营业务成本	2 400	120
其他业务收入		300
其他业务成本	225	
营业税金及附加	150	
销售费用	75	
管理费用	270	
财务费用	30	
资产减值损失	240	15
公允价值变动损益	60	105
投资收益	90	150
营业外收入		135
营业外支出	60	
所得税费用	450	

要求：根据上述资料，编制丁公司 2009 年度利润表，空表见表 8-12。

表 8-12　利润表

编制单位：丁公司　　　　　　　　　2009 年度　　　　　　　　　单位：万元

项　　目	本期金额
一、营业收入	
减：营业成本	
营业税金及附加	
销售费用	
管理费用	
财务费用	
资产减值损失	
加：公允价值变动收益（损失以"－"号填列）	
投资收益（损失以"－"号填列）	
二、营业利润（亏损以"－"号填列）	
加：营业外收入	
减：营业外支出	
三、利润总额（亏损额以"－"号填列）	
减：所得税费用	
四、净利润（净亏损以"－"号填列）	

案 例 分 析

会计报表分析的应用——华能国际

案例背景

华能国际的母公司及控股股东华能国电是于 1985 年成立的中外合资企业，它与电厂所在地的多家政府投资公司于 1994 年 6 月共同发起在北京注册成立了股份有限公司。总股本 60 亿股，2001 年在国内发行 3.5 亿股 A 股，其中流通股 2.5 亿股，而后分别在香港、纽约上市。

在过去的几年中，华能国际通过项目开发和资产收购不断扩大经营规模，保持盈利稳步增长。拥有的总发电装机容量从 2 900 兆瓦增加到目前的 15 936 兆瓦。华能国际现全资拥有 14 座电厂，控股 5 座电厂，参股 3 家电力公司，其发电厂设备先进，高效稳定，且广泛地分布于经济发达及用电需求增长强劲的地区。目前，华能国际已成为中国最大的独立发电公司之一。

华能国际公布的 2004 年第 1 季度财务报告，营业收入为 64.61 亿人民币，净利润为 14.04 亿人民币，比去年同期分别增长 24.97% 和 24.58%。由此可看出，无论是发电量还是营业收入及利润，华能国际都实现了健康的同步快速增长。当然，这一切都与今年初中国出现大面积电荒不无关系。

在发展战略上，华能国际加紧了并购扩张步伐。中国经济的快速增长造成了电力等能源的严重短缺。随着中国政府对此越来越多的关注和重视，以及华能国际逐渐走上快速发展和不断扩张的道路，可以预见在不久的将来，华能国际必将在中国电力能源行业中进一步脱颖而出。

以下将对华能国际的财务报表进行分析。附 2001-2003 年华能国际的资产负债表和利润表（如表 8-13 和表 8-14 所示）。

表 8-13 2001—2003 资产负债表简表

单位：万元

项目\年度	2003-12-31	2002-12-31	2001-12-31
应收账款余额	235 683	188 908	125 494
存货余额	80 816	94 072	73 946
流动资产合计	830 287	770 282	1 078 438
固定资产合计	3 840 088	4 021 516	3 342 351
资产总计	5 327 696	4 809 875	4 722 970
应付账款	65 310	47 160	36 504
流动负债合计	824 657	875 944	1 004 212
长期负债合计	915 360	918 480	957 576
负债总计	1 740 017	1 811 074	1 961 788
股本	602 767	600 027	600 000
未分配利润	1 398 153	948 870	816 085
股东权益总计	3 478 710	2 916 947	2 712 556

表 8-14 2001—2003 利润表简表

单位：万元

项目\年度	2003-12-31	2002-12-31	2001-12-31
主营业务收入	2 347 964	1 872 534	1 581 665
主营业务成本	1 569 019	1 252 862	1 033 392
主营业务利润	774 411	615 860	545 743
其他业务利润	3 057	1 682	-52
管理费用	44 154	32 718	17 583
财务费用	55 963	56 271	84 277
营业利润	677 350	528 551	443 828
利润总额	677 408	521 207	442 251
净利润	545 714	408 235	363 606
未分配利润	1 398 153	948 870	816 085

案例分析

以时间距离最近的 2003 年度的报表数据为分析基础。

1. 资产分析

1）首先公司资产总额达到 530 多亿，规模很大，比 2002 年增加了约 11%，2002 年比 2001 年约增加 2%，这与华能 2003 年的一系列收购活动有关。从中也可以看出企业加快了扩张的步伐。其中绝大部分的资产为固定资产，这与该行业的特征有关：从会计报表附注可以看出固定资产当中发电设施的比重相当高，约占固定资产 92.67%。

2）应收账款余额较大，却没有提取坏账准备，不符合谨慎性原则。

会计报表附注中说明公司对其他应收款的坏账准备的记提采用按照其他应收款余额的 3% 记提，账龄分析表明占其他应收款 42% 的部分是属于两年以上没有收回的账款，根据我国的税法规定，外商投资企业两年以上未收回的应收款项可以作为坏账损失处理，这部分应收款的可回收性值得怀疑，因此仍然按照 3% 的比例记提坏账不太符合公司的资产现状，两年以上的其他应收款共计 87 893 852 元，坏账准备记提过低。

3）长期投资。我们注意到公司 2003 年长期股权投资有一个大幅度的增长，这主要是因为 2003 年 4 月华能收购深能 25% 的股权以及深圳能源集团和日照发电厂投资收益的增加。

2. 负债与权益分析

华能国际在流动负债方面比 2002 年底有显著下降，主要是由于偿还了部分到期借款。

华能国际长期借款的到期日集中在 2004 年和 2011 年以后，在这两年左右公司的还款压力较大，需要筹集大量的资金，需要保持较高的流动性，以应付到期债务，这就要求公司对于资金的筹措做好及时的安排。其中将于一年内到期的长期借款有 2 799 487 209 元，公司现有货币资金 1 957 970 492 元，因此存在一定的还款压力。

华能国际为在三地上市的公司，在国内发行 A 股 3.5 亿股，其中向大股东定向配售 1 亿股法人股，这部分股票是以市价向华能国电配售的，虽然《意向书》有这样一句话："华能国际电力开发公司已书面承诺按照本次公开发行确定的价格全额认购，该部分股份在国家出台关于国有股和法人股流通的新规定以前，暂不上市流通。"但是考虑到该部分股票的特殊性质，流通的可能性仍然很大。华能国际的这种筹资模式，在 1998 年 3 月增发外资股的时候也曾经使用过，在这种模式下，一方面，华能国际向大股东买发电厂，而另一方面，大股东又从华能国际买股票，实际上双方都没有付出太大的成本，仅通过这个手法，华能国际就完成了资产重组的任务，同时还能保证大股东的控制地位没有动摇。

3. 收入与费用分析

1）华能国际的主要收入来自于通过各个地方或省电力公司为最终用户生产和输送电力而收取的扣除增值税后的电费收入。根据每月月底按照实际上网电量或售电量的记录在向各电力公司控制与拥有的电网输电之时发出账单并确认收入。因此，电价的高低直接影响到华能国际的收入情况。随着我国电力体制改革的全面铺开，电价由原来的计划价格逐步向"厂网分开，竞价上网"过渡，电力行业的垄断地位也将被打破，因此再想获得垄断利润就很难了。国内电力行业目前形成了电力监管委员会（简称电监会）、五大发电集团和两大电网的新格局，五大发电集团将原来的国家电力公司的发电资产划分成了五份，在各个地区平均持有，现在在全国每个地区五大集团所占有的市场份额均大约在20%左右。华能国际作为五大发电集团之一的华能国电的旗舰，通过不断收购母公司所属电厂，增大发电量抢占市场份额，从而形成规模优势。

2）由于华能国际属于外商投资企业，享受国家的优惠税收政策，因此而带来的税收收益约为4亿元。

3）2003比2002年收入和成本有了大幅度的增加，这主要是由于上述收购几家电厂纳入了华能国际的合并范围所引起的。但是从纵向分析来看，虽然收入比去年增加了26%，但主营业务成本增加了25%，主营业务税金及附加增加了27.34%，管理费用增加了35%，均高于收入的增长率，说明华能国际的成本仍然存在下降空间。

（资料来源：http://finance.chinabyte.com./253/1751753.shtm/）

第九章 会计核算程序

教学目标

本章主要介绍四种常见的会计核算程序，目的是加深对所学过的七种会计核算方法的认识，提高综合运用这些核算方法的能力。通过学习应了解会计核算程序的意义和种类，掌握不同的会计核算程序的含义、账务处理步骤、编制方法、特点及优缺点等内容，同时还需对电算化会计核算程序与手工会计核算程序的异同点有所了解。

学习任务

通过本章的学习，要达到以下几个目的：
- 了解会计核算程序的含义与意义。
- 掌握四种常见会计核算程序的编制方法或步骤。
- 理解和掌握四种常见会计核算程序的特点及优缺点。
- 理解电算化会计核算程序与手工会计核算程序的异同点。

导入案例

行政事业单位会计电算化核算程序

会计工作是一项复杂、细致而又要求严密的工作，加强会计基础工作，规范会计核算程序是做好会计工作的重中之重。某局连续几年进行财政内部"联审互查"，互相借鉴经验，提高了会计基础工作规范化。但从中也发现了一些问题，特别注意到各会计站、财政所会计核算程序不统一，甚至出现了内部监督不严，会计信息不详问题。鉴于现在大部分财政财务部门实现了会计电算化，统一会计核算程序尤显得重要。

会计电算化是现代化管理和会计自身发展的客观要求，是现代科学技术与会计工作的有机结合，是在财务部门计算机局域网内，运用计算机网络对单位所发生的经济活动进行会计核算，对提高会计工作效率，及时详细提供会计信息提供了有力保障。在会计工作实践中，针对行政事业单位会计工作特点，借鉴其他单位先进经验，打破传统记账模式，实行先审核、填制凭证，后由出纳办理结算有关业务的会计工作流程模式比较适合财政业务特点。

1. 工作流程模式

各行政事业单位取得的收付款业务的原始凭证经单位主要负责人审批签字后，经民主理财小组审核，加盖财务监督专用章，交于结算人员结算，结算人员进行初审后，制作凭证传票交于制单人员，制单人员根据结算有关凭证进行复核，并用微机填制凭证，根据会计凭证再由出纳办理收付款业务，并在原始凭证上加盖现金收付讫章，交会计档案保管人员保管。该工作流程模式的核心是先进行原始凭证审核、制作记账凭证后办理收付款业务。

2. 岗位设置

根据会计电算化工作需要，设置结算制单岗位、稽核岗位、出纳岗位、资料保管岗位、财务总监岗位、微机专管岗位，可一人多岗，但出纳不得兼管稽核、会计档案保管以及账目登记工作。

3. 会计核算基本操作方法

1）凭证处理。结算制单岗位人员在制作凭证时，首先要对原始凭证进行常规审核，包括发票的正规与否，签批手续是否完备等，在审核完后，按会计核算要求直接在计算机中做机制凭证。按照系统要求内容填写完整，特别注意往来凭证，内容一定统一，否则计算机将不识别。凭证制作完毕后，按照特定的格式打印，将原始凭证附后，交与稽核人员。

2）凭证稽核。稽核人员按照财会制度，对结算制单人员制作的会计凭证进行检查核对。手工稽核后，要在记账凭证上签章，以示确认，并交出纳等有关岗位进行对内、对外结算。同时，稽核人员对记账凭证进行二次稽核，即微机软件系统稽核，主要是对已手工稽核的记账凭证按照财会制度及对应关系进行检查核对。

3）凭证的汇总。二次稽核无误后的记账凭证由专人整理，按照规定的每本张数通过计算机进行科目汇总，打印出凭证汇总表。汇总表由制单人员、审核人员签章。

4）登记账簿。记账凭证审核、汇总处理完毕后，由记账岗位人员及时在计算机内执行记账功能，将各会计科目本期发生额平行登记到有关的账簿中，便于查询和提供有关的会计信息。

5）编制分析、考核会计报表。月末按照财务制度规定的期限、需要编制各种会计报表。

6）结账。月度终了，会计业务结束，报表按质、按时报出后，由系统管理员执行结账功能，软件系统将本期各会计科目的余额自动结转下期。

[资料来源：刘雨祥. 浅析行政事业单位会计电算化核算程序[J]. 齐鲁珠坛，2005（1）：52]

思考：

统一会计核算程序有哪些优点？

会计核算的最基本程序是填制凭证——登记账簿——编制会计报表，凭证提供的是个别的财务数据，账簿提供的是分类的财务数据，报表提供的是综合的会计信息，三者有各自的特点、作用、获取方法与处理方式等，又相互联合，形成统一的会计信息系统。本章从统一性角度来介绍三者有机结合的会计核算处理程序。

第一节 会计核算程序概述

一、会计核算程序的概念

会计核算程序亦称账务处理程序，或会计核算组织程序、会计核算形式，它是指在会计循环中，会计主体采用会计凭证、会计账簿、会计报表的种类和格式与记账程序有机结合的方法和步骤。

一个完整的会计循环过程的内容可概括为以下七个环节。

1）根据原始凭证填制记账凭证，采用复式记账法为经济业务编制会计分录。

2）根据编制的记账凭证登记有关账户，包括日记账、明细分类账和总分类账。

3）根据分类账户的记录编制结账（调整）前试算平衡表。

4）月末，按照权责发生制基础的要求调整分录并予以过账。

5）编制结账分录并登记入账，结清损益类账户（月末或年末）和利润账户（年末）。

6）根据全部账户数据资料编制结账后试算平衡表。

7）根据账户的数据资料编制会计报表，包括资产负债和利润表等。

以上七个环节全面反映了一个会计主体在一定会计期间内会计核算工作的所有内容，构成了一个完整的会计循环。其中前三个环节属于会计主体日常的会计核算工作内容；后四个环节属于会计主体在会计期末的会计核算工作内容。

在会计循环过程中，任何会计主体要核算和监督所发生的经济业务，都应采用适合的会计核算方法，而会计凭证的取得和填制、会计账簿的登记和会计报表的填制，就是会计主体在会计核算中常用的三种方法。

记账程序是指企业在会计循环中，利用不同种类和格式的会计凭证、会计账簿和会计报表对发生的经济业务进行记录和反映的具体过程。会计凭证、会计账簿和会计报表是在会计上用以记录和储存会计信息的重要载体。在实务中所用的会计凭证尤其是其中的记账凭证、会计账簿和会计报表种类繁多，格式也各不相同。一个特定的会计主体应当根据选定的业务处理程序和方法，选择一定种类和格式的会计凭证、会计账簿和会计报表，这就决定了不同的会计主体所采用的会计凭证、会计账簿和会计报表的种类和格式也有所不同。因而，对其所发生的经济业务如何进行具体处理，特别是如何在有关的总分类账户中进行登记，有着不同的做法。也就是说，即使是对于同样内容的经济业务进行账务处理，由于所采用的会计凭证、会计账簿和会计报表的种类与格式不同，在采用不同记账程序的会计主体也有截然不同的做法，也会形成各不相同的账务处理程序。这个程序在不同的会计主体是采用不同的组织方法来完成的。

二、会计核算程序的意义

会计核算组织程序是否科学合理，会对整个会计核算工作产生诸多影响。设计科学合理的会计核算组织程序，对于保证准确、及时地提供系统而完整的会计信息，具有十分重要的意义，也是会计部门和会计人员的一项重要工作。

（一）有利于规范会计核算组织工作

会计核算工作是需要会计部门的各类会计人员之间密切配合的有机系统，建立起科学合理的会计核算程序，形成数据来源、核算方法、数据保存等规范的会计核算工作秩序，因此会计机构的会计人员在进行会计核算的过程中就能够做到有序可循，按照不同的责任分工，有条不紊地处理好各个环节上的会计核算工作内容。

（二）有利于保证会计核算工作质量

在进行会计核算的过程中，保证会计核算工作的质量是对会计工作的基本要求。建立起科学合理的会计核算程序，形成加工和整理会计信息的正常机制，在很大程度上解决了手工操作中的不规范、易出错、易疏漏等问题，为提高会计核算工作质量提供重要保障，使会计信息质量得到进一步保证并通过计算机网络迅速传送，有利于经营者及时掌握经济活动的最新情况，对存在的问题采取相应措施进行控制，且能提高决策的准确性。

（三）有利于提高会计核算工作效率

会计核算工作效率的高低，直接关系到提供会计信息的及时性和相关性。会计工作数据量大、准确性要求高、核算繁琐枯燥、时间性强、劳动强度大。会计工作用电子计算机自动处理，不仅可以把广大会计人员从繁重的记账、算账、报账中解放出来，而且由于电子计算机的处理速度与性能是手工劳动无法比拟的，因而按照规范的会计核算程序进行会计信息的处理，将会大大提高核算工作效率，保证会计信息整理、加工和对外报告的顺利进行，满足会计信息质量的及时性要求，并使会计信息能满足现代化管理的要求。

（四）有利于降低会计核算工作成本

组织会计核算的过程也是对人力、物力和财力的消耗过程，因此，会计核算本身也应讲求经济效益，根据"效益大于成本"原则设计会计核算组织程序。会计核算程序安排的科学合理，选用的会计凭证、会计账簿和会计报表种类适当，格式使用，数量适中，在一定程度上也能够降低会计核算工作的成本，节约会计核算方面的支出。

（五）有利于发挥会计核算工作的作用

会计核算工作的重要作用是对企业发生的交易和事项进行确认、计量、记录和报告，为会计信息使用者进行经济决策提供有用信息。为此，应切实保证会计核算的正确性、完整性和合理性。在建立规范会计核算程序的基础上，保证了会计核算工作质量，提高了会计核算工作的效率，就能够在为会计信息使用者提供相关信息等方面更好地发挥会计核算工作的作用。

三、会计核算程序的种类

在实际工作中，由于各个会计主体的具体情况不同，会计核算程序也不可能完全相同。目前，我国企事业单位在采用手工记账情况下，比较常见的典型的会计核算程序主要有以下几种：记账凭证核算程序、汇总记账凭证核算程序、科目汇总表核算程序和日记总账核算程序等。以上各种会计核算程序所采用的凭证和账簿组织以及记账程序和方法均有不同，归纳而言，各种会计核算程序的区别点集中体现在其登记总分类账的依据不同。

阅读资料

会计核算程序的改进和完善

企业在选定某一会计核算程序后，并非就意味着会计核算程序设计任务的最终完成。因为选定的会计核算程序，虽说符合企业的实际情况，但它是相对其他会计核算程序而言的。实际上，它不能与企业的实际情况完全相符，即使相符，该程序或多或少都存在不足。所以，在确定某一核算程序主框架后，需要结合业务做进一步分析，找出与实际业务不协调之处，进行完善和创新，尽量弥补它的不足。在这里提出以下几种方法，以便对会计核算程序加以完善和改进。

1. 对会计凭证的补充和创新

在企业中，存在大量业务重复的现象。在反映这些经济业务时，原始凭证和记账凭证所反映的内容相同。按一般的核算程序，需要就每一笔业务的原始凭证逐笔编制记账凭证。这样编制记账凭证存在大量重复的工作，而且登账工作也存在大量重复现象。为了减少工作量，提高工作效率，在实际工作中总结了以下三种方法，企业可以根据具体情况选用。

1）汇总原始凭证。汇总原始凭证是减少重复工作的最有效途径。将众多同类业务汇总在一张原始凭证上，根据汇总原始凭证编制记账凭证，大大简化了工作量。

2）以部分原始凭证代替记账凭证。对于固定的、大量的经济业务，这样做不仅简化了编制记账凭证的工作量，也有利于分工。如设置联合凭证或银行的支票及有些企业的支出凭证，直接在原始凭证上印有借方科目字样。

3）不逐笔编制记账凭证，而是编制简易记账凭证或累计记账凭证。

2. 从记账凭证与日记账关系上进行补充或创新

1）设置一式两份的套写记账凭证。一份用于登记总分类账，一份用于出纳员对涉及现金、银行存款的记账按时间顺序分类装订，并定期结出发生额和余额，以此代替现金、银行存款日记账。

2）套写日记账代替记账凭证。这一方法是出纳员直接根据原始凭证登记日记账，利用其中一份日记账代替记账凭证，以每次累计的现金（银行存款）日记账代替现金（银行存款）记账凭证。

阅读资料 ■■■■

3）从日记账与总账之间进行创新。在采用以记账凭证为基础的核算程序中，日记账与总账的登记工作量重复最大。因此，企业可以设置多栏式现金（银行存款）日记账，根据日记账中的科目累计发生额登记总账，而转账凭证采用逐笔过账或汇总过账，从而简化了登记总账的工作量。

4）从总账和明细账的关系上进行改进。按照平行记账的原理，总账和明细账之间的登记工作存在大量重复性。解决这样问题的办法是，对于某些明细账数量不多的总账，可以将总账与所属明细账设在一起，通过加宽总账账页，按其明细科目设置专栏解决。

总之，会计核算程序的设计影响到会计工作的效率与质量。广大的会计工作者以及相关的机构部门都应该关注这一事项，让它能更有效地运用在会计管理工作中，从而最大程度地提高会计工作效率和质量。

（资料来源：张正琼. 论我国会计核算形式的选择与改进[J]. 会计师，2009（5）：49-59）

第二节　会计核算程序的内容

一、记账凭证核算程序

（一）记账凭证核算程序的基本内容

1. 记账凭证核算程序的含义

记账凭证核算程序是一种最基本的会计核算程序，其他核算程序都是在此基础上发展演变而形成的。记账凭证核算程序是根据经济业务发生以后所填制的各种记账凭证直接逐笔地登记总分类账，并定期编制会计报表的一种账务处理程序。

2. 记账凭证核算程序下的记账凭证、会计账簿和会计报表系统

在记账凭证核算程序下，记账凭证可以采用收款凭证、付款凭证和转账凭证等专用记账凭证，也可以采用通用记账凭证。会计账簿一般应设置借、贷、余（或收、付、余）三栏式库存现金日记账和银行存款日记账；各总分类账均采用借、贷、余三栏式；明细分类账可根据核算需要，采用借、贷、余三栏式，数量金额式以及多栏式。

在记账凭证核算程序下使用的会计报表主要有资产负债表、利润表和现金流量表等。报表的种类不同，格式也不尽相同。由于在国家颁布的会计准则或会计制度中对会计报表的种类和格式已有统一规定，因而，不论在什么样的会计核算组织程序下，会计报表的种类与格式都不会有大的变动。

3. 记账凭证核算程序下账务处理基本步骤

记账凭证核算程序的账务处理基本程序如图9-1所示。

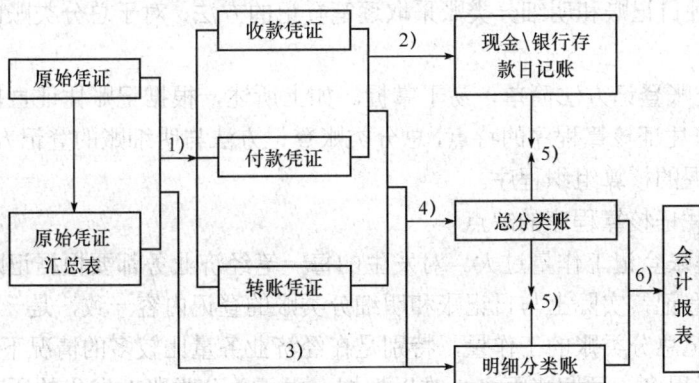

图 9-1　记账凭证核算程序示意图

在记账凭证核算程序下，对经济业务进行账务处理的程序大体包括以下六个步骤：

1）经济业务发生以后，根据有关的原始凭证或原始凭证汇总表填制各种专用记账凭证，即收款凭证、付款凭证和转账凭证。

2）根据收款凭证和付款凭证逐笔登记现金日记账和银行存款日记账。

3）根据记账凭证并参考原始凭证汇总表，逐笔登记各种明细分类账。

4）根据各种记账凭证逐笔登记总分类账。

5）月末，将日记账、明细分类账的余额与总分类账中相应账户的余额进行核对。

6）月末，根据总分类账和明细分类账的资料编制会计报表。

（二）记账凭证核算程序的特点及优缺点

1. 记账凭证核算程序的特点

记账凭证核算程序的主要特点是：直接根据各种记账凭证逐笔登记总分类账。

各种会计核算程序在账务的做法上也有共同之处，例如，登记各种日记账和明细分类账，不论是在记账凭证核算程序下，还是在其他核算组织程序下，在做法上基本是相同的。将各种会计核算组织程序相比较，它们的特点主要是体现在对总分类账的登记依据和方法上。直接根据各种记账凭证逐笔登记总分类账，是记账凭证核算程序与其他核算组织程序截然不同的做法，是记账凭证核算程序的一个鲜明特点。

2. 记账凭证核算程序的优缺点

（1）记账凭证核算程序的优点

1）在记账凭证上能够清晰地反映账户之间的对应关系。在记账凭证核算程序下，所采用的是专用记账凭证或通用记账凭证，当一笔简单的经济业务发生以后，利用一张记账凭证就可以编制出该笔经济业务的完整会计分录;而在比较复杂的经济业务发生以后,也可以利用多张凭证为其编制简单分录,或编制设计两个以上会计科目的复杂分录。

2)在总分类账上能够比较详细地反映经济业务的发生情况。在记账凭证核算程序下,不仅对各种日记账和明细分类账采取逐笔登记的方法,对于总分类账的登记方法也是如此。

3)总分类账登记方法简单,易于掌握。如上所述,根据记账凭证直接逐笔登记总分类账,是记账凭证核算程序的特点,总分类账登记方法与明细账的登记方法是一样的,是一种易于掌握的核算组织程序。

(2)记账凭证核算程序的缺点

1)总分类账登记工作量过大。对发生的每一笔经济业务都要根据记账凭证逐笔在总分类账进行登记,实际上与日记账和明细分类账的登记内容一致,是一种重复记录,势必要增大登记总分类账的工作量,特别是在经济业务量比较多的情况下更是如此。

2)账页耗用多,预留账页多少难以把握。由于总分类账对发生的所有经济业务要重复登记一遍,势必会耗用更多的账页,造成一定的账页浪费。特别是在一个账簿上设置多个账户时,由于登记业务的多少很难预先确定,对于每一个账户应预留多少账页很难把握,预留过多会造成浪费,预留过少又会影响账户登记上的连续性。在预留账页比较多的情况下,由于新的会计年度一般都要更换新账簿,所有旧账簿中预留未用的账页也会被废止使用,在一定程度上形成了账页浪费。

3)记账凭证核算程序的适用范围。记账凭证核算程序一般只适用于规模较小、经济业务量较少、需要编制记账凭证不是很多的会计主体。如果业务量过少,也可使用通用记账凭证,以避免凭证种类的多样化而造成的凭证购买上的过多支出。

二、汇总记账凭证核算程序

(一)汇总记账凭证核算程序的基本内容

1. 汇总记账凭证核算程序的含义

汇总记账凭证核算程序是指根据各种专用记账凭证定期汇总编制汇总记账凭证,然后根据汇总记账凭证登记总分类账,并定期编制会计报表的一种账务处理程序。

汇总记账凭证是对日常会计核算过程中所填制的专用记账凭证,按照凭证的种类,采用一定的方法定期进行汇总而重新填制的一种记账凭证。在采用汇总记账凭证核算程序的情况下,可以不必再根据各种专用记账凭证逐笔登记总分类账,而是根据汇总记账凭证上的汇总数字登记有关的总分类账,这样可以减少登记总分类账的工作量。由此可见,汇总记账凭证核算程序是在记账凭证核算组织程序的基础上发展演变而来的一种会计核算程序。

2. 汇总记账凭证核算程序下记账凭证与会计账簿系统

在汇总记账凭证核算程序下,采用的记账凭证与会计账簿种类也比较多。从记账凭证角度看，使用汇总记账凭证，包括汇总收款凭证、汇总付款凭证和汇总转账凭证是汇总记账凭证核算程序的独特之处。使用会计账簿与记账凭证核算组织程序基本相同。

　　3. 汇总记账凭证的编制方法

　　汇总记账凭证是在填制的各种专用记账凭证的基础上，按照一定的方法进行汇总编制而成的。汇总记账凭证的种类不同，汇总编制的方法也有所不同。

　　（1）汇总收款凭证的编制方法

　　1）编制汇总收款凭证的基本方法。汇总收款凭证的编制方法是：按日常核算中所填制的专用记账凭证中的收款凭证上会计分录的借方科目设置汇总收款凭证，按分录中相应的贷方科目定期（如每5天或10天等）进行汇总，每月编制一张。汇总时计算出每一个贷方科目发生额合计数，填入汇总收款凭证的相应栏次。

　　汇总收款凭证是根据专用记账凭证中的收款凭证汇总编制而成的。在编制汇总收款凭证时，首先确定哪一个会计科目为主进行汇总。由于收款凭证上反映的是收款业务，因而必须围绕反映货币资金收入的会计科目（"库存现金"或"银行存款"）进行汇总。在借贷记账法下，这些科目的增加应在借方登记。因而，编制汇总收款凭证时要求按借方科目设置，实际上就是要求按"库存现金"或"银行存款"设置汇总记账凭证上的主体科目，以其为主进行汇总。

　　"按分录中相应的贷方科目汇总"，其中的贷方科目是指收款凭证上会计分录中"库存现金"或"银行存款"的对应科目。尽管在一定的会计期间内，企业可能会发生若干笔收款业务，但由于有些经济业务是重复发生的，就需要填制若干份在会计科目上完全相同的收款凭证。例如，企业每次产品收到货款存入银行，会计分录都是借记"银行存款"，贷记"主营业务收入"和"应交税费"等。这样，就可以根据贷方科目在一定会计期间内的若干次发生额定期进行汇总，编制汇总收款凭证。

　　经过上述汇总过程得到的各个贷方科目发生额的合计数，就是这些账户在一定会计期间发生额的总和。可以根据各次的汇总数分次登记到有关账户中去，也可以在月末时对各次汇总数字进行合计，求得该账户的全月发生额合计，一次性登记有关账户。对以上各账户的发生额合计数进行合计，也就是所汇总的主体科目"库存现金"或"银行存款"在该会计期间的借方发生额总额，可据其分次或月末一次登记"库存现金"账户或"银行存款"账户。

　　2）编制汇总收款凭证的注意事项。为了便于编制汇总收款凭证，在日常编制收款凭证时，会计分录的形式最好是一借一贷、一借多贷，不宜多借一贷或多借多贷。这是由于汇总收款凭证是按照借方科目设置的，多借一贷或多借多贷的会计分录都会给编制汇总收款凭证带来一定的不便；有时会由于收款凭证在汇总过程中被多次重复使用而产生汇总错误，或者造成会计账户之间的对应关系变得模糊难辨。

　　（2）汇总付款凭证的编制方法

　　1）编制汇总付款凭证的基本方法。汇总付款凭证的编制方法是：按日常核算中所填制的专用记账凭证中的付款凭证上会计分录的贷方科目（"库存现金"或"银行存款"等）设置汇总付款凭证，按它们相应的借方科目（如每 5 天或 10 天等）进行汇总，每月编制一张。汇总时计算出每一个借方科目发生额合计数，填入汇总付款凭证的相应栏次。

2）编制汇总付款凭证的注意事项。为了便于编制汇总付款凭证，在日常编制付款凭证时，会计分录的形式最好是一借一贷、多借一贷，不宜一借多贷或多借多贷。这是由于汇总付款凭证是按贷方科目设置的，一借多贷或多借多贷的会计分录都会给编制汇总收款凭证带来一定的不便；有时会由于付款凭证在汇总过程中被多次重复使用而产生汇总错误，或者造成会计账户之间的对应关系变得模糊难辨。

（3）汇总转账凭证的编制方法

1）编制汇总转账凭证的基本方法。汇总转账凭证的编制方法是：按日常核算中所填制的专用记账凭证中的转账凭证上的会计分录的贷方科目（如原材料、固定资产等）设置汇总转账凭证，按它们相应的借方科目（如每 5 天或 10 天等）进行汇总，每月编制一张，计算出每一个借方科目发生额合计数，填入汇总转账凭证的相应栏次。

2）编制汇总转账凭证的注意事项。为便于进行汇总转账凭证的编制，在日常编制转账凭证时，会计分录的形式最好是一借一贷、一贷多借，不宜一借多贷或多贷多借。这是由于汇总转账凭证是按贷方科目设置的，一借多贷或多借多贷的会计分录都会给编制汇总转账凭证带来一定的不便。

以上介绍了各种汇总记账凭证的编制方法。需要注意的是：虽然各种汇总记账凭证的编制方法不尽相同，但每一种汇总记账凭证都是依据同类专用记账凭证汇总编制而成的。专用记账凭证有收款凭证、付款凭证和转账凭证三种，经汇总以后形成的汇总记账凭证相应的也有汇总收款凭证、汇总付款凭证和汇总转账凭证三种。此外，采用汇总记账凭证时，凭证的编号方法有一定变化。应在汇总记账凭证种类前加"汇"字，如"汇现收字第×号"、"汇现付字第×号"、"汇银收字第×号"、"汇银付字第×号"和"汇转字第×号"等。

4. 汇总记账凭证核算程序下账务处理的基本步骤

汇总记账凭证核算程序的账务处理基本程序如图 9-2 所示。

在汇总记账凭证核算程序下，对经济业务进行账务处理的程序大体要经过以下七个步骤。

1）经济业务发生以后，根据有关原始凭证或原始汇总表填制各种专用记账凭证（收款凭证、付款凭证和转账凭证）。

2）根据收款凭证和付款凭证逐笔登记现金日记账和银行存款日记账。

3）根据记账凭证并参考原始凭证或原始凭证汇总表，逐笔登记各种明细分类账。

4）根据各种记账凭证分别编制汇总收款凭证、汇总付款凭证和汇总转账凭证。

5）根据各种汇总记账凭证汇总登记总分类账。

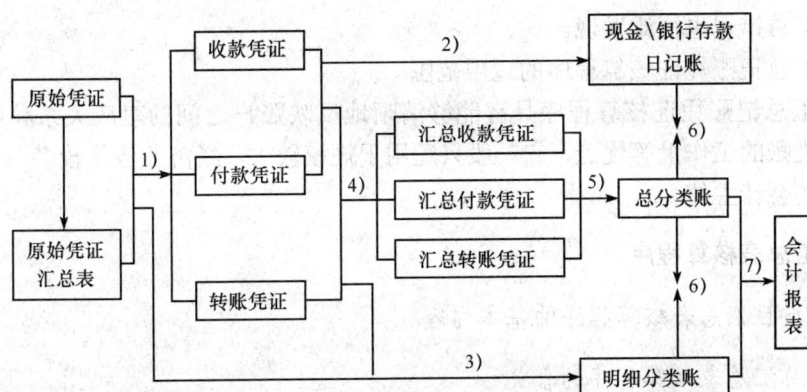

图 9-2　汇总记账凭证核算程序示意图

6）月末，将日记账、明细分类账的余额与总分类账中相应账户的余额进行核对。

7）月末，根据总分类账和明细分类账的记录编制会计报表。

（二）汇总记账凭证核算程序的特点及优缺点

1. 汇总记账凭证核算程序的特点

汇总记账凭证核算程序的主要特点是：定期将全部记账凭证分别编制汇总收款凭证、汇总付款凭证和汇总转账凭证，根据各种汇总记账凭证上的汇总数字登记总分类账。

2. 汇总记账凭证核算程序的优缺点

（1）汇总记账凭证核算程序的优点

1）在汇总记账凭证上能够清晰地反映账户之间的对应关系。在汇总记账凭证核算程序下，所采用的是专用记账凭证和汇总记账凭证。汇总记账凭证是采用按会计科目对应关系进行分类汇总的办法，能够清晰地反映出有关会计账户之间的对应关系。

2）可以大大减少登记总分类账的工作量。在汇总记账凭证核算程序下，可以根据汇总记账凭证上有关账户的汇总发生额，在月份当中定期或月末一次性登记总分类账，可以使登记总分类账的工作量大为减少。

（2）汇总记账凭证核算程序的缺点

1）定期编制汇总记账凭证的工作量比较大。对发生的经济业务首先要填制专用记账凭证，即收款凭证、付款凭证和转账凭证，在此基础上，还需要定期分类地对这些专用记账凭证进行汇总，编制作为登记总分类账依据的汇总记账凭证，增加了编制汇总记账凭证的工作量。

2）对汇总过程中可能存在的错误难以发现。编制汇总记账凭证是一项比较复杂的工作，容易产汇总错误。而且汇总记账凭证本身又不能体现出有关数字之间的平衡关系，即使存在汇总错误也很难发现。

（3）汇总记账凭证核算程序的适用范围

由于汇总记账凭证核算程序具有能够清晰地反映账户之间的对应关系和能够减轻登记总分类账的工作量等优点，它一般只适用于规模较大、经济业务量较多、专用记账凭证较多的会计主体。

三、科目汇总表核算程序

（一）科目汇总表核算程序的基本内容

1. 科目汇总表核算程序的含义

科目汇总表核算程序是根据各种记账凭证先定期（或月末一次）按会计科目汇总编制科目汇总表，然后根据科目汇总表登记总分类账，并定期编制会计报表的账务处理程序。科目汇总表核算程序是在记账凭证核算程序的基础上发展和演变而来的。

2. 科目汇总表核算程序下的记账凭证与会计账簿系统

在科目汇总表核算程序下采用的记账凭证与记账凭证核算组织程序相比，存在着较大差别。独特的做法是要设置"科目汇总表"这种具有汇总性质的记账凭证。使用的会计账簿与记账凭证核算程序基本相同。

3. 科目汇总表的编制方法

（1）编制科目汇总表的基本方法

科目汇总表是根据专用记账凭证（或通用记账凭证）汇总编制而成的。基本的编制方法是：根据一定会计期间编制的全部记账凭证，按照相同会计科目进行归类，定期（每10 天或 15 天，或每月一次）分别汇总每一个账户的借、贷双方的发生额，并将其填列在科目汇总表的相应栏内，借以反映全部账户的借、贷方发生额。根据科目汇总表登记总分类账时，只需要将该表中汇总起来的各科目的本期借、贷方发生额的合计数，分次或月末一次记入相应总分类账户的借方或贷方即可。

（2）科目汇总表核算程序下账务处理的基本步骤

科目汇总表核算程序的账务处理基本程序如图 9-3 所示。

在科目汇总表核算程序下，对经济业务进行账务处理的程序大体要经过以下七个步骤。

1）经济业务发生以后，根据有关的原始凭证或原始凭证汇总表填制各种专用记账凭证（收款凭证、付款凭证和转账凭证）。

2）根据收款凭证和付款凭证逐笔登记现金日记账和银行存款日记账。

3）根据记账凭证并参考原始凭证或原始凭证汇总表，逐笔登记各种明细分类账。

4）根据各种记账凭证总编制科目汇总表。

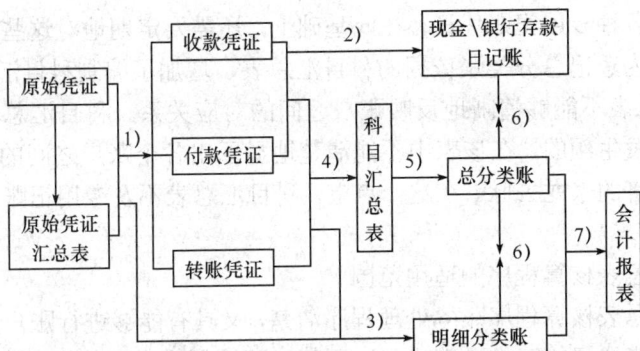

图 9-3 科目汇总表核算程序示意图

5）根据科目汇总表汇总登记总分类账。

6）月末，将日记账、明细分类账的余额与总分类账中相应账户的余额进行核对。

7）月末，根据总分类和明细分类账的记录编制会计报表。

（二）科目汇总表核算程序的特点及优缺点

1. 科目汇总表核算程序的特点

科目汇总表核算程序的主要特点是：要定期根据所有记账凭证汇总编制科目汇总表，根据科目汇总表上的汇总数字登记总分类账。

2. 科目汇总表核算程序的优缺点及适用范围

（1）科目汇总表核算程序的优点

1）可以利用该表的汇总结果进行账户发生额的试算平衡。在科目汇总表上的汇总结果体现了一定会计期间所有借方发生额和贷方发生额之间的相等关系，利用这种发生额的相等关系，可以进行全部账户记录的试算平衡，借以检验账户发生额的准确性。

2）在试算平衡的基础上记账能够保证总分类账登记的正确性。在科目汇总表核算程序下，总分类账是根据科目汇总表上的汇总数字登记的。由于在登记总分类账之前，能够通过科目汇总表的汇总结果检验所填制的记账凭证是否正确，就等于在记账前进行了一次试算平衡，对汇总过程中可能错误也容易发现。在所有账户借、贷发生额相等的基础上再去记账，在一定程度上能保证总分类账登记的正确性。

3）可以大大减轻登记总账的工作量。在科目汇总表核算程序下，可根据科目汇总表上有关账户的汇总发生额，在月中定期的或月末一次性的登记总分类账，可以使登记总分类账的工作量大为减轻。

4）适用性比较强。与记账凭证核算组织程序和汇总记账凭证核算程序相比较，由于科目汇总表核算程序优点较多，任何规模的会计主体都可以采用。

（2）科目汇总表核算程序的缺点

1）编制科目汇总表的工作量比较大。在科目汇总表核算程序下，对发生的经济业务首先也要填制各种专用记账凭证，在此基础上，还需要定期地对这些专用记账凭证进行汇总，编制作为登记总分类账依据的科目汇总表，增加了编制科目汇总表的工作量。

2）科目汇总表不能够清晰地反映账户之间的对应关系。科目汇总表是按各个会计科目归类汇总其发生额的，在该表中不能清楚地显示出各个账户之间的对应关系，不能够清晰地反映经济的来龙去脉。在这一点上，科目汇总表不及专用记账凭证和汇总记账凭证。

（3）科目汇总表核算程序的适用范围

由于科目汇总表核算程序账务处理程序清楚，又具有能够进行账户发生额的试算平衡，减轻总分类账登记的工作量等优点，因而，不论规模大小的会计主体都可以采用。

四、日记总账核算程序

（一）日记总账核算程序的基本内容

1. 日记总账核算程序的含义

日记总账核算程序是指设置日记总账，根据经济业务发生以后所填制的各种记账凭证直接逐笔登记日记总账，并定期编制会计报表的账务处理程序。

2. 日记总账核算程序下记账凭证与会计账簿系统

在日记总账核算程序下采用的记账凭证主要是各种专用记账凭证，即收款凭证、付款凭证和转账凭证，也可采用通用记账凭证。采用的日记账和明细分类账与其他会计核算组织程序基本相同，所不同的是：在这种核算组织程序下需要专门设置日记总账。

3. 日记总账的格式与登记方法

日记总账是一种兼具序时账簿和分类账簿两种功能的联合账簿。日记总账的账页一般设计为多栏式，即将经济业务发生以后可能涉及的所有账户，分设专栏集中列示在同一张账页上，每一账户又具体分设借方和贷方两栏。对所有的经济业务按发生的时间顺序进行序时记录，并根据经济业务的性质和账户的对应关系进行总分类记录。对发生的每一笔经济业务都应分别登记在同一行的有关科目栏的借方栏和贷方栏内，并将发生额记入日记总账的发生额栏内。

4. 日记总账核算程序下账务处理的基本步骤

日记总账核算程序的账务处理基本程序如图9-4所示。

在日记总账核算程序下，对经济业务进行账务处理程序大体要经过以下六个步骤。

1）经济业务发生以后，根据有关的原始凭证或原始凭证汇总表填制专用记账凭证。

2）根据收款凭证和付款凭证逐笔登记现金日记账和银行存款日记账。

3）根据记账凭证并参考原始凭证或原始凭证汇总表，逐笔登记各种明细分类账。

4）根据各种记账凭证逐笔登记日记总账。

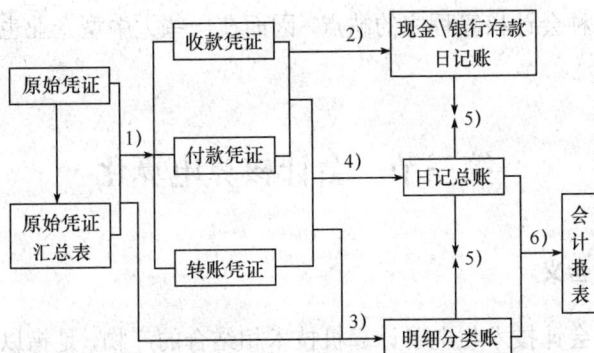

图 9-4 日记总账核算程序示意图

5）月末，将日记账、明细分类账的余额与日记总账中相应账户的余额进行核对。

6）月末，根据日记总账和明细分类账的记录编制会计报表。

（二）日记总账核算程序的特点及优缺点

1. 日记总账核算程序的特点

日记总账核算程序的主要特点是：设置日记总账，根据记账凭证逐笔登记日记总账。

2. 日记总账核算程序的优缺点及适用范围

（1）日记总账核算程序的优点

1）可以大大简化总分类账的登记手续。在日记总账核算程序下，是将日记账和总分类账结合在一起，直接根据记账凭证登记总分类账，并且是将所有会计科目都集中在一张账页上，而不是分设在各个账簿中，因而，可以简化登记总分类账的手续。

2）在日记总账上能够清晰地反映会计账户之间的对应关系。在日记总账核算程序下，当经济业务发生以后，要按照预先设置的会计科目栏，在相应栏次的同一行进行登记，可以集中反映经济业务的全貌，反映会计账户之间的对应关系，便于进行会计检查和会计分析。

（2）日记总账核算程序的缺点

1）增大了登记日记总账的工作量。如同记账凭证核算组织程序一样，在日记总账核算程序下，对于发生的每一笔经济业务都要根据记账凭证在日记总账中登记，实际上与登记日记账和明细分类账是一种重复登记，势必也会增加登记日记总账的工作量。

2）不便于分工和查阅。在使用会计科目比较多的会计主体，日记总账的账页幅面必然要设计得较大，既不便于进行记账和查阅，也容易发生登记串行等记账错误。如果会计人员较多，也不便于他们在记账上的业务分工。

（3）日记总账核算程序的适用范围

日记总账核算程序一般只适用于规模较小、业务量少、使用会计科目不多的会计主体。但在使用电子计算机进行账务处理的企业，由于账簿的登记等是由计算机来完成，因而很容易克服这种会计核算程序的缺点，因而在一些大中型企业也可以应用这种核算程序。

第三节　会计核算电算化

一、会计电算化的含义

会计电算化是会计技术与电子计算机技术相结合的产物，是指以电子计算机代替手工和机械操作条件下的记账、算账与报账，以及部分代替人工完成对会计信息的分析、利用会计信息进行预测和决策的过程。会计电算化的主要目的是实现会计核算手段的现代化，提高会计信息的搜集、整理、传输、反馈效率，提高会计信息的灵敏度和准确义，将会计人员和会计管理人员从繁琐的会计事务中解脱出来，更好地发挥会计在预测经济前景、加强经济管理和参与经济决策等方面的重要作用，为提高企业的现代化管理水平和经济效益服务。

会计电算化核算程序如图 9-5 所示。

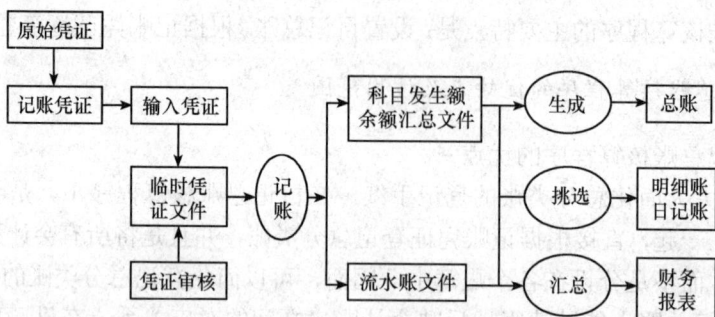

图 9-5　电算化会计核算程序示意图

二、会计电算化的基本组成

会计电算化系统由计算机硬件、软件、从业人员和规章制度四个部分组成，是一个组织处理会计业务与会计数据，为企业外部的信息使用者提供会计信息并服务于企业内部经营者管理的人机系统。

（一）硬件

硬件一般是指构成计算机物质实体的装置的总称，是会计电算化的基础，主要包括输入设备、存储设备、输出设备和处理器几个部分。输入设备是指将会计数据输入到计算机内的各种设备，如键盘、鼠标和扫描仪等。存储设备是指用于储存会计数据的各种设备，分内存和外存两种。输出设备是指将存储设备中的会计数据进行输出的各种设备，如显示器、打印机等。处理器包括运算器和控制器。运算器对输入的机器代码信息进行算术运算或逻辑运算，并在控制器的控制下与存储器交换信息。控制器产生各种信号，以控制计算机的输入设备、输出设备、存储设备和运算器、指挥整修计算机协调工作。

（二）软件

软件包括系统软件和应用软件两部分。系统软件是介于硬件与应用软件之间的程序集合，其主要作用是便于用户使用该软件开发应用软件，并在该软件的支持下运行应用软件，从而有效地利用计算机的各种资源。应用软件是各种应用程序的总称，它是利用系统软件设计的，目的在于解决各种实际应用问题。会计软件就是一种应用软件，它是利用系统软件设计的，专门应用于会计领域的应用程序的总称。会计软件是实现会计电算化的目的、完成会计电算化任务的重要技术手段和工具，是会计电算化的核心。

（三）从业人员

从业人员是指参与会计电算化工作的所有人员，包括从事会计电算化软件的开发研制人员、系统维护人员、操作人员、从事会计电算化教学的人员和会计电算化的管理人员。在这些人员中，直接从事实际会计工作的人员是会计电算化的主体，他们的专业素质会直接影响会计电算化工作的质量。

（四）规章制度

规章制度是指与会计电算化有关的所有法律和规范的总称。实行会计电算化应严格遵守《会计法》中关于会计电算化工作的有关规定，遵守国家颁布的《会计电算化管理办法》、《会计电算化工作规范》等文件的有关规定。此外，还应遵守本会计主体根据上述法律和行政法规自行制定的会计电算化工作的制度、操作制度以及内部控制制度等。

三、会计电算化核算程序与手工核算程序的异同

（一）会计电算化核算程序与手工会计核算程序的共同点

1. 基本原理相同

电子计算机在会计上的应用，尽管引起了会计的操作技术的变革，促进了会计手段的极大进步，但并没有改变会计的基本原理。会计电算化仍要遵循复式记账的基本原理，对发生的经济业务都要根据复式记账原理编制会计分录，并根据会计分录登记有关账户，在会计期末，应根据账簿所提供的资料编制会计报表。

2. 会计的目标相同

电子计算机在会计上的应用，提高了会计信息的加工质量，提升了会计信息的传输

速度，但会计的目标并没有发生根本性的改变。无论是会计电算化程序还是手工会计系统，最终的目标都是运用会计的手段和方法全面、系统、完整、及时地提供会计信息，提供对于会计信息的使用者有用的会计信息，为会计信息的使用者利用会计信息进行经济决策服务。在这方面会计电算化程序比手工会计系统具有更大的优势。

3. 遵循基本的会计理论和方法相同

会计理论是会计学科建立的基石，会计的方法是完成会计任务的重要手段。无论是会计电算化程序还是手工会计系统，都应遵循会计信息的质量要求、会计基本假设和会计等式等基本理论，采用填制和审核会计凭证、设置账户、复式记账、登记账簿、成本计算、财产清查和编制会计报表等会计方法，对发生的经济业务进行处理。当然，会计电算化会引起会计理论和会计方法的变革，但这种变革是一个渐变的过程，而不是突变的过程。

4. 遵守的会计法规和准则相同

国家制定的会计法规和会计准则，是所有会计主体都应严格遵守的规范，会计法规是进行会计工作的法律依据，会计准则是指导会计工作的规范，无论是采用会计电算化程序还是采用手工会计程序都应严格遵守。

5. 会计基本工作要求相同

两者都有以下的基本工作。

1）采集会计数据，编制会计分录并记账。

2）对会计数据进行加工处理，如分类、计算、汇总、分配、转账、结账、检索和传递。

3）存储会计数据和有关资料。

4）定期编制并输出会计报表，满足各级管理人员与部门的需要。

5）科学的复式记账原理相同。

6）都必须妥善保存会计档案。会计档案是会计工作的重要历史资料，也是会计主体的重要经济档案，必须按照国家的有关规定妥善进行保管。在手工会计系统下，会计的档案多为纸质档案，看得见、摸得着，相对易于检验与保管。在会计电算化程序下，会计档案则以磁介档案为主，备份消失和复制都十分容易。因此，更应该加强会计档案的保管工作。为保证会计档案的安全，除采用科学的方法加强磁介档案的管理外，对必要的会计档案资料，还应按规定定期打印，并装订成册，妥善保管。

（二）会计电算化核算程序与手工会计核算程序的不同点

会计电算化程序与手工会计核算程序，不仅体现在记账手段的明显差别上，而且还体现在会计科目的设置方法上、会计凭证的使用、会计账簿的形式和会计报表的形成等各个方面。

1. 所用的工具不同，且处理的速度、深度不同

手工处理使用的计算工具是算盘、计算器，电算化处理主要是使用电子计算机并配有各种可选择的财务软件。手工处理的所有信息都以纸张为载体，电算化后会计数据的存储方式由单一的纸介质书面形式转变为以磁介质存储的数据文件为主，以计算机输出的纸质证、账、表为辅的形式。

计算机处理数据的能力与速度是手工处理无法比拟的，大量数据进入系统后在程序的控制下及时得到处理，反馈处理结果，并通过计算机网络迅速传送。而且对保存的会计数据随时可以根据管理的需要进行处理，扩大会计信息应用领域。如查账、对固定资产或历史数据进行各方面的统计或分析等，以满足管理要求，从而极大地提高会计信息的使用价值。计算机处理，只要硬件、软件工作正常，只要输入的数据正确，产生的结果必然正确。由于数据量多、计算工作量大等已不是主要问题，相反却可以充分利用计算机运算速度快的特点，为采用更科学的核算方法、更有效的数学模型与管理模型，从而为及时获得更新的、更丰富的、更准确的会计信息提供便利。

2. 数据处理程序具有新的特点

电算化会计数据处理程序与手工核算程序不同。手工处理各单位根据本单位的单位规模、数据量、业务特点、经营方式、管理要求及核算的繁简程度等因素，必须采用与之适应的较好且实用的不同的账簿组织形式、记账程序和记账方法。手工核算程序有四种，但无论采取何种方式，都避免不了重复转抄，包括从原始凭证、记账凭证、日记账、明细账、总账到报表等，随之而来的是会计人员和处理环节的增多，这种重复而繁琐的抄抄写写会造成会计工作周期长、速度慢、效率低，若不加强内部牵制和相互核对，难免发生差错和舞弊。

而在电算化会计核算程序中，记账仅是一个数据处理过程，由于采用科学的账务处理程序和核算方法，加上数据处理的精度高和速度快，使整个处理过程分为输入、处理、输出三个环节组成的一种统一的核算程序，从输入记账凭证到输出会计账表一气呵成，全部处理过程都在机内迅速完成，需要的处理结果或任何中间资料，都可以通过打印或查询获得。这样就避免了重复处理，实现数据处理一体化，由于计算机处理数据差错的概率小，无需像手工会计核算那样，在数据处理过程中，进行各种核对，如账账核对、账证核对、账表核对。

3. 账户设置和账簿登记方法不同

手工核算处理程序要为会计六大要素分别设置资产、负债、费用等六类账户，并要有总账和明细账。在电算化会计核算程序下，对于使用的会计科目采用数字形式分类编码，即：所有账户用科目代码来标示，其一级科目的第一位就代表了该账户的类别，并且所有账簿明细记录可以存储在同一个数据文件，根据每一记录的科目代码及其隶属关系就可以方便地进行分类或汇总，随时生成所要的日记账或明细账；有下属明细科目的一级

账户和二级账户则通过对下属明细科目的汇总得到，以表代账。甚至还可以不保留日记账和明细账，这样所谓记账，就只是根据凭证去更新对应科目的发生额与余额，并对该凭证做已记账的标志，需要账簿记录时，通过保留的记账凭证及明细科目的期初余额可以随时方便地生成所要的日记账与明细账。由此，便真正实现了数出一源和数据共享。

4. 账簿形式和错误更正方法不同

在手工会计核算程序中，规定日记账、总账要用订本式账簿，明细账可以用活页式账簿；账簿记录的错误要用划线更正法或红字更正法。在电算化会计核算程序下，账簿形式有磁介文件形式和打印文件形式两种。磁介文件形式是将账簿所记录的内容按一定的组织结构存储在磁盘上。打印文件形式是将设置在计算机中的账户登记情况打印出来，打印出来的账页属于活页式的，需要装订成册，以便于长期保管。由于会计软件对输入的数据有严格的校验，完全能杜绝非法数据（如非法科目、借贷不平的分录等）进入系统，而且财政部也规定了已处理过的数据不允许再修改，只能采用"更正凭证"加以修改，以便留下改动痕迹，为日后审计留下线索。

5. 会计报表自动生成

在电算化会计核算程序下，根据账簿的登记情况，可以通过计算机程序的处理，自动生成会计报表，并可打印出来、装订成册进行保管或对外报送，也可以通过网络系统对外发布，而在手工会计核算程序中，会计报表是由人工编制而成的，并制成一式多份，采用寄送或直接送达等方式进行会计信息的报告。

6. 会计工作的组织机构的人员素质不同

手工会计核算以核算内容来设置机构，一般来说，划分为材料组、工资组、成本组、资金组、固定资产组、综合财务组等，它们之间通过信息资料的传递、交换建立联系，相互稽核牵制，使会计工作正常运行。手工会计核算程序的会计人员均是财会专业人员，其骨干是会计师。

电算化使会计组织机构的划分以数据的不同形态为主要依据，通常设置以下4组。

1）数据（信息）收集组，即以原始凭证作为原始数据，处理各项会计业务，其主要工作是面向系统外部，类似手工核算程序中的出纳工作。

2）凭证编码组，按事先规定的编码原则或编码手册对凭证或需要数据处理的其他文件进行编码。

3）数据处理组，包括数据输入、处理、输出等项操作。

4）系统维护组，即对系统的软、硬件维护，保证系统的正常运行，满足系统的业务要求。

此时，会计人员即要精通本专业，又熟悉电子计算机的复合型人才，骨干力量是了解电子计算机的高级会计人员。

7. 内部控制方式不同

手工核算程序在长期实践中，产生了一套行之有效的内部控制制度。主要是通过凭证传递程序，规定每个工作点应完成的任务，并在传递过程中选择控制点相互校验、定期稽核来实现的，从而保证了账证相符、账账相符和账实相符。计算机处理，会计数据进入系统后，在程序的控制下连续、自动地被处理，中间一般不需要人工干预，许多传统的内部控制方法失去了作用，由单纯的人工控制变为机器控制。把好数据入口是控制的重点，以便把非法数据排除在系统之外。处理中与处理后可以随时进行数据的一致性检查，并通过操作员授权、提供运行日志，软件采用容错、检错和纠错技术，重要处理前自动保留副本，数据定期备份，设置并控制运行状态等手段来加强内部控制，从而保证了系统的安全与可靠。

综上所述，会计电算化是会计史上崭新的一页。会计电算化引起了数据处理方式的改变，手工会计处理程序各方面的变化，这一变化将使得会计系统功能更为加强，系统结构更为合理，系统管理更为完善。

知识拓展

解决当前会计电算化存在问题的策略

1）进一步完善会计电算化的配套法规。

2）加大会计电算化人才的培养力度。

3）加强会计电算化系统的维护，防范风险。

随着会计电算化的广泛应用，会计电算化对传统的会计理论和实务产生了重大影响，也必然会对传统的内部控制和内部审计产生重大的影响。所以，必须深入地分析当前会计电算化存在的问题，以采取有效的措施加以解决，推动会计电算化的合理发展。

[资料来源：张红. 2009. 浅谈会计电算化存在的问题与解决策略. 中小企业管理与科技（上旬刊），7]

四、常用会计电算化软件

会计电算化软件是实现会计电算化的基础条件。自从 1988 年我国出现第一家会计软件开发专业公司以来，全国已经先后建立了百余家专业公司，它们所开发的会计软件，通过了国家级评审的商品化财务软件近 40 个，通过省级评审的商品化财务软件已有200 余个，已经形成了具有相当规模的会计软件市场。目前国内市场上主要的财务软件产品有用友系列产品，管家婆标准版和财务版，金碟 KIS 标准版、迷你版、专业版、行政事业版，金算盘财务管理 6F，速达财务 XP、Pro、STD，新中大 ERP 软件和简约型ERP 软件。

这些会计核算软件功能较强、质量较高，已经比较成熟，其合法性、规范性和准确性值得信赖，售后服务和版本的升级也有一定的保障。各种专门研制、经营会计核算软件的公司也在不断地完善和更新已有的产品，推出新的、功能更强的产品，这些都为我国会计电算化的进一步发展提供了有利条件。会计软件市场的形成与发展，为我国会计电算化的普及奠定了比较坚实的基础。

小　结

本章的主要内容是认识会计核算程序的意义，了解电算化会计核算程序与手工会计核算程序的异同点，学习记账凭证核算程序、汇总记账凭证核算程序、科目汇总表核算程序、日记总账核算程序四种常见的会计核算程序，掌握这四种会计核算程序的含义、账务处理步骤、编制方法、特点及优缺点和适用范围等内容。

记账凭证核算程序是直接根据各种记账凭证逐笔登记总分类账，并定期编制会计报表的一种账务处理程序，能清晰反映账户之间的对应关系、详细反映经济业务的发生情况、总分类账登记方法简单且易于掌握，但登记工作量过大。汇总记账凭证核算程序是根据各种汇总记账凭证上的汇总数字登记总分类账，并定期编制会计报表，能反映账户之间的对应关系、大大减少登记总分类账的工作量，但工作量较大。科目汇总表核算程序是根据科目汇总表上的汇总数字登记总分类账，并定期编制会计报表，可利用该表的汇总结果进行账户发生额的试算平衡，可大大减轻登记总账的工作量，适用性较强，但编制科目汇总表的工作量较大，不能够清晰反映账户之间的对应关系。日记总账核算程序是设置日记总账，根据记账凭证逐笔登记日记总账，并定期编制会计报表的账务处理程序，这样可大大简化总分类账的登记手续，但增大了登记日记总账的工作量，不便于分工和查阅。

思考与练习

一、单项选择题

1. 记账凭证核算程序下登记总分类账的根据是（　　）。
   A. 记账凭证　　　　　　　　　　B. 汇总记账凭证
   C. 科目汇总表　　　　　　　　　D. 原始凭证
2. 在下列核算程序中，被称为最基本的会计核算程序的是（　　）。
   A. 记账凭证核算程序　　　　　　B. 汇总记账凭证核算程序
   C. 科目汇总表核算程序　　　　　D. 日记总账核算程序

3. 汇总收款凭证是按（　　）。
   A. 收款凭证上的借方科目设置的
   B. 收款凭证上的贷方科目设置的
   C. 付款凭证上的借方科目设置的
   D. 付款凭证上的贷方科目设置的

4. 汇总付款凭证是按（　　）。
   A. 收款凭证上的借方科目定期汇总
   B. 收款凭证上的贷方科目定期汇总
   C. 付款凭证上的借方科目定期汇总
   D. 付款凭证上的贷方科目定期汇总

5. 汇总记账凭证核算程序的特点是（　　）。
   A. 根据各种汇总记账凭证直接登记明细分类账
   B. 根据各种汇总记账凭证直接登记总分类账
   C. 根据各种汇总记账凭证直接登记日记账
   D. 根据各种记账凭证直接登记总分类账

6. 科目汇总表的基本编制方法是（　　）。
   A. 按照不同会计科目进行归类定期汇总
   B. 按照相同会计科目进行归类定期汇总
   C. 按照借方会计科目进行归类定期汇总
   D. 按照贷方会计科目进行归类定期汇总

7. 日记总账核算程序的特点是（　　）。
   A. 根据各种记账凭证直接逐笔登记总分类账
   B. 根据各种记账凭证直接逐笔登记日记总账
   C. 根据各种记账凭证直接逐笔登记明细分类账
   D. 根据各种记账凭证直接逐笔登记日记账

8. 各种记账凭证核算形式的主要区别在于（　　）。
   A. 登记总账的依据和方法不同
   B. 凭证、账簿的设置不同
   C. 登记明细账的依据和方法不同
   D. 编制记账凭证的方法不同

9. 科目汇总表和汇总记账凭证两种核算形式的主要相同点是（　　）。
   A. 记账凭证都要汇总
   B. 汇总凭证格式相同
   C. 登记总账依据相同
   D. 记账凭证的汇总方法一样

10. 科目汇总表核算形式具有（　　）。

A. 能清楚地反映各科目之间对应关系

B. 便于分析经济业务

C. 可以看清经济业务的来龙去脉

D. 不能反映各科目之间的对应关系

二、多项选择题

1. 记账凭证核算程序的优点有（　　）。

    A. 在记账凭证上能够清晰地反映账户之间的对应关系

    B. 在总分类账上能够比较详细地反映经济业务的发生情况

    C. 总分类账登记方法易于掌握

    D. 可以减轻总分类账登记的工作量

2. 为便于编制汇总收款凭证，日常编制收款凭证时，分录形式最好是（　　）。

    A. 一借一贷　　　　B. 一借多贷　　　　C. 多借一贷　　　　D. 多借多贷

3. 为便于汇总转账凭证的编制，日常编制转账凭证时，分录形式最好是（　　）。

    A. 一借一贷　　　　B. 一贷多借　　　　C. 一借多贷　　　　D. 一借两贷

4. 科目汇总表核算程序的优点有（　　）。

    A. 可以进行账户发生额的试算平衡

    B. 可减轻登记总账的工作量

    C. 能够保证总分类账登记的正确性

    D. 可清晰地反映账户之间的对应关系

5. 会计报表的编制是依据于（　　）。

    A. 现金日记账　　　　　　　　　　B. 银行存款日记账

    C. 总账　　　　　　　　　　　　　D. 明细账

6. 经济业务量多的经济单位可用（　　）。

    A. 科目汇总表核算形式　　　　　　B. 多栏式日记账核算形式

    C. 汇总记账凭证核算形式　　　　　D. 日记总账核算形式

7. 登记日记账可根据（　　）。

    A. 科目汇总表　　　B. 汇收凭证　　　C. 汇付凭证　　　D. 收款凭证

8. 会计报表的编制是依据于（　　）。

    A. 现金日记账　　　　　　　　　　B. 银行存款日记账

    C. 总账　　　　　　　　　　　　　D. 明细账

9. 合理组织会计核算程序的重要意义在于（　　）。

    A. 保证会计核算质量　　　　　　　B. 扩大企业规模

    C. 节省核算工作人力物力　　　　　D. 增强竞争能力

10. 会计核算程序是指下列（　　）相互结合的方式。

    A. 会计凭证　　　B. 会计账簿　　　C. 会计报表　　　D. 账务处理程序

三、判断题

1. 每一个会计循环一般都是在一个特定的会计期间内完成的。 （　　　）
2. 汇总记账凭证是根据各种专用记账凭证汇总而成的。 （　　　）
3. 科目汇总表也是一种具有汇总性质的记账凭证。 （　　　）
4. 日记总账是一种兼具序时账簿和分类账簿两种功能的联合账簿。 （　　　）
5. 同一个企业可以同时采用几种不同的会计核算程序。 （　　　）

四、思考题

1. 什么是会计核算处理程序？
2. 常见的会计核算处理程序有哪几种？各有什么特点？
3. 试述各种会计核算处理程序的基本内容和优缺点？
4. 会计电算化核算程序与手工会计核算程序的有什么异同点？
5. 合理组织会计核算基本要求是什么？

案 例 分 析

一张出库单牵出的"黑手"

案例背景

在对某大公司下属的一家企业的审计中，通过审查原始凭证，查处一起时达两年之久、贪污数额近10万元的贪污案。

审计一开始，按常规向财务人员询问了关于该企业业务流程及会计核算程序等问题，未发现有大的管理漏洞。接下来，对该企业的库存现金进行盘点，发现保险柜中有一张面额3万元的标有出纳员李某名字的银行定期存单。遂对李某进行询问，李某回答说："是怕媳妇知道，才放到办公室的私房钱。"在以后的交谈中，我们得知李某仅二十五、六岁，参加工作仅三年多，结婚还不到两年，看其工资表，李某每月工资还不到800元，怎么有如此大额的"私房钱"？审计人员心中不免打了一个问号。

案例解析

经核对，该企业库存现金与账面记载调整后的金额完全一致，未发现其他异常。审计人员随手拿过这几天尚未记账的十几张凭证翻看，其中有六、七张是销售收入凭证。在对其收入凭证后的原始附件审查时，发现有一张记账凭证后的出库单的编号与其他记账凭证后的出库单的编号完全不连续。针对这一疑点，审计人员向出纳询问原因。这时候，李某明显有些紧张，支支吾吾说不清楚。审计组长心里已猜到八、九分，遂将会计王某叫到一边，单独询问。一开始，王某还振振有词，但却漏洞百出，难圆其说。经过审计组长近两个小时的耐心引导说服，会计王某终于说出了事情的真相。原来，该企业所属公司对管理人员要求较严格，凡因个人原因给公司造成损失的，个人要承担损失金额 10%～20% 的罚款。两年前，因会计与出纳账务处理错误，被税务机关罚款，公司按制度规定对二人分别进行了 2 000～3 000 元不等的罚款。王某与李某觉得窝囊，自己辛辛苦苦工作，一个月仅有不到 800 元的工资，而公司一次处罚就几千元，太不公平了！于是，这二人打起公款的主意来。恰巧客户中有部分人不索要任何发票，这些销售业务月底汇总开具一张普通发票入账。但公司有明确的结算制度及考核制度，月底财务账面记载的所有收入要与销售科开具的出库单的存根联合计数一分不差。要想作弊，必须与销售人员联手才成。于是，在二人的精心策划下，销售人员张某上钩了。张某在办理销售业务时遇到客户不要发票的情况下，就单独开具一本出库单，王某与李某一看到附有此本编号的出库单，就心领神会，知道该如何处理了。通过这种收入不入账的方式，两年来三人从刚开始的一次几十元、几百元，发展到目前的几千元，共贪污公款近 10 万元。发现的保险柜中李某的存单，就是李某分得的赃款。虽然在此期间公司内部、外部的各种检查不断，但由于他们手法隐蔽，致使这一贪污行为历时两年而未被发现。

在接到审计机关的审计通知后，三人毕竟心虚，经协商他们决定暂时躲避风头。为确保万无一失，他们于审计组到达前的晚上将此本出库单转移了。然而，不知是张某的"习惯成自然"，还是王某这几天精神过度紧张的缘故，王某在作账时竟未注意到张某开具的出库单的编号，而出纳李某也未注意到此出库单的编号，令他们意想不到的是审计人员会注意到一张小小的出库单！而这一张小小的出库单竟使他们"功亏一篑"！

[资料来源：朱秀民，王艳. 一张出库单牵出的"黑手"[J]. 山东审计，2003（2）：41]

讨论：

通过此案例能得到什么启示？

第十章 会计工作组织

教学目标

本章介绍会计工作组织的相关内容。通过本章学习，帮助初学者了解会计工作的组织与发展，理解和掌握会计人员、会计机构、会计法规和会计档案管理以及会计人员职业道德等内容，从而达到全面理解会计工作的目标。

学习任务

通过本章的学习，要达到以下几个目的：

- 了解会计工作组织的内容。
- 理解会计机构设置及会计岗位职责。
- 了解会计法规与会计职业道德规范的主要内容。
- 掌握会计档案管理要求。

导入案例

张三是新大公司的销售员，为公司销售产品，这种产品需要经过安装程序。新大公司设定了 500 000 元的销售限额，如果张三的销售额超过了这一限额，就能获得 10 000 元奖金。为了对这一限额进行计量，新大公司为每个销售员开设了独立账户，在销售员与客户签订安装合同的时候使用。在本月 25 日以前，张三已经签订了 380 000 元的合同。

启隆公司处于破产边缘，该公司业务员于本月 27 日与张三联系，希望购买并安装一台新大公司的产品。张三预计该合同能为新大公司带来 160 000 元的销售收入，而且加上这笔销售收入之后，张三的销售额就超过 500 000 元的销售限额，他即可获得 10 000 元的奖金。同时，张三也意识到，濒临破产的启隆公司在安装本公司的产品后，将无法支付合同规定的款项，而且他还知道新大公司的竞争对手因为这一原因已经拒绝给启隆公司安装同类型的产品。张三经过再三思考，认为自己的任务是销售产品，而收款等事宜应该由其他人员负责，于是他与启隆公司签订了合同并安装了产品。

事后，张三将有关凭证交给新大公司的会计，并对启隆公司的财务现状做了部分说明，而新大公司的会计则与张三持同样的观点，将相关事项和金额入账，让张三顺利获得了奖金。

（资料来源：陈文铭. 2007. 基础会计习题与案例. 大连：东北财经大学出版社）

思考：

1）张三和新大公司会计的做法是否符合职业道德？请予以说明。

2）请你为新大公司设计一套控制程序来阻止类似行为的再次发生。

第一节　组织会计工作的意义与要求

一、组织会计工作的含义

会计是一项综合性的经济管理工作，只有当会计组织各部分所包含的内容相互协调、有序时，会计工作才能合理顺畅地开展。组织会计工作，实际上就是根据会计工作的特点，来制定会计的法规、制度，设置会计机构，配备会计工作人员，从而保证会计工作合理有效的进行。具体而言，组织会计工作包括五个方面的内容。

1）设置会计机构，合理确定会计的组织分工，建立会计工作的岗位责任制。

2）配备会计人员，明确会计人员的职责权限。

3）制定和贯彻会计法规制度，规范会计工作。

4）加强会计职业道德教育，督促会计从业人员提高政治素质和业务素质。

5）建立健全会计档案的立卷、归档、保管、调阅以及销毁等管理制度，加强对会计档案的有效管理。

二、组织会计工作的意义

1）科学合理地组织会计工作，有利于保证会计工作的质量，提高会计工作的效率。使会计工作事先规定的处理程序有条不紊地进行，可以防止错漏或及时纠正发生的错漏，以提高会计工作的质量和效率。

2）科学合理地组织会计工作，可确保会计工作与其他经济管理工作协调一致。所谓其他经济管理工作，宏观上主要是指国家的财政、税收、金融等经济工作，微观上主要是指单位内部的像计划、统计等部门的工作。

3）科学合理地组织会计工作，可以加强企业单位内部的经济责任制。会计工作通过对单位内部经济业务的会计处理，能够向单位提供经济责任制所需要的有关的数据信息，促使单位内部各部门更好地履行自己的经济责任，管好和用好资金，厉行节约，增产增收，提高经济管理水平，讲求最佳经济效益。

4）正确合理地组织会计工作，对于贯彻国家的方针、政策、法令、制度，维护财经纪律，建立良好的社会经济秩序具有重要意义，使会计工作能够更好地为社会主义经济建设服务。

三、组织会计工作的要求

会计组织工作内容广泛，包含会计机构的设置、会计人员的配备、会计制度的制定以及会计档案的保管等。要把这些具体工作做好，我们应该遵循一定的原则和要求，这些要求主要体现在以下四个方面。

（一）组织会计工作要遵循统一性要求

《中华人民共和国会计法》明确规定国务院财政部门管理全国的会计工作，地方各级人民政府的财政部门管理本地区的会计工作。各企业、事业及独立核算的社会团体组织会计工作时，必须符合国家会计工作的统一要求和部署，遵循会计法、会计准则以及会计制度和其他的法令制度对企业会计工作的要求

（二）组织会计工作要遵循适应性要求

各单位在组织会计工作时，既要符合国家对会计工作的统一要求，又要适应各单位生产经营的特点。由于各单位所处的行业、规模、前景、现实的经济状况以及开展的业务活动千差万别，因此各单位应该在国家统一要求的前提下，根据自身实际情况来开展具体的会计组织工作，以便于更好地满足会计信息使用者的需求。

（三）组织会计工作要遵循制度性要求

在各单位会计开展会计组织工作的过程中，应该认真地执行并贯彻好整个单位的经济责任制，在此基础上建立健全单位会计工作的岗位责任制度，加强内部控制，实行内部牵制制度。会计工作从属于单位的经济管理工作，因此会计工作的组织应该满足整个单位经济责任制的要求。由于会计工作本身又具有相对独立的逻辑性，因此在贯彻整个单位经济责任制的同时，又要建立会计工作自身的责任制度。

（四）组织会计工作要遵循效益性要求

组织会计工作一方面要保证会计核算工作的质量，有效地满足相关利益主体对于企业会计信息的需要；一方面在组织会计工作时，要注意合理设计、科学组织，最大限度地节约人力、物力、时间、费用等资源，避免繁琐，力求精简，提高单位会计工作的效率。

阅读资料

民间非营利组织在发达市场经济国家通常被称为除政府和企业之外的"第三部门"，在国民经济体系中有十分重要的作用，它可以做一些为财政分忧的事，帮助国家解决社会救济、扶贫、教育、养老保健、医疗服务等社会问题。民间非营利组织包括社会团体、基金会、民办非企业单位和寺院、宫观、清真寺、教堂等。

民间非营利组织应当根据会计业务的需要，设置会计机构，或者在有关机构中设置会计人员并指定会计主管人员；不具备条件的，应当委托经批准设立从事会计代理记账业务的中介机构代理记账，从而保证能够严格按照《民间非营利组织会计制度》进行会计核算。同时，可以结合本组织的实际情况，在不违反该制度的前提下，制定适合于本组织的具体会计核算办法。为了保证民间非营利组织新旧会计制度的衔接，财政部正在制定民间非营利组织新旧会计制度衔接办法，并将尽快发布。

（资料来源：http://www.casc.gov.cn/gnxw/200607/t20060703_337026.htm）

第二节　会计机构和会计人员

一、会计机构

会计机构是各单位办理会计事务的职能部门。根据《中华人民共和国会计法》第三十六条明确规定：各单位应当根据会计业务的需要，设置会计机构，或者在有关机构中设置会计人员并指定会计主管人员；不具备设置会计机构和配备会计人员条件的，应当根据《代理记账管理暂行办法》，委托经批准设立从事会计代理记账业务的中介机构代理记账。

（一）会计机构的设置

会计机构是否合理设置，会计岗位分工是否明确，往往是决定一个单位会计组织工作成功的关键。一般来说，每个单位都应该设置专门的会计机构，进行本单位的会计核算和监督工作。一个单位是否单独设置会计机构，往往取决于下列三个因素。

1）单位规模的大小。一个单位的规模，往往决定了这个单位内部职能部门的设置，也决定了会计机构的设置与否。一般来说，大中型企业和具有一定规模的事业行政单位，以及财务收支数额较大、会计业务较多的社会团体和其他经济组织，都应单独设置会计机构，如会计（或财务）处、会计部、会计科、会计股、会计组等，以便及时组织本单位各项经济活动和财务收支的核算，实行有效的会计监督。

2）经济业务和财务收支的繁简。经济业务多、财务收支量大的单位，有必要单独设置会计机构，以保证会计工作的效率和会计信息的质量。

3）经营管理的要求。企业进行有效的经营管理是以及时获取准确的信息为前提的，企业要快速获取信息，往往需要通过设立单独的会计机构实现。

一个单位在经营管理上的要求越高，对会计信息的需求也相应增加，对会计信息系统的要求也越高，从而决定了该单位设置会计机构的必要性。对于不具备单独设置会计机构条件的单位，如单位规模小、财务收支数额不大、会计业务比较简单的企业、机关、团体以及事业单位等，可以在有关机构中配备专职的会计人员，也可以依法委托中介机构代理记账。

（二）会计机构的类型

一般而言，会计机构分为以下三种类型。

1.　国家管理部门设置的会计机构

《中华人民共和国会计法》第七条明确规定，国务院财政部门是主管全国会计工作的机构，地方各级人民政府的财政部门是主管该地区会计工作的机构，国家各级管理部门分别设置会计司、处、科等。目前，财政部在会计司内成立了"会计准则委员会"，专门负责会计准则的研究与制定工作。会计司的其他部门还负责相关会计制度的建设工作。

国家各级管理部门会计机构的主要任务包括：组织、指导、监督所属单位的会计工作；审核、汇总所属单位上报的会计报表；核算本单位和上、下级之间缴、拨款等事项。

我国已经实行会计人员资格考试，这一工作主要由各级财政部门组织完成，如会计人员继续教育培训、会计工作达标升级、会计师事务所的管理与会计知识竞赛等。

目前，会计师事务所的管理，则是由财政部下属的中国注册会计师协会负责的。

2. 行政事业单位设置的会计机构

行政事业单位设置的会计机构，不仅要满足对经费收支及时进行核算和报告的要求，同时还应当遵循内部控制的原则，以保证各单位预算资金的安全与合理地使用。

随着我国政治体制改革的不断深入，全额预算的行政事业单位将越来越少，除国家机关外，大部分事业单位都实行了企业化管理和核算，他们通过各种有偿服务的方式取得收入。其会计机构的设置比全额预算单位复杂的多。对于营利活动多且复杂的事业单位，其会计机构的设置可比照企业单位进行。

3. 企业单位设置的会计机构

企业单位是指以盈利为目的，自负盈亏、自主经营、自我发展的单位。它包括各种类型的企业组织。一般而言，除了那些规模小、业务简单而不需要设立专门会计机构的单位外（但必须进行正常的会计核算），所有的企业单位都必须要设置会计机构。

（三）会计机构的组织形式

企业会计机构的组织形式是由企业的规模和它所担负的任务共同决定的，一般可分为独立核算机构和非独立核算机构。实行独立核算单位的记账工作组织形式又可分为集中核算和分散核算两种。

1. 独立核算

企业实行独立核算必须具备一定的条件，通常要有一定的自有资金，有独立经营的自主权，能单独编制计划，单独计算盈亏，单独在银行开户并经工商行政部门注册登记。独立核算单位必须全面地进行记账、独立对外结算和定期编制财务会计报告。

（1）集中核算

集中核算是指账务工作全部在会计部门进行，各车间、部门一般不进行单独核算，而只是对所发生的经济业务进行原始记录，办理原始凭证手续，并对原始凭证进行适当汇总，定期将原始凭证或汇总原始凭证送交财务会计部门进行总分类核算和明细分类核算。其优点是可以减少核算环节，简化核算手续，有利于及时掌握全面的经营情况和精简人员，一般适合于中、小型企业。

（2）分散核算

分散核算相对于集中合算而言，是指将会计工作分散在单位内部各部门和所属单位进行的核算组织形式。在该组织形式下，内部所属单位整理有关本部门业务的原始凭证，进行明细核算，上报有关会计报表；单位会计部门进行总分类核算，编制单位会计报表。分散核算的优点是便于内部单位利用会计资料加强经营管理，有利于经济责任的贯彻落实。其缺点是核算层次多，手续复杂，不利于精简人员，一般适用于大中型企事业单位。

一个企业实行集中核算还是分散核算，应视企业规模大小和经营管理的要求而决定。而且往往一个企业对某些会计业务采用集中核算，而对另一些业务又采用分散核算。但无论采用哪种组织形式，企业对外的现金往来、物资购销、债权债务和结算都应由财务会计部门集中办理。

2. 非独立核算

非独立核算是指企业单位向上级机构领取一定量的物资和备用金从事日常的业务活动，平时只是进行原始凭证的填制、汇总、整理以及现金、实物明细账的等级等一系列具体的会计工作。企业并不独立核算，也不单独编制会计报表，企业定期将收入、支出向上级报销，并定期将有关核算资料报送上级机构，由上级汇总记账。实行非独立核算的企业单位一般不专门设置会计机构，只配备专职会计人员。

（四）会计机构内部稽核

《中华人民共和国会计法》第三十七条明确规定："会计机构内部应当建立稽核制度。出纳人员不得兼任稽核、会计档案保管和收入、支出、费用、债权债务账目的登记工作。"这是对会计机构内部稽核制度的规定。

会计机构内部稽核制度是企业内部控制制度的重要组成部分。会计稽核是会计机构本身对于会计核算工作进行的一种自我检查或自我审核工作。建立会计机构内部稽核制度，其目的在于防止会计核算工作上的差错和有关人员的舞弊。通过内部稽核，对日常会计核算工作中出现的疏忽、错误等及时加以纠正或者制止，以提高会计核算工作的质量。会计稽核是会计工作的重要内容，也是规范会计行为、提高会计资料质量的重要保证。

（五）会计工作岗位设置

会计工作岗位，是一个单位会计机构内部根据业务分工而设置的职能岗位。在会计机构内部设置会计工作岗位，有利于明确分工和确定岗位职责，建立岗位责任制；有利于会计人员钻研业务，提高工作效率和质量；有利于会计工作的程序化和规范化，加强会计基础工作；还有利于强化会计管理职能，提高会计工作的作用；同时，也是配备数量适当的会计人员的客观依据之一。

对于会计工作岗位的设置，《会计基础工作规范》提出了如下示范性要求。

1）根据本单位会计业务的需要设置会计工作岗位。

2）符合内部牵制制度的要求。根据规定，会计工作岗位可以一人一岗、一人多岗或者一岗多人。但出纳人员不得兼管稽核、会计档案保管和收入、费用、债权债务账目的登记工作。

3）对会计人员的工作岗位要有计划地进行轮岗，以促进会计人员全面熟悉业务和不断提高业务素质。

4）要建立岗位责任制。

会计岗位一般分为：总会计师、会计机构负责人、出纳、稽核、核算、总账、财务会计报告编制、会计电算化和会计档案管理。

对于会计档案管理岗位，在会计档案正式移交之前，属于会计岗位。正式移交档案管理部门之后，不再属于会计岗位。以下三种岗位不属于会计岗位：

1）档案管理部门的人员管理会计档案，不属于会计岗位。

2）医院门诊等收费员、药品库房记账员、商场收银员所从事的工作不属于会计岗位。

3）单位内部审计、社会审计和政府审计工作也不属于会计岗位。

二、会计人员

会计人员，是具体承担一个单位会计工作的人员，是直接从事会计工作的专职人员。

（一）会计人员设置

单位配备一定数量与工作要求相适应并具备一定业务素质的会计人员，是做好会计工作、充分发挥会计核算和监督职能的重要保证。《中华人民共和国会计法》和《会计基础工作规范》等均对会计人员配备做出了具体规定。

（二）会计人员任职资格

《中华人民共和国会计法》第三十八条明确规定："从事会计工作的人员，必须取得会计从业资格证书。"会计从业资格是进入会计职业、从事会计工作的一种法定资质，是进入会计职业的"敲门砖"。

1. 取得会计从业资格的范围

根据《中华人民共和国会计法》和财政部颁布的《会计从业资格管理办法》（财政部令第 26 号）的规定，在国家机关、社会团体、公司、企业、事业单位和其他组织（以下统称"单位"）从事会计工作的以下人员，必须取得会计从业资格，并注册登记：①会计机构负责人(会计主管人员)；②出纳；③稽核；④资本核算、收入、支出、债权债务核算、工资、成本费用、财务成果核算；⑤财产物资的收发、增减核算；⑥总账、财务会计报告编制；⑦会计机构内会计档案管理。

此外，本考试面向社会，凡有志于从事会计工作的人员，以及已从事会计工作，但

233

由于各种原因造成会计从业资格证书自行失效和在岗无会计从业资格证书的人员,符合报考基本条件的,均可报名参加考试。

2. 取得会计从业资格证书的条件

会计从业资格证书的取得实行考试制度。考试科目、考试大纲由财政部统一制定并公布。

省、自治区、直辖市、计划单列市财政厅(局),新疆生产建设兵团财务局和中央主管单位应当公布会计从业资格考试的报名条件、报考办法、考试科目、考务规则及考试相关要求,并将会计从业资格考试试题于考试结束后30日内报财政部备案。

考试通过人员凭会计从业资格考试集中考试科目成绩合格证、学历证(不符合免试科目条件者还须凭《初级会计电算化》或者珠算五级合格证),在有效期内,按属地原则到当地财政部门申请、办理会计从业资格证书,成绩合格证自考试之日起两年内有效。

会计从业资格管理机构应当加强对持证人员继续教育工作的监督、指导。各单位应鼓励持证人员参加继续教育,保证学习时间,提供必要的学习条件。

(三)会计机构负责人

会计机构负责人(会计主管人员)是指在一个单位内具体负责会计工作的领导人员,是组织、领导会计机构或会计人员依法进行会计核算,实行会计监督的负责人。

根据《中华人民共和国会计法》规定,设置会计机构,应当配备会计机构负责人;不单独设置会计机构,而在有关机构中配备专职会计人员的,应当在专职会计人员中指定会计主管人员,行使会计机构负责人的职权。会计机构负责人(会计主管人员)应当按照规定的程序任免。担任单位会计机构负责人(会计主管人员)的,除取得会计从业资格证书外,还应当具备会计师以上专业技术职务资格或者从事会计工作三年以上经历。

(四)总会计师

总会计师是指具有较高的会计专业技术职务,是单位行政领导成员之一,并协助单位行政领导人组织领导本单位的经济核算和财务会计工作,直接对单位主要行政领导人负责。凡设置总会计师的单位,在单位行政领导成员中,不设与总会计师职权重叠的副职。总会计师组织领导本单位的财务管理、成本管理、预算管理、会计核算和会计监督等方面的工作,参与本单位重要经济问题的分析和决策。

(五)会计专业职务与会计专业技术资格

1. 会计专业职务

会计专业职务是区分会计人员从事业务工作的技术等级。会计专业职务分为高级会计师（高级职务）、会计师（中级职务）、助理会计师、会计员（初级职务）。

2. 会计专业技术资格

会计专业技术资格分为初级资格、中级资格和高级资格三个级别。初级、中级会计资格的取得实行全国统一考试制度；高级会计师资格实行考试与评审相结合制度。

初级、中级会计资格是一种通过考试确认担任会计专业职务任职资格的制度。从2003 年开始，确定高级会计师资格实行考试与评审相结合的评价办法。凡申请参加高级会计师资格评审的人员，须经考试合格后，方可参加评审。

（1）初级资格的取得

报名参加会计专业技术初级资格考试的人员，应具备下列基本条件：①坚持原则，具备良好的职业道德品质；②认真执行《中华人民共和国会计法》和国家统一的会计制度，以及有关财经法律、法规、规章制度，无严重违反财经纪律的行为；③履行岗位职责，热爱本职工作；④具备会计从业资格，持有《会计从业资格证书》；具备教育部门认可的高中毕业以上学历。

初级资格考试科目包括：初级会计实务和经济法基础。

参加初级资格考试的人员，必须在一个考试年度内通过全部科目的考试，方可获得会计专业技术初级资格证书。

（2）中级资格的取得

报名参加会计专业技术初级资格考试的人员，应具备下列基本条件：①坚持原则，具备良好的职业道德品质；②认真执行《中华人民共和国会计法》和国家统一的会计制度，以及有关财经法律、法规、规章制度，无严重违反财经纪律的行为；③履行岗位职责，热爱本职工作；④具备会计从业资格，持有《会计从业资格证书》；⑤取得大学专科学历，从事会计工作满五年；⑥取得大学本科学历，从事会计工作满四年；⑦取得双学士学位或研究生班毕业，从事会计工作满二年；⑧取得硕士学位，从事会计工作满一年；⑨取得博士学位。

中级资格考试科目包括：中级会计实务、财务管理和经济法。

参加会计专业技术中级资格考试的人员，在连续的两个考试年度内，全部科目考试均合格者，可获得会计专业技术中级资格证书。

（3）高级资格的取得

高级会计师的评定采取考试和评审相结合的办法。

申请人必须先参加全国统一组织的高级会计师专业技术资格考试，考试成绩达到标准者，可按规定程序申报评审高级会计师专业技术资格。

申报人员必须遵守和执行《中华人民共和国会计法》等法律法规，具有良好的职业道德和敬业精神，廉洁奉公，忠于职守，严格执行财政、财会制度，遵守财经纪律，积极为社会主义现代化建设服务，并持有会计从业资格证书。任专业技术资格职务期间，各年度考核均在"称职"以上等次。

（六）会计人员回避制度

回避制度是我国人事管理的一项重要制度。事实表明，会计工作中的一些违法违纪活动，确实存在利用同在一个单位的亲属关系共同作弊的现象。在会计人员中实行回避制度，十分必要。我国已有相关法规对会计人员回避制度作出了规定，如 1993 年 8 月 14 日国务院发布的《国家公务员暂行条例》第六十一条规定："国家公务员之间有夫妻关系、直系血亲关系、三代以内旁系血亲关系以及近姻亲关系的，不得在其中一方担任领导职务的机关从事监察、审计、人事、财务工作。"

根据上述规定的精神，结合会计工作的实际情况，《会计基础工作规范》明确规定："国家机关、国有企业、事业单位任用会计人员应当实行回避制度。单位领导人的直系亲属不得担任本单位的会计机构负责人、会计主管人员。会计机构负责人、会计主管人员的直系亲属不得在本单位会计机构中担任出纳工作。"

（七）会计人员工作交接

《中华人民共和国会计法》第四十一条明确规定："会计人员调动工作或者离职，必须与接管人员办清交接手续。"

会计工作交接制度，是会计工作的一项重要制度，也是会计基础工作的重要内容。办理好会计工作交接，既有利于保持会计工作的连续性，也有利于明确责任。

会计人员工作调动或者因故离职必须将本人所经管的会计工作全部移交给接替人员，没有办清交接手续不得调动或者离职。在实际工作中，有些应当办理移交手续的会计人员借故不办理移交手续，或者迟迟不移交所经管的会计工作，使正常的会计工作受到影响，这是制度上所不允许的，单位领导人应当督促经办人员及时办理移交手续。

移交人对自己经办且已经移交的会计资料的合法性、真实性，要承担法律责任，不能因为会计资料已经移交而推脱责任。

知识拓展

普华永道、安永、德勤、毕马威，是国际知名的四家会计师事务所。这四家会计师事务所以其在中国以及全球审计市场无可匹敌的优势，被业内人士称为"四大"。

我国目前共有 7284 家会计师事务所，会计行业 2008 年总收入 310.4 亿元。其中，"四大"在中国的总收入达 103.89 亿元，占中国会计行业总收入的 33.5%，占中国前百家会计师事务所总收入的 52.8%。

"本土会计师事务所与'四大'在审计流程的设计、服务网络的覆盖、品牌等方面存在一定的差距。"相关专家指出，虽然"四大"收取的审计费用较高，但很多公司仍将其作为外部审计师的首选。

经过近百年的发展，"四大"已在社会经济活动中特别是国际资本市场上树立了强大的品牌效应，同时，"四大"在世界大部分国家和地区均建立分支机构，这也使其为跨国公司提供快速有效的服务提供了便利。

知识拓展

近年来，我国注册会计师行业提出了推动会计师事务所做大做强的发展战略。中国本土会计师事务所无论是在收入规模、还是在做大做强方面都出现了积极的变化。

中国注册会计师协会在 2007 年发布的《关于推动会计师事务所做大做强的意见》中指出，用 5～10 年的时间，发展培育 10 家左右能够服务于中国企业"走出去"战略、提供跨国经营综合性专业服务的国际化会计师事务所。

财政部日前发布《关于加快发展我国注册会计师行业的若干意见》征求意见稿，提出未来 5～10 年内注会行业的发展目标：重点培育 5～10 家年收入规模在 30 亿元以上、具备较好国际声誉和竞争力、能够为我国企业境外上市和"走出去"提供跨国经营综合服务的特大型会计师事务所。

相信中国拥有自己的大型会计师事务所为期将不会太远。

（资料来源：http://www.e521.com/zixun/ny.jsp?caption=15472）

第三节　会计法律制度

会计法律制度是国家权力机关和行政机关制定并用国家强制力保证实施的各种会计规范性文件的总称，通常简称会计法规。具体包括会计法律、会计行政法规、会计规章等，是调整会计关系的法律规范。会计关系，是会计机构和会计人员在办理会计事务过程中，以及国家在管理会计工作过程中发生的经济关系。在一个单位，会计关系的主体为会计机构和会计人员，客体为与会计工作相关的具体事务。为了保证会计工作的有序进行，国家通过制定一系列会计法律制度，来调整和规范各种会计关系，包括针对会计工作、会计核算、会计监督、会计人员、会计档案管理等所制定的规范性文件。

一、我国现行的会计法规体系

（一）会计法律

会计法律，是指由全国人民代表大会常务委员会指定的会计法律制度。《会计法》于 1985 年 1 月 21 日由第六届全国人民代表大会常务委员会第九次会议通过，1993 年 12 月 29 日第八届全国人民代表大会常务委员会第五次会议对该法做了修正，1999 年 10 月 31 日第九届全国人民代表大会常务委员会第十二次会议作出《关于修改〈中华人民共和国会计法〉的决定》，对《会计法》再次作了修改。新修改的《会计法》共七章二十五条，主要对会计工作的原则、会计核算、会计监督、会计机构、会计人员和法律责任等作了详细规定，于 2000 年 7 月 1 日起施行。

（二）会计行政法规

会计行政法规分为全国性会计行政法规和地方性会计行政法规两个层次。

1. 全国性会计行政法规

全国性会计行政法规，是指由国务院制定发布，或者由国务院有关部门拟订经国务院批准发布的，调整某些方面会计关系的会计法律制度，其制定依据是《中华人民共和国会计法》。1990 年 12 月 31 日国务院发布的《总会计师条例》，2000 年 6 月 21 日国务院发布的《企业财务会计报告条例》等都属于全国性会计行政法规。

2. 地方性会计行政法规

地方性会计行政法规，是指由有权立法的地方人民代表大会及其常务委员会依据宪法和国家法律法规的规定，根据法律和法规授权以及地方建设的需要而制定与颁布，并且仅在本行政区域内实施，在本行政区域内有效地有关会计方面的规范性文件。

（三）会计规章

会计规章，是根据《中华人民共和国立法法》规定的程序，由财政部指定，并以财政部部长签署命令的形式公布的关于会计核算、会计监督、会计机构、会计人员以及会计工作管理的会计法律制度。2001 年 2 月 20 日财政部第 10 号令发布的《财政部门实施会计监督办法》、2005 年 1 月 18 日财政部第 24 号令发布的《会计事务所审批和监督办法》、2005 年 1 月 22 日财政部第 26 号令发布的《会计从业资格管理办法》、2006 年 2 月 15 日财政部第 33 号令颁布的《企业会计准则——基本准则》等，均属于会计规章。

1. 基本会计准则

我国从 1992 年开始采用跨级准则规范会计行为，在此之前是以会计制度的形式作为企业会计标准。会计准则是会计人员从事会计工作的规则和指南，按照其所起的作用，可以分为基本准则和具体准则两个层次。基本准则概括了组织会计工作的基本前提、主要规则和一般程序。具体准则设计了单位在日常活动中进行会计核算的具体业务，它体现了基本准则的要求。

2. 具体会计准则

2007 年 1 月 1 日起在我国上市企业实施的《企业会计准则——基本准则》属于基本准则，它对企业会计的一般要求和主要方面作出原则性的规定，包括总则、关于会计核算质量要求的规定、关于会计要素准则的规定、关于会计计量的规定、关于会计报表体系的规定。同期，财政部颁布并实施了 38 项具体准则，如表 10-1 所示。

表 10-1　38 项具体准则

序号	准则名称	序号	准则名称
1	存货	20	企业合并
2	长期股权投资	21	租赁
3	投资性房地产	22	金融工具确认和计量
4	固定资产	23	金融资产转移
5	生物资产	24	套期保值
6	无形资产	25	原保险合同
7	非货币性资产交换	26	再保险合同
8	资产减值	27	石油天然气开采
9	职工薪酬	28	会计政策、会计估计变更和差错更正
10	企业年金基金	29	资产负债表日后事项
11	股份支付	30	财务报表列报
12	债务重组	31	现金流量表
13	或有事项	32	中期财务报告
14	收入	33	合并财务报表
15	建造合同	34	每股收益
16	政府补助	35	分部报告
17	借款费用	36	关联方披露
18	所得税	37	金融工具列报
19	外币折算	38	首次执行企业会计准则

二、会计工作管理体制

会计工作管理体制，是划分会计工作管理职责权限关系的制度，包括跨级工作管理组织形式、管理权限、管理机构设置等内容。《会计法》和有关会计法规、制度对我国的会计工作管理体制作出了规定。

（一）统一领导和分级管理的管理体制

《会计法》规定，国务院财政部门主管全国的会计工作。县级以上地方各级人民政府财政部门管理本行政区域内的会计工作。各级财政部门应当按照《会计法》的规定，自觉管理好快机构工作。财政部门是会计工作的主管部门，国家审计机关和证券监督机构也在各自的管理权限和范围内对会计工作进行管理。

财政部在统一领导全国会计工作的前提下，应该充分调动地方各级财政部门和中央各部门管理会计工作的积极性。地方各级财政部门和中央各部门则应当根据国务院财政部门的要求和规定，结合本部门、本地区的实际情况，认真、妥善地管理好本部门、本地区的会计工作。

（二）会计制度制定权限

根据《会计法》规定，国家统一的会计制度由国务院财政部门根据《会计法》制定并公布，各地方、各部门不得擅自搞一套，自行其是。对一些对会计核算和会计监督有特殊要求的行业，允许国务院有关部门依照《会计法》和国家统一的会计制度制定具体办法或者补充规定，但必须报经国务院财政部门审核批准。

国家统一的会计制度是指由国务院财政部门根据《会计法》指定的关于会计核算、会计监督、会计机构和会计人员以及会计工作管理的准则、制度、办法等。这些准则、制度、办法等都是在全国范围内实施的会计工作管理方面的规范性文件，具体包括以下三类。

1）国家统一的会计核算制度，如《企业会计准则》、《事业单位会计准则》及各种具体准则等。

2）国家统一的会计机构和会计人员管理制度，如《会计人员职权管理条例》、《总会计师条例》、《会计证管理办法》和《会计专业技术资格考试暂行规定》等。

3）国家统一的会计工作管理制度，如《会计人员工作规则》、《会计档案管理办法》和《会计人员继续教育规定》等。

第四节　会计职业道德

会计职业道德是会计从业人员在办理会计业务过程中树立的基本道德意识、规范和行为的总和，是从事会计职业所应该达到的基本要求。

一、会计职业道德的要求

《中华人民共和国会计法》第三十九条规定，会计人员应当遵守职业道德，提高业务素质。会计人员在会计工作中应当遵守职业道德，树立良好的职业品质、严谨的工作作风，严守工作纪律，努力提高工作效率和工作质量。

财政部门、业务主管部门和各单位应当定期检查会计人员遵守职业道德的情况，并作为会计人员晋升、晋级、聘任专业职务、表彰奖励的重要考核依据。会计人员违反职业道德的，由所在单位进行处罚；情节严重的，由会计证发证机关吊销其会计证。

二、会计职业道德与会计法律制度的联系与区别

（一）会计职业道德与会计法律制度的联系

会计职业道德与会计法律制度有着共同的目标、相同的调整对象、承担着同样的责任，两者联系密切。主要表现在以下几方面。

1）在作用上相互补充。在规范会计行为中，不可能完全依赖会计法律制度的强制功能而排斥会计职业道德的教化功能，会计行为不可能都由会计法律制度进行规范，不需要或不宜由会计法律制度进行规范的行为，可通过会计职业道德规范来实现；同样，基本的会计行为必须运用会计法律制度强制规范。

2）两者在内容上相互渗透，相互重叠。会计法律制度中含有会计职业道德规范的内容；同时，会计职业道德规范中也包含会计法律制度的某些条款。

3）两者在地位上相互转化、相互吸收。最初的会计职业道德规范就是对会计职业行为约定俗成的基本要求，后来制定的会计法律制度吸收了这些基本要求，便形成了会计法律制度，可以说，会计法律制度是会计职业道德的最低要求。

4）两者在实施过程中相互作用。会计职业道德是会计法律制度正常运行的社会和思想基础，会计法律制度是促进会计职业道德规范形成和遵守的重要保障。

（二）会计职业道德与会计法律制度的区别

1）性质不同。会计法律制度通过国家机器强制执行，具有很强的他律性。会计职业道德依靠会计从业人员的自觉性，自愿地执行，并依靠社会舆论和良心来实现，基本上是非强制执行的，具有很强的自律性。

2）作用范围不同。会计法律制度侧重于调整会计人员的外在行为和结果的合法化，具有较强的客观性。会计职业道德不仅要求调整会计人员的外在行为，还要调整会计人员内在的精神世界。会计法律制度的各种规定是会计职业关系得以维系的最基本条件，是对会计从业人员行为的最低限度的要求，用以维持现有的会计职业关系和正常的会计工作秩序。在会计职业活动的实践中，虽然有很多不良的会计行为在违反了会计法律制度的同时也违反了会计职业道德，但也有的不良会计行为只是违反了会计职业道德而没有违反会计法律制度。

3）实现形式不同。会计法律制度是通过一定的程序由国家立法部门或行政管理部门制定、颁布和修改的，其表现形式是具体的、明确的、正式形成文字的成文条例。而会计职业道德表现形式既有明确的成文的规定，也有不成文的规范。

4）实施保障机制不同。会计法律制度不仅仅是一种权利和义务的规定，而且是国家强制力保障实施的。会计法律制度的这种保障机制不仅体现在其法律规范的内容中具有明确的制裁和处罚条款，而且体现在设有与之相配合的权威的制裁和审判机关。而会计职业道德更需要会计人员的自觉遵守。

第五节　会计档案

会计档案是指会计凭证、会计账簿和会计报表以及其他会计资料等会计核算的专业材料，它是记录和反映经济业务的重要历史资料和证据。会计档案是各单位的重要档案之一，是单位总结经济工作、查验财务问题、研究经济发展方针的重要依据。各单位应当建立会计档案的立卷、归档、保管、查阅和销毁等管理制度，保证会计档案妥善保管、有序存放、方便查阅，严防毁损、散失和泄密。

一、会计档案的种类

会计档案的种类具体包括以下四类。

1）会计凭证类：原始凭证，记账凭证，汇总凭证，其他会计凭证。

2）会计账簿类：总账，明细账，日记账，固定资产卡片，辅助账簿，其他会计账簿。

3）财务报告类：月度、季度、年度财务报告，包括会计报表、附表、附注及文字说明，其他财务报告。

4）其他类：银行存款余额调节表，银行对账单，其他应当保存的会计核算专业资料，会计档案移交清册，会计档案保管清册，会计档案销毁清册。

各单位的预算、计划、制度等文件材料属于文书档案，不属于会计档案。

二、会计档案的归档

各单位每年形成的会计档案，应当由会计机构按照归档要求，负责整理立卷，装订成册，编制会计档案保管清册。

当年形成的会计档案，在会计年度终了后，可暂由会计机构保管一年，期满之后，应当由会计机构编制移交清册，移交本单位档案机构统一保管；未设立档案机构的，应当在会计机构内部指定专人保管。出纳人员不得兼管会计档案。

移交本单位档案机构保管的会计档案，原则上应当保持原卷册的封装。个别需要拆封重新整理的，档案机构应当会同会计机构和经办人员共同拆封整理，以分清责任。

各单位保存的会计档案不得借出。如有特殊需要，经本单位负责人批准，可以提供查阅或者复制，并办理登记手续。查阅或者复制会计档案的人员，严禁在会计档案上涂画、拆封和抽换。各单位应当建立健全会计档案查阅、复制登记制度。

三、会计档案的保管期限

会计档案的保管期限分为永久保管和定期保管两类。定期保管期限分别是 3 年、5 年、10 年、15 年、25 年。

会计档案的保管期限，从会计年度终了后的第一天算起。《会计档案管理办法》规定的具体保管期限见表 10-2 和表 10-3。

表 10-2　企业和其他组织会计档案保管期限表

序号	档案名称	保管期限	备　注
一	会计凭证类		
1	原始凭证	15 年	
2	记账凭证	15 年	
3	汇总凭证	15 年	

续表

序号	档案名称	保管期限	备　注
二	会计账簿类		
4	总账	15 年	包括日记账
5	明细账	15 年	
6	日记账	15 年	现金和银行存款日记账保管 25 年
7	固定资产卡片		固定资产报废清理后保管 5 年
8	辅助账簿	15 年	
三	财务报告类		包括各级主管部门汇总财务报告
9	月、季度财务报告	3 年	包括文字分析
10	年度财务报告（决算）	永久	包括文字分析
四	其他类		
11	会计移交清册	15 年	
12	会计档案保管清册	永久	
13	会计档案销毁清册	永久	
14	银行余额调节表	5 年	
15	银行对账单	5 年	

表 10-3　财政总预算、行政单位、事业单位和税收会计档案保管期限表

序号	档案名称	财政总预算	行政单位事业单位	税收会计	备　注
一	会计凭证类				
1	国家金库编送的各种报表及缴库退库凭证	10 年		10 年	
2	各收入机关编送的报表	10 年			
3	行政单位和事业单位的各种会计凭证		15 年		包括原始凭证、记账凭证和传票汇总表
4	各种完税凭证和缴、退库凭证			15 年	缴款书存根联在销号后保管 2 年
5	财政总预算拨款凭证及其他会计凭证	15 年			包括拨款凭证和其他会计凭证
6	农牧业税结算凭证			15 年	
二	会计账簿类				
7	日记账		15 年	15 年	
8	总账	15 年	15 年	15 年	
9	税收日记账（总账）和税收票证分类出纳账			25 年	
10	明细分类、分户账或登记簿	15 年	15 年	15 年	

续表

序号	档案名称	保管期限			备注
		财政总预算	行政单位事业单位	税收会计	
11	现金出纳账、银行存款账		25年	25年	
12	行政单位和事业单位固定资产明细账（卡片）				行政单位和事业单位固定资产报废清理后保管5年
三	财务报告类				
13	财政总决算	永久			
14	行政单位和事业单位决算	10年	永久		
15	税收年报（决算）	10年		永久	
16	国家金库年报（决算）	10年			
17	基本建设拨、贷款年报（决算）	10年			
18	财政总预算会计旬报	3年			所属单位报送的保管2年
19	财政总预算会计月、季度报表	5年			所属单位报送的保管2年
20	行政单位和事业单位会计月、季度报表		5年		所属单位报送的保管2年
21	税收会计报表（包括票证报表）			10年	电报保管1年，所属税务机关报送的保管3年
四	其他类				
22	会计移交清册	15年	15年	15年	
23	会计档案保管清册	永久	永久	永久	
24	会计档案销毁清册	永久	永久	永久	

注：税务机关的税务经费会计档案保管期限，按行政单位会计档案保管期限规定办理。

四、会计档案的销毁

保管期满的会计档案，可以按照以下程序销毁。

1）由本单位档案机构会同会计机构提出销毁意见，编制会计档案销毁清册，列明销毁会计档案的名称、卷号、册数、起止年度和档案编号、应保管期限、已保管期限、销毁时间等内容。

2）单位负责人在会计档案销毁清册上签署意见。

3）销毁会计档案时，应当由档案机构和会计机构共同派人员监销。国家机关销毁会计档案时，应当由同级财政部门、审计部门派员参加监销。财政部门销毁会计档案时，应当由同级审计部门派员参加监销。

4）监销人在销毁会计档案前，应当按照会计档案销毁清册所列内容清点核对所要销毁的会计档案；销毁后，应当在会计档案销毁清册上签名盖章，并将监销情况报告本单位负责人。

保管期满但未结清的债权债务原始凭证和涉及其他未了事项的原始凭证，不得销毁，应当单独抽出立卷，保管到未了事项完结时为止。单独抽出立卷的会计档案，应当在会计档案销毁清册和会计档案保管清册中列明。

正在项目建设期间的建设单位，其保管期满的会计档案不得销毁。

五、会计档案的移交

单位因撤销、解散、破产或者其他原因而终止的，在终止和办理注销登记手续之前形成的会计档案，应当由终止单位的业务主管部门或财产所有者代管或移交有关档案馆代管。法律、行政法规另有规定的，从其规定。

1）单位分立后原单位存续的，其会计档案应当由分立后的存续方统一保管，其他方可查阅、复制与其业务相关的会计档案；单位分立后原单位解散的，其会计档案应当经各方协商后由其中一方代管或移交档案馆代管，各方可查阅、复制与其业务相关的会计档案。单位分立中未结清的会计事项所涉及的原始凭证，应当单独抽出由业务相关方保存，并按规定办理交接手续。

2）单位因业务移交其他单位办理所涉及的会计档案，应当由原单位保管，承接业务单位可查阅、复制与其业务相关的会计档案，对其中未结清的会计事项所涉及的原始凭证，应当单独抽出由业务承接单位保存，并按规定办理交接手续。

3）单位合并后原各单位解散或一方存续其他方解散的，原各单位的会计档案应当由合并后的单位统一保管；单位合并后原各单位仍存续的，其会计档案仍应由原各单位保管。

4）建设单位在项目建设期间形成的会计档案，应当在办理竣工决算后移交给建设项目的接受单位，并按规定办理交接手续。

5）单位之间交接会计档案的，交接双方应当办理会计档案交接手续。

6）移交会计档案的单位，应当编制会计档案移交清册，列明应当移交的会计档案名称、卷号、册数、起止年度和档案编号、应保管期限、已保管期限等内容。

7）交接会计档案时，交接双方应当按照会计档案移交清册所列内容逐项交接，并由交接双方的单位负责人负责监交。交接完毕后，交接双方经办人和监交人应当在会计档案移交清册上签名或者盖章。

小　结

会计工作组织是一项综合性的经济管理工作。在企业日常工作中，会计工作组织的内容包括：会计机构和会计人员的设置、会计法规、会计人员职业道德和会计档案的保管等。

会计机构是各单位办理会计事务的职能部门。会计机构是否合理设置，会计岗位分工是否明确往往是决定一个单位会计组织工作成功的关键。一般来说，每个单位都应该设置专门的会计机构，进行本单位的会计核算和监督工作。不具备设置会计机构和配备会计人员条件的，应当委托经批准设立从事会计代理记账业务的中介机构代理记账。

会计人员是直接从事会计工作的专职人员。单位配备一定数量与工作要求相适应并具备一定业务素质的会计人员，是做好会计工作、充分发挥会计核算和监督职能的重要保证。从事会计工作的人员必须取得会计从业资格证书。

会计法规以一定的会计理论为基础，以国家的强制力保证实施。我国的会计法规体系分为三个层次，分别是会计法、会计行政法规和会计规章。

会计档案是单位重要的档案之一，也是单位进行经济财务检查、制定经济前景方针的重要资料和依据。各单位应该加强会计档案的管理工作。

思考与练习

一、单项选择题

1.《中华人民共和国会计法》规定，管理全国会计工作的部门是（　　）。
　　A. 国务院　　　　　　　　　　B. 注册会计师协会
　　C. 财政部　　　　　　　　　　D. 全国人大

2. 企业的现金日记账和银行存款日记账的保管期限是（　　）。
　　A. 3 年　　　　B. 15 年　　　　C. 10 年　　　　D. 25 年

3. 会计工作的组织形式有集中核算与非集中核算，其选择的依据是（　　）。
　　A. 企业组织结构的特点　　　　B. 企业经济业务的特点
　　C. 企业经营管理的需要　　　　D. 企业准则的需求

4. 下列各项中，用于规范会计科目核算内容的是（　　）。
　　A. 企业会计准则——基本准则　　B. 企业会计准则——具体准则
　　C. 企业会计准则应用指南　　　　D. 会计法

5. 会计人员在审核原始凭证时发现不真实、不合法的原始凭证时，正确的处理方式是（　　）。
　　A. 不予受理　　B. 无权自行处理　　C. 更正补充　　　　D. 予以退回

6. 下列会计人员的行为中，属于违反刑法的是（　　）。
　　A. 随意变更会计处理方法
　　B. 伪造、变更会计凭证
　　C. 指使会计人员伪造会计账簿
　　D. 故意销毁应当依法保存的财务会计报告

二、多项选择题

1. 下列哪些是会计工作规范体系主要包括的会计核算方面的法律和法规（　　）。
   A. 会计法　　　　B. 会计准则　　C. 会计规范　　　　D. 会计制度

2. 合理的组织会计工作，应遵循以下哪些基本原则（　　）。
   A. 必须符合国家对会计工作的统一要求
   B. 必须适应本单位的特点
   C. 必须符合精简节约的原则
   D. 必须有利于开展群众核算工作

3. 会计机构的组织形式，按照会计分工方式的不同分为（　　）。
   A. 集中核算　　　B. 独立核算　　C. 非集中核算　　　D. 非独立核算

4. 会计人员的专业技术职务分为（　　）。
   A. 高级会计师　　B. 会计师　　　C. 助理会计师　　　D. 会计员

5. 会计人员的职业道德包括敬业爱岗、依法办事、（　　）等。
   A. 熟悉财经法规　B. 搞好服务　　C. 客观公正　　　　D. 保守秘密

6. 下列各会计人员的行为中，属于违反《会计法》的有（　　）。
   A. 不依法设置会计账簿
   B. 伪造变造会计凭证
   C. 随意变更会计处理方法
   D. 未按规定保管会计档案

7. 会计人员有权参与本单位的计划编制等工作。下列各项中，属于会计人员职权范围的有（　　）。
   A. 经营决策　　　　　　　　　B. 编制计划（预算）
   C. 制定定额　　　　　　　　　D. 签订经济合同

8. 下列会计档案中，属于《会计档案管理办法》规定应永久保存的有（　　）。
   A. 会计移交清册　　　　　　　B. 会计档案保管清册
   C. 会计档案销毁清册　　　　　D. 年度财务会计报告

9. 为了贯彻内部牵制制度，出纳人员不得从事的会计工作有（　　）。
   A. 登记库存现金日记账　　　　B. 审核原始凭证
   C. 登记银行存款日记账　　　　D. 收付现金

10. 会计法对违反会计法的行为规定了处罚形式。下列各项中，属于违反《会计法》规定的处罚形式有（　　）。
    A. 罚款　　　　　　　　　　　B. 吊销会计从业资格证书
    C. 行政处分　　　　　　　　　D. 依法追究刑事责任

三、判断题

1. 会计职业道德是一种强制性规范。　　　　　　　　　　　　　　　（　　）

2．组织会计工作的统一性要求是指组织会计工作必须适应本单位经营管理的特点。　　　　　　　　　　　　　　　　　　　　　　　　　　（　　）

3．任何单位都要设置总会计师，其任职资格、任免程序和职责权限由国务院统一规定。　　　　　　　　　　　　　　　　　　　　　　　　　（　　）

4．会计工作交接后，监交人员对所移交的会计资料的真实性、完整性负责。（　　）

5．银行对账单不属于会计凭证，因而也就不属于会计档案。　　　　（　　）

四、思考题

1．会计工作组织有什么意义？

2．会计职业道德规范包含哪些内容？

3．我国的《会计法》包括哪些主要内容？

4．简述会计人员的回避制度。

5．会计档案包括哪些内容？如何保管会计档案？

案 例 分 析

江山市造纸厂销毁会计资料案

案例背景

2000 年 3～4 月间的一天，时任江山市造纸厂厂长的被告人杨某，召集该厂经营副厂长、财务科长、副科长、出纳和该厂劳动服务公司的出纳到其办公室，指使上述人员共同对该厂劳动服务公司上年度（1999 年 3～4 月至当日止）的财务支出流水账、凭证等会计资料进行审核，确认无异议后，将余额结转到新账簿上，由在场人签名。之后，杨某决定沿用该厂以往的做法，将审核过的会计资料让人拿到锅炉房予以烧毁。

2001 年 4 月 5 日，被告人杨某仍沿用前次做法，将审核过的该厂财务和该厂劳动服务公司上年度的财务流水账、凭证等会计资料，指使他人拿到锅炉房予以烧毁。被告单位江山造纸厂的劳动服务公司两次被烧毁的会计资料，涉及收入金额共计 567 952.52 元。

江山造纸厂和被告人杨某销毁会计资料一案，由江山市人民检察院向江山市人民法院提起公诉。起诉书指控：被告人杨某召集被告单位江山造纸厂的有关负责人，先后两次共同将该厂劳动服务公司的上年度财务流水账、凭证等会计资料烧毁。江山造纸厂和杨某的行为已构成销毁会计资料罪，请依法判处。被告单位江山造纸厂和被告人杨某均对指控的事实没有异议。

被告人杨某的辩解理由及其辩护人的辩护意见是：烧毁上年度财务流水账、凭证等会计资料，是沿用江山造纸厂往年的做法。这是为了企业的利益，不是为个人利益；是集体行为，不是个人行为；且杨某的认罪态度好。请法庭考虑以上因素，对杨某予以从轻处罚。

案例分析

江山市人民法院认为：被告人杨某身为被告单位江山造纸厂的厂长、法定代表人，召集有关人员审核并指使他人烧毁该厂的会计资料，事实清楚，证据确凿、充分。

1998年8月21日财政部、国家档案局发布的《会计档案管理办法》第四条规定："各单位必须加强对会计档案管理工作的领导，建立会计档案的立卷、归档、保管、查阅和销毁等管理制度，保证会计档案妥善保管、有序存放、方便查阅，严防毁损、散失和泄密。"该办法的附表一《企业和其他组织会计档案保管期限表》中规定，企业的会计凭证类和会计账簿类会计档案的保管期限是15年。

1999年10月31日第九届全国人民代表大会常务委员会第十二次会议修订的《中华人民共和国会计法》第二十三条规定："各单位对会计凭证、会计账簿、财务会计报告和其他会计资料应当建立档案，妥善保管。会计档案的保管期限和销毁办法，由国务院财政部门会同有关部门制定。"

会计凭证、会计账簿是会计法规定依法应当保存的会计档案，任何单位与个人均不得隐匿或者故意销毁。被告单位江山造纸厂为本厂私利，经该厂决策机构集体研究同意后，用锅炉烧毁了依法应当保存的上述会计资料，其行为与法律的规定公开相悖，可视为情节严重。

依照《刑法》第一百六十二条之一的规定，江山造纸厂的行为构成销毁会计资料罪。

依照《刑法》第一百六十二条之第二款和刑法第三十条关于"公司、企业、事业单位、机关、团体实施的危害社会的行为，法律规定为单位犯罪的，应当负刑事责任"的规定，江山造纸厂应当承担刑事责任。

被告人杨某身为江山造纸厂的厂长、法定代表人，召集有关人员审核并指使他人烧毁会计资料，对江山造纸厂实施的销毁会计资料犯罪行为负有直接责任，是刑法第一百六十二条之第二款规定的"直接负责的主管人员"，也应当依照刑法第一百六十二条之第一款的规定承担销毁会计资料的刑事责任。公诉机关指控的犯罪成立。

（资料来源：http://www.cwgw.com/case/moban.php?docid=8523&type=%BB%E1%BC%C6%B0%B8%C0%FD）

讨论：

1）会计档案应该如何保管？

2）谁应该对单位会计资料的真实性和完整性负责？

参 考 文 献

陈国辉，迟旭升．2009．基础会计（第二版）．大连：东北财经大学出版社．

陈立新．2009．会计电算化．北京：清华大学出版社．

陈文铭，张捷．2007．会计学习题与案例．大连：东北财经大学出版社．

侯荣新，孙伟艳．2007．基础会计学．北京：北京航空航天大学出版社．

刘永泽．2007．会计学．大连：东北财经大学出版社．

王来群．2007．基础会计学．北京：清华大学出版社．

杨玉红．2008．基础会计学．上海：立信会计出版社．

中华人民共和国财政部．2006．企业会计准则．北京：经济科学出版社．

朱小平，程昔武．2009．会计学基础．北京：高等教育出版社．

周正云．2008．基础会计（第三版）．北京：高等教育出版社．